JN086092

人と組織がいきる
倫理マネジメント

仕事の有意味感からの探究

本橋 潤子 著

東京 白桃書房 神田

はじめに

　ミステリーの形式の１つに，「倒叙」と呼ばれるものがある。物語の出だしで事件が発生し，読者はそのあらましを知った上で，真実が明らかにされていく謎解きの過程を楽しむ趣向である。ドラマでいえば『刑事コロンボ』や『古畑任三郎』がよく知られる。

　本書の主題は「企業倫理は，従業員にとって，どのような意義があるのか」を明らかにしていくことである。平たくいえば「いい会社で働く人は，幸せになれるのか」であり，まるで最初から“あらまし”が見えている事件のようでもある。その“あらまし”に理論でかたちを与え，実証という分析で迫っていくのが本書の趣向であり，筆者の研究であった。

　きっかけは，十数年前に遡る。当時，私は企業倫理コンサルティングの仕事をしており，大手製造業 X 社の子会社，S 社を担当することになった。S 社では社長直轄の CSR 推進室が設置されたばかりで，室長 A 氏の活動を支援するのが私の役割であった。S 社の課題は，A 氏の言葉で言えば「反コンプライアンス事象をなくし，社会に根差した企業になる」ことだったが，これに向けて提案した，本書の言葉でいう「インテグリティ志向の倫理マネジメント戦略」が採用されることになった。さまざまな施策が展開され，社長のリーダーシップ，A 氏主導の風土改革，中間管理者層の働きかけによって，課題解決のための取り組み，すなわち企業倫理の推進が，現場主導でなされるようになっていったのだが，その過程に立ち会っていた私は，そこで働く従業員の方々にも変化が生じていることに気づいた。会合や研修での表情が，目に見えて明るく前向きになっていったのである。

　一般的に，企業倫理（あるいは，コンプライアンス）を推進する目的は，「企業が」不祥事を起こさないため，社会的責任を果たすためと考えられている。もちろん，それはとても重要なことであるし，難しいことでもあるのだが，S 社の方々と相対する中で私は「企業倫理を推進することは，それを現場で担う従業員にとって，どのような意義があるのだろうか」と考えるようになった。長い謎解きの始まりである。

　これが本書の“あらまし”と主な登場人物，そして「謎」である。この謎

解きに興味をお持ちくださりそうな方々として，すなわち本書の読者として，次のような方々を想定している。

　まず，学術的な見地から，本書の研究に関心をお持ちくださる研究者の皆様である。本書が立脚する学問領域は，狭義には企業倫理学だが，第1章で検討するように，企業倫理学は倫理学などの規範論と経営学などの経験論の両方に近接した学問といわれている。本書はこの両者のコラボレーション（共生）を目指しているが，研究の方法としては後者，経験論的なアプローチに立脚している。こうしたことから本書は，企業倫理学の研究者はもちろん，経営学，特に人的資源管理理論及び組織行動論，さらには組織論といった，「人と組織」に関わる領域の研究者の皆様にも貢献できることを目指している。

　こうした「理論」の方々と共に，「実践」の方々，ビジネスの現場で日々，多くの課題に対峙されている実務家の皆様にも，本書はお役に立てるものと考えている。具体的には，コンプライアンス，CSR，サステナビリティといった「企業倫理」に関わる部門の方々はもちろん，人事部門，人材開発・組織開発部門といった「人と組織」に関わる部門，さらには経営戦略部門，といった方々の課題解決に，本書の内容は大きく関わり得ると考えている。そして，中間管理者層，経営層といった，「人と組織」のマネジメントに携わられる皆様にも，本書をお手に取っていただくことを願っている。

　また本書は，「学び」に勤しまれている方々の教材としても有用となることを意図している。ビジネススクールで学ばれる社会人学生の方々には，経営管理に関する理論をご自身の実務に適用していく際に，また大学で学ばれる学部生の方々には，将来に向けての組織観・人間観・仕事観を培っていくにあたって，本書の内容は土台となり，思索のきっかけを提供し得るものと考えている。

　このようにさまざまな方々に貢献することを目指し，本書は以下のような内容で構成されている。

　まず第Ⅰ部「理論研究」では，企業倫理（学）を概観し，そこにおける「従業員」に焦点を当て，「企業倫理は，従業員にとって，どのような意義があるのか」という本書全体の「問い」を提示する。続いて，本書における「企業倫理」である「インテグリティ志向の倫理マネジメント」概念とその構成

要素について，先行研究をレビューしながら整理していく。その過程では「人」と「風土」，さらに日本型の経営の視点からの検討も行われる。その上で，従業員にとっての意義を考えるために，「幸福」に関する議論，そして「ミーニングフル・ワーク（仕事の有意味感）」という本書における鍵概念について先行研究を整理する。最後に，ここまでで検討した概念間の関係を整理し，第Ⅱ部の実証研究につなげる。

　第Ⅱ部「実証研究」では，筆者が行った4つの調査によるデータを用いて，第Ⅰ部で整理した概念間の関係を分析していく。これにあたっては，人による伝播，風土による浸透，個人の倫理性の役割という，大きく3つのパートに分けて検証していくことになる。基本的に量的分析が中心となるが，一部では質的分析も取り入れ，複眼的な考察につなげる。

　第Ⅲ部「考察と結論」では，第Ⅰ部における議論と第Ⅱ部における分析を統合し，総括した上での考察を行って，本書全体の「問い」に応答し，今後に向けての課題を提示したい。

　筆者は，長く実務の場で，自らも組織の一員として仕事をし，さまざまな現場に向き合ってきた。その後，「謎」を解くために学問の道を志し，現在に至っている。この間，ずっと軸にしてきたことの1つに「理論と実践をつなぐ」ということがあった。学問という謎解きは長く続くものと思われるが，その成果の一部をまとめた本書が，企業倫理学と経営学をつなぎ，組織の中のさまざまな部門をつなぎ，そして，理論と実践と学びをつなぐきっかけとなれば望外の喜びであり，私にとっての「有意味な」仕事である。

2023年3月

本橋潤子

初出一覧

　本書は，慶應義塾大学大学院商学研究科博士学位請求論文「企業倫理と仕事の意味深さ」をベースとし，これまでに公表した論文等の内容が含まれているが，1冊の本として論旨を一貫させるために全体として大幅な加筆修正を行っている。本書の内容と既発表論文等の対応は以下のとおりである。

第5章　人による伝播
　1．上司の倫理的リーダーシップと仕事の有意味感
　　　「上司の倫理的リーダーシップと仕事の意味深さ―個人の視点からの実証と考察―」『日本経営倫理学会誌』第28巻，65–77頁，単著，2021年.
　2．経営者の倫理的リーダーシップと仕事の有意味感
　　　「経営トップの倫理的リーダーシップと仕事の意味深さ―その経路についての分析と考察―」『三田商学研究』第64巻第1号，45–65頁，単著，2021年.
第6章　風土による浸透
　1．職場風土と仕事の有意味感
　　　「経営倫理と『働きがい』―目的的人間観の文脈で考える―」『日本経営倫理学会誌』第26巻，53–68頁，単著，2019年.
　2．組織の倫理風土と仕事の有意味感
　　　「日本企業における組織の倫理風土と仕事の意味深さ―組織の視点からの実証と考察―」『日本経営倫理学会誌』第27巻，61–74頁，単著，2020年.
第7章　個人の倫理性の役割
　1．媒介者としての個人の倫理性
　　　「組織のインテグリティと仕事の意味深さ―『個人の倫理性』の役割と意義に着目して―」日本経営学会第94回大会自由論題報告，2020年.
　2．個人の倫理性と仕事の有意味感
　　　「中間管理者の倫理的志向性と仕事の意味深さ―混合研究法によるアプローチ―」『日本経営倫理学会誌』第29巻，27–40頁，単著，2022年.

目次

はじめに

初出一覧

第Ⅰ部　理論研究

第1章　企業倫理と従業員——————————————3

1．企業倫理への着目と企業倫理学 …………………………3

1.1　実務における着目と展開　3

1.2　企業倫理学という学問領域　6

2．従業員にとっての企業倫理 ………………………………9

2.1　「コンプライアンス」と従業員　9

2.2　企業倫理学における従業員　11

2.3　本書における問いと視座　13

第2章　インテグリティ志向の倫理マネジメント—————17

1．インテグリティ志向の倫理戦略 …………………………17

1.1　2つの倫理戦略　17

1.2　組織のインテグリティ　22

1.3　倫理的価値と経営理念　27

2．行動による模範の提示：人による伝播 …………………32

2.1　行動による模範の提示と倫理的価値の共有　32

2.2　倫理的リーダーシップ　33

2.3　中間管理者の役割　35

3．組織内の環境からの働きかけ：風土による浸透 ………37

3.1　組織の文化・風土と日本型の経営　37

3.2　本書が着目する職場風土とその分類　42

3.3　組織の倫理風土　44

4．倫理的な意思決定 …………………………………………48

4.1　企業倫理学と倫理的意思決定　48

4.2　倫理的意思決定と個人の倫理性　53

5．インテグリティ志向の倫理マネジメント …………………56

第3章　ミーニングフル・ワーク─────────63

　1．「仕事を通じた幸福」と「意味」 ……………………64

　　1.1　「幸福」に関する研究　64

　　1.2　「幸福」の2つの区分：ユーダイモニアとヘドニア　65

　2．ミーニングフル・ワーク ……………………………66

　　2.1　ミーニングフル・ワークと「仕事の有意味感」　67

　　2.2　ミーニングフル・ワークに隣接する概念　71

　3．ミーニングフル・ワークに影響を与える要因 ……………75

　　3.1　職務特性モデルへの着目と再解釈　76

　　3.2　個人の倫理性とミーニングフル・ワーク　78

第Ⅱ部　実証研究

第4章　実証研究の全体像─────────────85

　1．実証研究の対象とデータ ……………………………85

　　1.1　実証の対象となる概念　86

　　1.2　実証のためのデータ　88

　2．4つの調査の内容と変数の作成 ……………………89

　　2.1　調査①個人調査　89

　　2.2　調査②企業調査　92

　　2.3　調査③A社従業員調査　96

　　2.4　調査④A社内インタビュー　99

　3．実証の全体像 …………………………………………101

　　3.1　4つの調査と対応する概念の一覧　101

　　3.2　実証の全体像　102

第5章　人による伝播─────────────107

　1．上司の倫理的リーダーシップと仕事の有意味感 …………107

　　1.1　はじめに　107

　　1.2　仮説の導出　108

　　1.3　実証分析　111

　　1.4　考察　112

２．経営者の倫理的リーダーシップと仕事の有意味感 ……………114

　2.1　はじめに　114

　2.2　仮説の導出　115

　2.3　実証分析　120

　2.4　考察　124

第6章　風土による浸透────────────────129

　１．職場風土と仕事の有意味感 ………………………………………130

　1.1　はじめに　130

　1.2　仮説の導出　130

　1.3　実証分析　132

　1.4　考察　135

　２．組織の倫理風土と仕事の有意味感 ………………………………138

　2.1　はじめに　138

　2.2　仮説の導出　138

　2.3　実証分析　143

　2.4　考察　147

第7章　個人の倫理性の役割────────────────153

　１．媒介者としての個人の倫理性 ……………………………………153

　1.1　はじめに　153

　1.2　仮説の導出　154

　1.3　実証分析　158

　1.4　考察　161

　２．個人の倫理性と仕事の有意味感 …………………………………164

　2.1　はじめに　164

　2.2　仮説の導出　165

　2.3　実証分析　168

　2.4　考察　171

第Ⅲ部　考察と結論

第8章　企業倫理と仕事の有意味感――――――――――――――――177

1．理論研究における議論と要約 …………………………………177

2．実証研究における成果の集約 …………………………………180

3．考察 ………………………………………………………………184

　3.1　インテグリティ志向の倫理マネジメントにおける「人」　184

　3.2　インテグリティ志向の倫理マネジメントにおける「風土」　186

　3.3　被説明変数としての「仕事の有意味感」　188

4．結論：企業倫理は，働く人々にとって，どのような意義があるのか ……………………………………………………………………190

　4.1　企業倫理と仕事の有意味感　190

　4.2　「個人の倫理性」に働きかけるということ　192

5．本書における研究の意義と限界，今後に向けて ……………196

　5.1　学術における意義　196

　5.2　実務への貢献　197

　5.3　本書における研究の限界と今後への課題　198

　5.4　実務における展開に向けて　199

おわりに

謝　　辞

付　　録

参考文献

人名索引・事項索引

第Ⅰ部　理論研究

第1章

企業倫理と従業員

本章ではまず，実務の視点から，日本企業において企業倫理がどのように着目されてきたのか，その経緯について，近接した概念であるコンプライアンス（法令（等）遵守）も含めて概観する。続いて，学術的な観点から「企業倫理学」の学問的性格について整理する。

その上で，本書が焦点を当てる「従業員」について，実務におけるコンプライアンスの浸透に関する潮流と，企業倫理学におけるステークホルダー理論に関する議論の2つの側面から検討し，本書全体の問題意識を提示する。

1. 企業倫理への着目と企業倫理学

1.1 実務における着目と展開

日本において，企業の社会性や道徳性が広く一般に問われた事件を紐解けば，1890年代に端を発する足尾銅山鉱毒事件までさかのぼることができる。より近年に目を向けると，第二次世界大戦後，1950年代半ば以降の高度経済成長期に発生した四大公害病（（熊本）水俣病，新潟水俣病，四日市ぜんそく，イタイイタイ病）を契機に，公害や環境汚染の観点から，企業の行動やその責任が社会的な問題となった。こうした歴史を経ての企業の社会性に関するブームは，岡本・梅津（2006）によれば，1960-70年代の社会的責任ブー

ム，1980–90年代のフィランソロピーブーム，21世紀のCSRブームという，3回のうねりとして大別され[1]，直近のCSRブームは実質的に定着したといえる[2]という。

　一方，企業による問題行為に着目してみると，上述の社会的責任ブーム以降，贈収賄等の汚職や粉飾決算，脱税等の事件性が強いもののみならず，事業活動そのものに付随して発生する企業不祥事が社会問題化するようになったのは，1991年に始まるバブル崩壊以降と捉えられる。中村（2003）は，戦後の日本企業における問題行動の推移を概観して，バブル崩壊不況のもとにおいては，問題件数の増加に加えて，問題行為の内容も急速に多様化したとし，証券業界における大口顧客への損失補填，銀行における不正融資，総会屋への利益供与，国や自治体による公共工事受注や物品購入に係る代金の水増し請求やカルテル行為の頻発などを指摘している[3]。

　こうした中，一般社団法人日本経済団体連合会は，1991年，「経団連企業行動憲章」を制定した。この企業行動憲章は，5年後の1996年に一度目の改定が行われて以降，経営環境の変化に呼応する形で数回の見直しが行われ，現在に至っている[4]。また，特に銀行・保険・証券といった金融業界では，金融庁主導によるコンプライアンス（法令遵守）体制の構築が金融検査の一環として求められるようになり，順次コンプライアンス担当部署が設置され，業務の監視体制が構築されるようになった[5]。

　アメリカでは，日本でこうした変化が現れる10年ほど前からBusiness Ethics（企業倫理）が産学両方において注目され始めた。岡本・梅津（2006）によれば，企業が倫理を社内的に制度化する動きは1980年代に現れ，1980年代半ばの防衛産業スキャンダルにも後押しされて進展したが，その後，1991年の連邦量刑ガイドラインの制定を経て，アメリカ企業におけるコンプライアンス型の企業倫理の制度化は1990年代中頃には大企業を中心に広範な浸透をみることになったという[6]。こうした潮流を受け日本企業では，当時，積極的にアメリカでの事業展開を行っていた製薬をはじめとする大手製造業などがコンプライアンス上の司法問題に直面したり，アメリカ資本の外資系企業の日本法人が企業倫理に関するプログラムを導入し始めたりするなどして，企業倫理及びコンプライアンスが徐々に浸透していくこととなった。

　こうした経緯を背景に，日本の社会や実務の場において広く企業倫理が認識される契機となったのは，2000年に発生した「雪印乳業食中毒事件」「三菱自動車工業リコール隠し」といった企業不祥事である。さらに2002年の「雪印食品牛肉偽装事件」「日本ハム牛肉偽装事件」「東京電力の原発トラブル隠ぺい発覚」等によって，企業や事業活動に社会性や道徳性を問う社会的な問題意識は決定的なものとなった。その大きな要因の1つは，これらの問題事象が事業活動に付随して発生したものであり，誰もが直接の被害者にも，そして加害者にもなり得る不祥事だったことにあると考えられる。

　特にバブル崩壊以降，企業不祥事は多様化し多発していたとはいえ，1990年代は経営者やその指示を受けた特定の部門によるいわゆる企業犯罪が中心的であり，一般市民や従業員にとっては，憤りを覚えこそすれ，自らがその当事者になり得るとは考えにくいものであった。しかし2000年以降の企業不祥事は，食の安全などの市民の暮らしを直接に脅かすものが多くなったと同時に，事件を直接に発生させたのも食品の製造ラインであったり，自動車の販売会社や整備工場の現場であったり，原子力発電所の保守点検を担う人々であったりした。日本の企業における多くの従業員は，他社の不祥事を組織ぐるみの犯罪として非難する一方で，自らもまた，いつ，企業不祥事を発生させる当事者になり，非難される側になるかわからない，という状況に置かれることになった。

　2000年代初頭の企業不祥事の続発という事態を受け，1990年代はまだ限られた企業の取り組みであった企業倫理・コンプライアンスの導入や推進は，業種を問わずあらゆる企業の喫緊の課題となり，倫理綱領の制定，担当部門の設置をはじめとする「制度化」が急速に進められた。そして2003年頃からCSRブームの展開が見られるようになった。さらに，2005年の個人情報保護法の全面施行，2006年の公益通報者保護法の施行，同2006年の新会社法の施行と金融商品取引法の成立により確定した，いわゆる日本版SOX法に基づく内部統制の強化などによって，「企業倫理」すなわち「企業や事業活動の社会性や道徳性を意味する諸概念」は，CSR，コンプライアンス，内部統制，さらにはCSV，SDGs，ESG，そしてサステナビリティなどのさまざまな用語や手法と共に企業経営の中に組み込まれることとなった。

1.2　企業倫理学という学問領域

　こうした日本企業を中心とした実務における展開を意識しながら，本書は，企業倫理学の立場で学術的な探究を行い，理論そして実践への貢献をめざす。企業倫理学は比較的新しい学問領域といわれており，また学際的な性格も有している。そこで本項では，研究そのものの議論に入る前に，企業倫理学という学問領域について概観し，本書のアプローチを確認しておこう。

1.2.1　企業倫理と企業倫理学

　川本（2005）によれば，経済と倫理を結びつけようとする現代の学問の動向は，個々の経済主体の道徳性を問題にしようとするミクロ的アプローチ（アメリカの「ビジネス・エシックス」）と，経済体制そのものの倫理を問うマクロ的アプローチ（ドイツの「経済倫理学」）に分けることができるという[7]。本書が立脚する企業倫理学は前者のアプローチであり，日本語では「ビジネス倫理学」「経営倫理学」といった用語が用いられることもある。

　中村（2003）によれば，ビジネス・エシックスすなわち "business ethics" の "business" について，機能としての「事業」と事業体としての「企業」のいずれに理解するかには議論があるという[8]。これを踏まえると「ビジネス倫理学」は "business" を多義的に解釈する余地を残し，「経営倫理学」は「事業」の主体を「企業」だけではなく，病院や組合といった中間法人や，学校などを含む非営利法人にまで広く想定した用語と考えられる。本書では，「事業」と「企業」の両方の意味を "business" に認めた上で，「企業倫理（学）」という用語を用いていく。それは，後に見ていくように，事業における倫理は，その事業体（組織）の存在意義や目的と不可分であり，これらはステークホルダーの存在を無視して語ることができず，そして本書は，主要なステークホルダーとして株主が存在する営利企業を研究対象とするためである。もちろん，本書の研究とその成果は，営利企業以外の組織体にも貢献し得ると思われるが，「企業倫理（学）」は「ビジネス倫理（学）」「経営倫理（学）」に包含されるという関係を想定しつつ，研究の焦点はその部分集合に当たっているという認識を持って，議論を進めていきたい。

　一方，"ethics" については，「倫理」と，これを対象とする学問分野とし

ての「倫理学」の意味がある[9]。「倫理」を平易な日本語にすれば「正しさ」「よさ」となるが，本書では，何かを基準として正／誤（悪）に二分する意味合いが強い「正しさ」よりも，「（より）優れていること」や「善（good）」を想起させる「よさ」を「倫理」の意味するものとして考える。つまり本書は，営利企業，あるいはその事業の「よさ」としての企業倫理を，企業倫理学という学問領域において探究していこうとするものである。

1.2.2　企業倫理学の2つのアプローチ

岡本・梅津（2006）によれば，アメリカにおける企業倫理学には2つの学問的起源があるという。1つは哲学・倫理学を方法論的基礎とする応用倫理学の一部としての企業倫理学であり，もう1つは経営学の一部である「企業と社会（business and society）」論を基盤とする，社会科学の方法論からの接近である[10]。こうした流れを背景に，企業倫理学のアプローチは，規範論的アプローチと経験論的アプローチに大別される。前者は哲学（特に倫理学）に依拠するが，後者は社会科学（特に経営学）に基づき「もののいかにあるか」を説明することを目的とする。その「説明」では事実に基づく立証，つまり実証分析が重視される。

Treviño & Weaver（1994）によれば，両者は図表1–1のように整理される。

図表1–1　企業倫理学における規範論的／経験論的アプローチ

カテゴリ	規範論的アプローチ	経験論的アプローチ
①学問的基盤	哲学，神学，リベラル・アーツ	経営学，社会科学
②言語 （倫理的な行動/行為の定義）	評価的 行為の正しさ・公正さ・公平さ	記述的 倫理的な選択・決定（正か誤か）
③基本的人間観	自律性，責任	より決定論的 相互関係的
④理論の目的	指令と禁止	説明／予測
理論の視座	抽象的	具体的・測定的
理論の適用の仕方	分析と批判	実際の行動への影響
⑤理論の基盤	経営活動への内省	経営活動の実証的研究
評価基準	道徳判断への合理的な吟味	経営問題の説明・予測・解決能力

出所: Treviño & Weaver(1994)を基に筆者作成。

　Treviño & Weaver（1994）はさらに，これら２つのアプローチの関係を，互いに分離独立すべきとする並存派，互いのコラボレーションや協働を認める共生派，完全な理論的統合をめざす統合派の３つに分類し，各々の問題・限界を分析している[11]。

1.2.3　本書のアプローチ

　こうした議論を踏まえ，企業倫理学の立場で研究を行う本書のアプローチを示せば，研究の問いに対し，実証研究に基づく説明を行って，考察により応答することを想定している点で，経験論的アプローチに立つものといえる。学術的には，経営学の一部としての企業倫理学において「企業と事業のよさのいかにあるか」を探究し，明らかにし，貢献することを意図している。

　ただし，本書の実証研究における個々の問いと考察は，本書全体の「問い」である「企業倫理は，それを担う従業員にとって，どのような意義があるのか」への応答に集約されることになる。この，本書全体の問いは，規範論的な議論の前提となることも意識している。本書は実証と規範の協働を理想としている点で Treviño & Weaver（1994）のいう共生派を志向している。

　先に見たように，企業倫理学には応用倫理学の系統と経営学の系統の２つの学問的起源があるが，前者の応用倫理学は，「現代社会が投げかける緊急の問題（中略）」に対して倫理学という「学問が鍛え上げてきた道具を用いて（中略）応えようとする分野」であるという[12]。応用倫理学の対象には，生命倫理，環境倫理，情報倫理，そして企業倫理があるが，その「応答」の精度を高めるには，現実（の企業や事業）を的確に捉えることが不可欠であろう。ステレオタイプ的な従業員像や企業像，経営者像を議論の前提としていては，問題を抱えている「現実」に対して，的を射た「応答」をするのは難しいと思われる。

　一方，経営（学）における問題解決に関する古典として知られる Kepner & Tregoe（1965 上野一郎訳，1966）は，解決すべき問題を「あるべき姿と実際の姿を比較して」突き止めることを説いている[13]。経営学の研究では，その結論において実務への示唆や提言が期待されるが，その根底には経営の問題解決や変革への志向が見出される。Kepner & Tregoe（1965）に拠るならば，その「問題」は，あるべき姿すなわち理想と，現状との差から導か

れる。経営学としての提言の精度を高めるには，理想（の企業や事業）を問うことも不可欠であろう。

　本書における実証研究は，理想を描く前提となり，問題を見出す基盤となる，現実を明らかにするために行われる。その最終的な目的は，私たちの現実を，よりよい方向に変えていくための手がかりを見出すことにある。

2.　従業員にとっての企業倫理

2.1　「コンプライアンス」と従業員

　前節で見たように[14]，1990年代中頃，アメリカで展開していたコンプライアンス型の企業倫理は，やがて日本企業にも影響を与えるようになった。2000年代以降の日本では，企業倫理の制度化[15]が急速に進展したことが明らかにされている[16]。その背景の1つとして，2000年代以降，従業員が当事者となり得る現場型の企業不祥事が続発し，従業員のリスク行動を制御することが喫緊の経営課題として認識されるようになったことが挙げられる。

　またこの間，より広く用いられるようになった用語は「企業倫理」というよりは「コンプライアンス」であったといえる。「コンプライアンス」は英語で“compliance”であり「遵守，従順，適合」を意味する。近年の日本企業では「法令等の遵守」と解釈されており，そこには「（単に）法令だけではなく，不文律や常識，規範を含めで遵守する」意味合いが含まれている。そうした「コンプライアンス」を従業員に徹底することは，（従業員に起因する）社会に危害を加えるような不正行為を防ぐという点では，企業の社会的責任に適った企業行動と考えることができる。

　ただし，「遵守」を意味するコンプライアンスを，企業が従業員に徹底するという状況は，その基盤にある人間観やメッセージによっては，人的資源管理に関わる側面への影響が考えられる。

　まず，企業が徹底しようとするコンプライアンスの基盤にある人間観が，McGregor（1960 高橋達男訳，1970）の提示した，いわゆるX理論—Y理論[17]におけるX理論に近いものである（と，従業員に受け止められる）場

合，その企業の人的資源管理全体や中間管理者のマネジメントがY理論に基づくことを志向している（してきた）ならば，それとの整合性への影響が生じ得る。それは，従業員の目線でいえば，自分たちは企業と経営者からどのように「扱われて」いるかという感覚と，これに基づく「信頼」の問題に関わる。さらには，McGregor（1960）のいう「組織作りの中心原則」を「権限行使による命令・統制」に置くのか，「（個々人の目標と企業目標の）統合とそれに基づく自己統制」に置くのか[18]にも影響するだろう。

　また，「遵守」を意味するコンプライアンスの徹底による影響は，従業員の動機づけに関する自己決定理論からも考えることができる。従業員の動機づけは，金銭や賞罰などの外的要因により生じる外発的動機づけと，外的要因の有無にかかわらず当人の内面に沸き起こる興味・関心や意欲により生じる内発的動機づけに区分されることはよく知られている。これに関し，自己決定理論を論じているDeci & Ryan（2000）によれば，内発的動機づけには自律性（自らの意思が自らの行動の原因であるという認知），有能感（自らの行動に対してポジティブな反応が得られているという感覚），関係性（他者との安全で心地よい関係が確保されていること）が大いに関与しているという[19]。こうした知見に基づくならば，「遵守」を意味するコンプライアンスは，そのメッセージ自体が，自分（たち）の外にある規範に従順であれという意味を帯びやすいことから，内発的動機づけに影響することが考えられる。

　企業倫理とコンプライアンスの整理については後に第2章で詳しく検討するが，ここでは上記のような従業員への影響が想定されることを踏まえた上で，企業倫理学の観点から2つの点を指摘しておきたい。

　1つは，もし上記のような影響が生じ，それが問題なのであれば，それはなぜ問題と考えられるのか，という点である。言い換えれば，従業員と企業の信頼関係や，従業員の動機づけに影響が及ぶことが問題なのは，それにより，従業員が生み出すアウトプットの質や量が低下し，組織の目標達成や，企業の利潤追求に悪影響が及ぶからなのか，ということである。

　もう1つは，企業が不正防止という社会的責任を果たすことは，従業員の心情的側面よりも優先されるのかという点である。これについて，企業倫理

学における理論から検討すれば，企業が法令等を遵守し外部ステークホル
ダーに対し責任を果たすために，ステークホルダーでもある従業員を手段的
に扱うことは許容されるのか，という問いに行き着く。

2.2　企業倫理学における従業員

2.2.1　2つのステークホルダー観

　企業倫理学における主要な研究領域の1つに，Freeman（1984）を契機
としたステークホルダーに関する議論がある。これは，「企業の目的は株主
価値の最大化である」とする Friedman（1970）の主張への反論として提起
されたものであり，Freeman（1984）ではステークホルダーは「組織の目
的の達成に影響を与え得る，あるいは，その達成により影響を被る，グルー
プまたは個人」[20]と定義されている。しかし，Goodpaster（1991）や Frooman
（1999）は，この定義には2つのステークホルダー観，言い換えればステー
クホルダーに対する企業の姿勢が見出されるという。

　1つは戦略的ステークホルダー観であり，ステークホルダーを組織の目標
達成に影響を与え得る存在として捉え，企業の目的達成のためにその利害を
管理し，配慮しようとするものである。ここでは，組織の目標達成に影響を
与え得る利害関係者がステークホルダーとみなされるため，その対象は限ら
れる。そして，企業の特定の目的，すなわち利潤追求というストックホルダー
の益のために，他のステークホルダーが手段として扱われるという構図を内
包している。もう1つはモラル的ステークホルダー観であり，ステークホル
ダーを組織の目標達成により影響を被る存在として捉え，その利害のバラン
ス調整を目指す[21]。ここでは影響を被るあらゆるステークホルダーが対象と
されるため，その範囲は広くなる。

　一方，Evan & Freeman（1988）は，カント的義務論に規範論的な根拠を
求め，企業の目的を（ストックホルダーを含む）ステークホルダー間の利害
調整にあるとする[22]。そこでのステークホルダーは，組織の活動により影響
を被る関係者であり，宮坂（1999）によれば，カント的義務論における人間
性の法則に基づき，何かのための「手段」としてではなく，それ自体に価値
がある「目的」として扱うべき存在と考えられているという[23]。

　本書は企業倫理学の立場に立っており，企業にとって最重要でかつ最終的
な目的は，利潤追求の・・みにあるとする考え方には慎重である。どちらかといえば，企業は株主のエージェントであると同時に社会（従業員を含む）の公器であり，利潤を追求するのはその維持存続のためであるとする立場をとっている。利潤追求は積極的に肯定されるべきものと考えるが，それは社会の公器としての維持存続のために必要だからであり，そのためのさまざまな手段のうちのひとつである。そして社会の公器という考え方は，Evan & Freeman（1988）が提示した企業観と親和性が高い。

　従って，本書における「従業員」は，戦略的にもモラル的にも対象となり得るステークホルダーである[24]。さらに，組織の一員として他のステークホルダーと対峙する点で，他のステークホルダーとは異なる独自の「二面性」（宮坂，2010）を有する。このことは，企業倫理においても従業員は，経営者及び組織的なマネジメントの下で具体的な役割を担い遂行する「手段的」側面を有すると同時に，企業倫理に関わる日々の行動それ自体において「目的的」にも扱われるべき存在であることを意味する。

2.2.2　ステークホルダーとしての従業員の二面性

　こうした「ステークホルダーとしての従業員」について宮坂（2010）は，「会社と対峙」し，かつ「組織人として社会と向き合う」，二面性を有する特殊な存在であるとした上で，これからの人的資源管理（HRM）においては後者の側面をより活かす必要があること，そのためには，従業員を単なる「手段」として処遇しないことが必要条件であることを指摘している[25]。これまでの日本企業，さらには企業倫理学においても，従業員を会社と対峙する存在とする場合は，主に労使関係に関する施策の充実が，組織人として社会と向き合う存在として扱う場合には，企業の社会的責任を実現するための行動の制御，特に企業不祥事に関する非倫理的行動の抑制が，主要な課題とされる傾向にあったのではないかということを，顧みる必要がある。

　企業倫理学においても従業員を単なる「手段」として処遇しない，むしろ，「目的」として扱うことを志向するならば，言い換えれば，「戦略的」かつ「モラル的」ステークホルダー観に基づいて従業員の問題を考えようとするならば，企業が企業倫理を実践し，その実現を組織人として従業員が担うことそ

のものが，従業員にとってどのような意義を持つのかを，実証に基づき探究
することが必要である。そこに「従業員にとっての意義」が存在するならば，
企業倫理の実践に従業員を参画させることは，企業にとっての益だけでなく，
従業員にとっての益にも寄与することになり，従業員を「目的」として扱う
ことにもつながる。このことを「いかにあるか」として説明できたとき，「い
かにすべきか」という議論の土台がつくられる。

2.3　本書における問いと視座

　本書は，こうした 2 つのステークホルダー観とステークホルダーとしての
従業員の二面性を踏まえた上で，企業倫理学の立場から，「企業倫理は，そ
れを担う従業員にとって，どのような意義があるのか」という問いを立て，
先行研究を整理し，実証研究を中心とした分析と考察を行って，応答しよう
とするものである。

　企業倫理（の実践）には，前述のような遵守を意味するコンプライアンス
から，CSR や SDGs など社会課題の解決を目指すものまで多様なアプロー
チがある。後に第 2 章で詳しく見ていくが，本書ではこれを，Paine（1994,
1997）が提示した「組織のインテグリティ」を志向する倫理マネジメントと
して捉える。ここでのインテグリティとは端的にいえば，（組織として）有
する「徳」に基づく卓越性であり，不正や不祥事が起きる／起きないからで
はなく，日々の事業活動の「質」や，それを左右する意思決定の「よさ」を
問題にする。ただし，本書の主な研究対象は日本企業であるため，従業員や
組織の問題を検討するにあたっては，いわゆる日本型の経営に関する議論や
知見を踏まえ，日本型のインテグリティ志向の倫理マネジメントを想定して
おく必要がある。

　こうした倫理マネジメントにおいて，特に日本企業のそれにおいては，従
業員も現場における意思決定に大いに関わり得る点で，重要な役割を担うだ
ろう。それにより生じる従業員にとっての意義とは，従業員をステークホル
ダーとして見るならば，その仕事を通じた益であり，その益には，金銭的な
報酬から精神的な充足までさまざまなものが含まれ得る。日本企業を取り巻
く社会環境において，生存・安全面に関わる基本的な欲求の充足と共に，そ

してそれ以上に，より精神的・人間的な豊かさが求められているならば，この益や意義とは，人として「より"よく"あること」すなわちウェルビーイング（well-being）[26]や「幸福」として考えることができる。

　「幸福」を考える上で示唆に富む倫理学の潮流の1つに，アリストテレスを起点とする徳倫理（学）（virtue ethics）がある。後に第3章で詳しく検討するが，アリストテレスは『ニコマコス倫理学』において「幸福」を（他の何かを得るための手段になり得ない）究極的な目的である最高善とし，幸福における「徳（卓越性）」の意義を論じつつ，いわゆる「快」にも一定の位置づけを認めているという[27]。

　また，こうした思想を踏まえて今日の心理学，特に人間の心情の肯定的な側面に焦点を当てるポジティブ心理学では，「幸福」とほぼ同義の「心理的ウェルビーイング」を生み出す要因を「卓越性」に近い概念と「快」に近い概念とに分けて捉えようとする考え方がある。前者すなわち「卓越性」に関わる要因として近年，「意味（meaning）」が指摘されており[28]，ポジティブ心理学の知見は，経営学ではフロー（flow）概念やその体験に関する研究などの形で応用と展開が見られる[29]。こうした隣接領域の潮流を踏まえ企業倫理においても，従業員が仕事を通じた，人としてのより卓越した幸福を得ることについての関心が高まり，「有意味性（meaningfulness）」や「ミーニングフル・ワーク（meaningful work）」として探究されている。

　このように，従業員にとっての意義を仕事を通じた益とし，その益を幸福とすれば，哲学の知見によりその幸福は卓越性と快とに区分され，心理学の知見から前者の卓越性の要素の1つとして「意味」が指摘されている。そこで本書では，「従業員にとっての意義」すなわち「仕事を通じた幸福」を，「仕事の有意味感」とし，最終的な結果，あるいは目的として，探究していく。

　本書の問いは言い換えれば，企業倫理，すなわち組織のインテグリティを志向する倫理マネジメントは，それを担う従業員に，仕事の有意味感を（どのように）もたらすのか，である。

　その実証研究においては，企業における1人（特に経営者，中間管理者）と風土のあり方，及び意思決定に関わる個人の倫理性に着目し，その影響関係を分析し考察する。そして，こうした分析と考察により，企業倫理学，及

び人材マネジメントの問題を扱う経営学の領域（特に組織行動論や人的資源管理論）に，さらには経営者や企業倫理の推進を担う部門の人々，そして現場の管理者に，企業倫理を実践することの新たな意義を提示することを目指す。

【注】
1）　岡本・梅津（2006）pp. 10–13。
2）　岡本（2018）p. 28。
3）　中村（2003）p. 139。
4）　1996年の改定は，「企業行動上の様々な問題が生じ，国民の間で企業に対する不信感が高まっている」ことなどを理由に行われたことが，その序文に明記されている。同憲章はその後，2002年（名称も「企業行動憲章」に改定），2004年，2010年，2017年に改定され，今日に至っている。2002年は「企業不祥事の続発」，2004年は「CSRの台頭」，2010年は「ISO26000の発行」，2017年は「SDGsの達成」に呼応しての改定と理解される。なお，2022年には序文及び実行の手引きが改定されている。
5）　梅津（2007b）p. 13。
6）　岡本・梅津（2006）pp. 145–150。
7）　川本（2005）pp. 13–15。
8）　中村（2003）pp. 2 – 3 。
9）　梅津（2002）pp. 4 – 5 ，中村（2003）p. 2 。
10）　岡本・梅津（2006）p. 142。
11）　これに対し宮坂（1999, p. 19）は，「このような『分類』は便利である。だが同時にそれがステレオタイプ的なものであり便宜的であり誤解を招きかねないものであることも事実である」と指摘していることも踏まえておきたい。
12）　川本（1995）p. 101。
13）　Kepner & Tregoe（1965 上野一郎訳，1966）pp. 42–45。
14）　本書第1章1.1参照。
15）　企業倫理の制度化（institutionalization of business ethics）について，中村（2003, p. 9 ）は「実在の具体的事例の分析を通じての倫理的課題事項の特定ならびに，それらの性格把握を基礎として個別企業の内部において展開される具体的実践の組織的体系化」とし，岡本・梅津（2006, p. 211）は「企業がその意思決定や行動において，原則となる倫理的行動規範を効果的に実行するための主体的な社内体制の確立」としている。いずれにおいても具体的な制度として，倫理綱領・行動規範の制定，倫理教育・訓練の実施，倫理問題に関する相談への対応部署の設置，倫理問題担当専任役員の選任等を挙げている。
16）　これについては，中野ほか（2009）及び岡本ほか（2013）が定期的な実態調査を行い，結果をまとめている。
17）　McGregor（1960 高橋達男訳，1970）pp. 38–41，54–56。
18）　McGregor（1960 高橋達男訳，1970）pp. 56–57。

19)　Deci & Ryan（2000）pp. 233–235。
20)　Freeman（1984）p. 46。
21)　Frooman（1999）p. 192。
22)　Evan & Freeman（1988）p. 82。
23)　宮坂（1999）pp. 115–116。
24)　本書ではこうした問題意識に基づき，「組織人として社会に向き合う」存在としての従業員，すなわち「組織の中の人々」を対象としている。ただし，非正規従業員等と比べた場合，正規従業員の方が組織の一員としての側面をより強く有し，上司からの影響に着目する必要性も高いと考えられることから，実証分析においては正規従業員を対象とした。
25)　宮坂（2010）pp. 79–84。
26)　人的資源管理理論との関連から well-being を論じている小野（2011）は，well-being は「安寧」と訳されることが少なくないとし，これを考える時には「心身の安全・安定・健康の問題として捉える必要がある」という。さらに，「働く人々の well-being」は，「経済的・物理的 well-being と生理的 well-being」「社会的 well-being」「心理的 well-being」の3つに分類でき，各々，合理的経済人観，社会人観，自己実現人観といった人間観に対比して見ることができるとしている（pp. 43–49）。
27)　Lloyd（1968 川田殖訳，1973, pp. 184–185）の解釈に基づく。アリストテレス『ニコマコス倫理学』第一巻第八章（高田三郎訳，1971, pp. 35–39）に，これに当たる記述が見出される。
28)　例えば，Ryff（1989）は心理的ウェルビーイングの6つの構成要素の1つとして「人生の目的（purpose in life）」を挙げているが，これには「人生の意味（meaning）」概念が包含されており，Schueller & Seligman（2010）は「幸福」を形成する5つの要素の1つに「意味（meaning）」があるとしている。
29)　フロー（flow）とは，Csikszentmihalyi（1975）が提唱した心理状態に関する概念で，「全人的に行為に没頭している時の包括的感覚」と定義され，「行為と意識の融合」が最たる特徴とされる（Csikszentmihalyi, 1975 今村浩明訳，2000, pp. 68–69）。ポジティブ心理学における主要な研究領域の1つであり，内発的動機づけとの関連が指摘されていることなどから，経営学では，従業員の職務に関わる心理状態についての研究などに援用されている（例えば，潜道, 2014）。

インテグリティ志向の倫理マネジメント

　第2章では，本書における「企業倫理」を，Paine（1994）が示した「イ
ンテグリティ志向の（倫理マネジメント）戦略」を起点に検討する。この戦
略は，「コンプライアンス志向の戦略」を一部では包含しながらも対置され
たものとして整理される。その上で，この戦略を「人」「風土」「意思決定」
の3つの観点から日本型の経営に関する知見と掛け合わせて議論し，本書に
おけるインテグリティ志向の倫理マネジメントとして概念図を示す。ここで
議論される要素は第Ⅱ部の実証研究における説明変数となり，その概念図は
個別の分析におけるモデルの原初形を示すことになる。

1. インテグリティ志向の倫理戦略

1.1　2つの倫理戦略

1.1.1　コンプライアンスとインテグリティ

　Paine（1994）は，（企業）倫理を，個人の問題というよりは組織の課題で
あり，マネジメントと不可分のものであるとする[1]。そして，経営者がとり
得る倫理マネジメント戦略を，法令等の外部基準を遵守することを目指す「コ
ンプライアンス志向の戦略（compliance strategy）」と，自らが選んだ内的
基準である価値観（value）による自己統治を目指す「インテグリティ志向

の戦略（integrity strategy）」に大別されるとし，マーティン・マリエッタ社やノヴァ・ケア社等の事例を通じて両者の差異を帰納的に論じている。

　これによれば，コンプライアンス志向の戦略をとる企業群では，基本的に，倫理は法律を遵守することだと考えられている。この戦略では，法律に反する行為を避けることに重点が置かれ，規則や管理や基準を維持するための厳格な統制に依存する。

　一方，インテグリティ志向の戦略をとっている企業群では，倫理とは単に行為を制限するものというよりはもっと強い意味を持ち，行為の指針となる一連の「価値（観）」と考えられている。法令の遵守は原則の１つではあるが，すべてではない。この戦略では，基準原則である「価値」に基づく自己規制に焦点が当てられる。悪い行為を防止することよりも責任ある行動を促すことに重点が置かれ，倫理基準，リーダーシップ，管理機構，教育，意思決定プロセスといった，組織の中核的な管理システムを通じて価値の浸透と維持をめざす[2]。

　これらの倫理マネジメント戦略について対比すると，図表2-1のようになるという。

　岡本・梅津（2006）は，インテグリティ志向の戦略を価値共有型の（企業倫理の）制度化手法として論じている。これによれば，価値共有型，すなわちインテグリティ志向の戦略に見られる制度化手法は，アメリカにおいて1990年代中頃に大企業中心に広範な浸透をみたコンプライアンス（法令遵守）型の制度化手法から発生したバリエーションの中で最も注目を集めた手法であり，「コンプライアンス型と好対照をなしながら，この２つの制度化手法が今日でもアメリカ企業倫理プログラムの双璧をなしているとみてよい」という[3]。

　Paine（1994）の提示した２つの倫理マネジメント戦略については，その後，実証研究によりその差異が検討されている。

　Treviño et al.（1999）によれば，アメリカの大企業において従業員が知覚している倫理プログラムは「価値（インテグリティ）」「コンプライアンス（法令遵守）」「外部ステークホルダー」「経営者保護」の４つの志向に区分され，これらの中で価値（インテグリティ）志向の倫理プログラムは，従業員の倫

図表2-1　2つの倫理マネジメント戦略

		コンプライアンス志向の戦略	インテグリティ志向の戦略
特徴	精神	外部から強制された基準に適合する	自ら選定した基準に則り自己統制する
	目的	犯罪となる違法行為の防止	責任ある行動の実現
	リーダーシップ	弁護士が主導する	弁護士，HR部門等の協力を得て経営管理者が主導する
	手法	教育，裁量範囲の縮小，監査と統制，懲戒	教育，リーダーシップ，説明責任，組織のシステムと意思決定プロセス，監査と統制，懲戒
	前提とする人間観	物質的な自己利益に導かれる自立的存在	物質的な自己利益，価値観，理想，同僚に導かれる社会的存在
実践	基準	刑法と行政法	会社の価値観と願望，法律を含む社会への責務
	担当	弁護士	経営者と管理者（弁護士等も協力）
	実施内容	コンプライアンス基準の設定 訓練とコミュニケーション 不正報告への対応 調査の実施 遵守状況監査の監督 基準の強化	会社の価値観と基準を自ら作成 訓練とコミュニケーション 会社のシステムへの組み込み 助言し相談に乗る 価値観の成果の測定 問題の発見と解決 遵守状況の監督
	教育	コンプライアンス基準とシステム	意思決定と価値観 コンプライアンス基準とシステム

出所：Paine（1994）p. 119を基に筆者作成。

理的な気づきや意思決定の促進，非倫理的な行動の抑止，さらには組織へのコミットメントにおいて最も効果的であったという。ただし，コンプライアンス志向，及び外部ステークホルダー志向の倫理プログラムにおいてもこれらへの正の効果が認められ，これら2つの志向性を持つ倫理プログラムと価値志向の倫理プログラムの間には高い相関が認められることから，これらの倫理プログラムは（概念的にも）価値志向の倫理プログラムを補完するものと位置づけられるとしている[4]。

　また，Weaver & Treviño（1999）によれば，価値志向（インテグリティ志向）の倫理プログラムとコンプライアンス（法令遵守）志向の倫理プログ

ラムには，従業員の非倫理的な行動の減少や，倫理的助言への希求等に正の効果を有する点で共通性があるが，従業員自身のインテグリティや組織コミットメント等に対する作用については，価値志向の倫理プログラムを知覚している従業員において見出されるという[5]。

　図表2-1の整理からも理解されるように，コンプライアンス志向の戦略とインテグリティ志向の戦略は，基盤とする精神やその目的など，そもそもの特徴において差異が見られる。コンプライアンス志向の戦略においては推進の主体は弁護士であり，厳格な統制を行うことによって規則や管理を維持し，組織や組織の中の人々による法律に反する行為を防ぐことを目指す。これに対しインテグリティ志向の戦略では推進の主体は経営者と管理者であり，組織の理想を共有し，組織や組織の中の人々による倫理的な意思決定を実現して，卓越した存在となることを目指す。

　実践面においても，両者の具体的なアプローチや施策（制度化手法）には違いがある。インテグリティ志向の戦略における実践内容や手法は本書における研究の実証分析の対象にもなるため後に詳しく検討するが，ここではその前に，コンプライアンス志向の戦略の特徴と限界を整理し，その上で，インテグリティ志向の戦略の基盤となる考え方を掘り下げ，分析にあたっての着眼点を検討したい。

1.1.2　コンプライアンス志向の戦略の特徴と限界

　日本企業に見られる，従業員への「コンプライアンス（法令等遵守）」の徹底に関し，主に人的資源管理の観点から考えられる影響については先に第1章で検討したが，「コンプライアンス（法令遵守）」の特徴と限界については以下のような指摘がある。

　応用倫理学の立場に立つStewart（1996 企業倫理研究グループ訳，2001）は，法令による制御のような決疑論，すなわち規則によって道徳的行動を強制するあり方には，①適用できる規則がない場合にどうしたらよいかという問題を残し，詳細に記述された規則を絶えず増やすことになる，②「規則を適用するための規則」といった際限なく増えかねない一連の規則を必要とする，③規則に従うことは倫理的行動であるという感覚をもたらす一方で，現実には，最低限求められたことのみを行い，規則の基本的な考え方を充足す

るようにはならず，規則の解釈上の要件を充たすような抜け道や方法を探す
よう人々を誘惑するようになる，といった問題があるとする[6]。

　一方，Paine（1997）は，法的基準そのものの限界を挙げている。法律は
元来，過去の状況に対して制定されているので，新たな技術や状況下におけ
る社会の意思は反映されていない。また，（今日のような）グローバルな環
境下では，国や文化の違いによって法的基準が異なったり相互に矛盾が生じ
たりする場合もあるとする[7]。さらに，権限委譲とエンパワーメントの問題
も指摘している。コンプライアンス志向の倫理マネジメントは，裁量権を少
なくし，監督権を強化し，権限委譲の精神とは逆の方向に進む可能性がある
という。内部告発や内部処罰の可能性を強調しすぎることは，組織と従業員
との信頼関係を損ないかねない。このことは，エンパワーメントすなわち「幅
広い裁量権と権威と資質とを持った人々を信頼し，その人々の高い水準の個
人的な説明責任と遂行責任に期待し，その人々に仕事を委ねる」あり方とは
真逆ともいえる方向を示す，というのである[8]。

　もちろんこれらの指摘は，法令遵守としてのコンプライアンスの必要性や，
そのための企業の努力を否定しているのではない。企業は社会的存在であり，
その従業員は，社会の規範である法令を理解し，それに則った判断をし，行
動していく義務がある。もし，社内の慣習や知識不足によって法令に反する
状況が生じているとすれば，それは改められなければならない。また，従業
員が業務上必要とする法的知識を教育することは，企業の社会的な責任の1
つである。

　ただし，法の教育に，法の文脈に定められた「行為・判断」「AならばB」
形式の行動パターンを知らしめる以上のことを担わせるのは難しい。法的知
識の付与はできても，従業員の内心のレベルに踏み込み，変えていくものに
はなり難く，Stewart（1996）の指摘するような，法令遵守をもって倫理的
行動と感じるような誤解や，法の抜け道を探すような態度を生み出す可能性
もあるだろう。知識を得ることと，それを実際の判断や行動に習慣的に反映
できるということとは，別の事柄である。「コンプライアンス」という言葉
が浸透し，企業内における法令教育が行われるようになった今日でも，ビジ
ネスの現場での違法行為はなくなってはいない。法令遵守は企業の倫理的価

値の一部であることを認めた上で，「現実の状況における判断や意思決定，そこに作用する行動規範や企業風土，これらを形成するリーダーシップ」の問題も検討される必要がある。これらに働きかけようとするのが，インテグリティ志向の戦略である。

1.2　組織のインテグリティ

1.2.1　「インテグリティ」の意味

　インテグリティ志向の戦略では，組織における倫理すなわち価値の共有を通じて，違反の防止を超えた，組織のインテグリティを実現することを目指す。この「インテグリティ（integrity）」について，Paine（1997）は，次のように説明する。

　　　完全さ，あるいは，純粋さを意味するラテン語の integritas から生まれたこの言葉は基本的に，正直さや信頼性，公正な振る舞いなどの資質という意味で用いられる。しかしまたこの言葉には，一般的な意味での責任，一連の約束事，自己抑制の能力，といった意味も含まれている。この広義の意味において，インテグリティは，アイデンティティと責任という2つの概念を整合的に統合する。　　　　　　　　（Paine, 1997, p. 98）

　梅津（2007b）は，「"Integrity" を理解するためには，ギリシャ以来の西洋哲学における，徳（arete）の概念を理解する必要がある」という[9]。ここでいう「徳」とは，後に検討する，アリストテレスを起点とした徳倫理（virtue ethics）における用語である。Stewart（1996 企業倫理研究グループ訳，2001）によれば，徳倫理における「徳（virtue）」の語源はギリシャ語の「アレテー（arete）」にあり，このギリシャ語は，道徳的な「徳」のみならず，より広い優秀さや卓越性を意味しているという[10]。日本語では「卓越性」とも表すことができ，人為的・後天的に獲得する「善さ」そして「優秀さ」「完全さ」などの資質の高さを意味するといえる。

　こうした「徳」の概念を踏まえ，梅津（2007b）は，インテグリティを次のように説明する。

　"Integrity" とはこうした個々の徳＝優秀さを統合する，全体的な「完全性」「完璧性」を意味する言葉である。すなわち，単に知識や技術の優秀さではなく，戦略性をともなった賢慮，あるいは実践の選択における老練さや，正義感，勇気，節制などの倫理的選択に関する高潔さが，経験や鍛錬の積み重ねからひとつの個人や集団のなかに獲得され，それが意思決定や行為のなかに「高い質」とともに「そつなく」現れている状態をさす。
（梅津，2007b，p. 10）

　このように，インテグリティという言葉が真に意味するところは，日本語の「誠実さ」というよりは，「卓越性」「完全さ」「高い資質」と理解するのが適切であろう。

1.2.2　規範倫理学の理論とインテグリティ

　ここで，インテグリティ及び企業倫理の「倫理」に関する概念を把握するため，規範倫理学の理論を概観し，整理しておきたい。

　梅津（2002）によれば，倫理学（西洋倫理学）は，倫理学史などの記述倫理学（descriptive ethics），倫理的命題の概念分析などを行うメタ倫理学（metaethics），そして，人間の行為や判断の規範的考察を行う規範倫理学（normative ethics）の3つに大別される。規範倫理学は，「規範（normative）」という言葉が示すように当為命題（もののいかにあるべきか）の議論であり，事実命題（もののいかにあるか）の議論とは対照的な関係にある。そして，倫理学における当為命題には（倫理的）価値判断が含まれ，また，それ自体が人の行為や世界に働きかける指令的な性格を帯びており，目標やビジョンを描くことにもつながってくるという[11]。

　行為や判断の規範的考察，すなわち「いかになすべきか」を探究する規範倫理学の理論は，まず，行為や判断を倫理的に正当化する方法の違いから，帰結主義（consequentialism）と非帰結主義（non-consequentialism）の2つの立場に大別される。

　帰結主義は，行為や判断の結果から正当化を図ろうとするものであり，帰結における自己の利益を最大化することを行為原則として主張する倫理的利己主義や，同じく帰結における量的あるいは質的な快の総和の最大化，すな

わち「最大多数の最大幸福」の原理を打ち立てる功利主義がこれにあたる。

　一方，非帰結主義は，行為以前の動機や合意を正当化の根拠とするものであり，いわゆる「人としての良心」として，条件にかかわらず義務感として示される普遍的な道徳法則を重視する，いわゆるカントの義務論が代表的である。

　ただし，こうした普遍的な道徳法則に則ることが最も倫理的だとするのではなく，他者への共感や思いやりに基づくことも同等に倫理的なのではないかと指摘する，ケア（思いやり）の倫理の立場もある[12]。この立場は，他者性という点では「最大多数」という人々を意識する功利主義との共通性も見出される[13]と共に，ビジネスの場におけるステークホルダー概念の解釈[14]にも関わり得る。

　さらに，これら行為や判断の正当化を問題とする立場とは異なった規範倫理学の理論として，「徳」すなわち「善さ」や「幸福」を探究する徳倫理（学）がある。徳倫理はアリストテレスを起源とするとされ，「いかになすべきか」というよりは，「いかに（して）善くあるか」を探求するものと考えることができる。アリストテレス『ニコマコス倫理学』に関する，Lloyd（1968 川田殖訳，1973）及び Stewart（1996 企業倫理研究グループ訳，2001）の解釈に基づけば，アリストテレスのいう「卓越性」は，知性的卓越性と道徳的卓越性の2つに区分され，前者は教示により，後者は習慣により生じるとされる。「徳」は，このようにして培われた，一貫性のある善い性質であり，個別の善い行いを指すものではない。また，このような「善さ」には，何かに寄与することにより価値を持つ手段的善（手段価値）と，それ自体に価値のある内的善（究極価値）があり，後者すなわち内的善とは何かを突き詰めれば，それが「幸福」である，ということになる。こうしたことから徳倫理における幸福とは，主観的に知覚される快の感覚ではなく一生をかけて探求される「（人としての）あり方の質」であり，手段的善の寄与を通じて間接的に求められることになる[15]。

　先に指摘したように，インテグリティという概念の根底には，徳倫理に通底する「善さ」や「質の高さ」への志向が見出される。これを企業倫理の文脈に適用し，企業のあり方を示せば，「組織のインテグリティ」という表現

になる。これは，法や常識，あるいは社会的責任に適う企業行動をする／しないといったことのみからではなく，その組織，そしてその組織を構成する人々や集団が，習慣すなわち日々そうあることを通じて獲得し体現していく，一貫性のある高い資質である。そこには，さまざまな手段的善，例えば，ステークホルダーと良好な関係を築き，優れた製品やサービスを生み出し，そして高い収益を確保しより成長するといったことが存在するが，それらを実現し続けていくことを通じて，企業は徳や善さを獲得して卓越性を有するようになる。

　こうした，企業のあり方が（組織の）インテグリティの示すところであり，企業が人格を有するとするならば，究極価値としての「幸福」を探求し体現している状態，といえるだろう。

1.2.3　インテグリティ志向の戦略の意義と限界

　ここまで，本書の研究における「企業倫理」を明確にするため，（組織の）インテグリティについて検討した。これを意図し実現をめざすのが，インテグリティ志向の戦略である。実証研究に向けて実践における要所や日本企業への適用などを検討する前に，このコンセプトの意義と限界について整理しておきたい。

　経営者がとり得る倫理マネジメント戦略の1つとされるインテグリティ志向の戦略の意義は，主に以下の点にあると考えられる。

　まず，企業における倫理の意義を「あり方の質」すなわち「よさ」から示している点である。対置されるコンプライアンス（志向の戦略）では，法律や規則などの規範に「従うこと」「反しないこと」が強調されるのに対し，そうした「正しさ」をも包含した上で「よさ」を目指すというコンセプトは，「倫理とは原則を守ること（のみである）」という見方に建設的な疑問を投げかけ，倫理のさらなる可能性を示している。

　次に，従来の企業倫理学や経営学において，企業の社会的責任や不祥事防止の観点から，違反行動を統制する対象として考えられがちであった従業員を，倫理の実現者として考え，その具体的な役割について言及している点である。さらに，このような実現者になっていくことは，従業員という「人」の成長を意味しており，経営学における人的資源管理，及び人的資源開発に

も関わることになる。

　そして，企業倫理を個人レベルでの判断や行動だけの問題とするのではなく，コンプライアンス志向の戦略以上に，経営者を起点とした組織レベルでの経営戦略の問題として捉えている点である。インテグリティ志向の戦略においても最終的には現場の，従業員の判断や意思決定が問われることになるのだが，その「よさ」を体現するために，経営者が自社における倫理的価値準を構築することから出発し，共有と実現のための環境づくりに重きが置かれることになる。ただし，ここでの環境とは，ハードとしての制度や組織構造というよりはソフトとしての文化や風土を意味し，権力による強制よりも支援による（自発的な）醸成が重視される。

　インテグリティ志向の戦略というコンセプトは，倫理に基づく「人」「風土」「意思決定」のマネジメントであるという点が特徴的であり，経営管理全体に関わる意義を見出すことができる。ただし一方で，課題や限界もある。

　まず，概念的には，「倫理」と「インテグリティ」の相互関係が曖昧である。倫理的な組織の実現のためにインテグリティがあるのか，あるいは逆なのかということについては議論の余地がある。

　また，先に見た Treviño et al.（1999）や Weaver & Treviño（1999）による実証研究でも示されていたように，理念レベルだけでなく実際の（アメリカの）企業においても，コンプライアンス志向の戦略とインテグリティ志向の戦略との間には共通点も多い。コンプライアンス「のみ」によって，遵守「のみ」を強調することへの問題は先に見たとおりだが，価値や理想からというよりは，賞罰や眼前の報酬が動機につながりやすい人々が存在するのも事実である。インテグリティ志向の倫理マネジメントを行うことは，これらの多様さを抱えながら，それを矛盾とせずに実現させる困難さが伴うことが予見され，また限界もあろう。

　そして，図表2-1のようにインテグリティ志向の戦略として提示されている具体的な施策は，アメリカ企業の事例研究に基づいたものであるため，日本の企業にそのまま持ち込めるかは検討の余地がある。アメリカと日本とでは，社会における企業の位置づけや，経営者と従業員の関係，その基盤となる文化が異なっているということは，多くの，いわゆる日本型の経営に関す

る研究が指摘してきたところである。本書では日本の企業を対象とした実証研究を行うことを想定しているため，この点は考慮しておく必要がある。

　以上の考察を踏まえた上で，本書では，「企業倫理」を組織のインテグリティの問題として捉え，これを実現し続けようとする経営である，インテグリティ志向の戦略を分析と考察の対象としていく。ただし，本書における研究では日本企業を対象とするため，インテグリティ志向の戦略の基盤ともいえる，経営者が構築する倫理的価値と，いわゆる経営理念との関係について，次項でまず整理しておきたい。

1.3　倫理的価値と経営理念

　企業におけるインテグリティという倫理的価値やめざすべき理想など，従業員の判断の拠りどころとなるものといえば，いわゆる「ミッション・ビジョン・バリュー」や「経営理念」が想起される。特に日本型の経営に関しては，経営理念の重要性がしばしば指摘される。そこでまず，経営理念に関する研究のうち，本書に関わるものを概観しておこう。

1.3.1　経営理念に関する研究の経緯

　経営理念の定義は，論者によってさまざまである。例えば，清水（1983）は「過去の企業経営から生まれた歴史的所産であり，企業内外の人々から広く認められているものであって，トップ・マネジメントが意思決定する場合の判断基準となる」としている[16]。

　一方，戦後から昭和50年代までの経営理念に関する包括的な研究である鳥羽・浅野（1984）は，経営理念を「経営者・組織体の行動規範・活動指針となる価値観，あるいは指導原理」であるとする。そして，経営理念は，創業者や歴代経営者の精神や教訓，すなわち価値観を表して，組織の意思決定や人々のビジョンの統一を図る「企業内統合の原理」と，時代や環境の変化に適合し，社会的価値観と一致して，人々の支持や共感を得る「社会的適応の原理」の2つの機能からなるとする。さらにその具体的な形態を，①経営者自身の姿勢や後継者への手本を示す「自戒型」，②企業内部での従業員統率や管理を意図した「規範型」，③企業の経営戦略や方針を企業内のみならず対外的に社会へも訴える「方針型」の3つに類型化した上で，③の方針型が

アメリカの経営理念に最も近く，①の自戒型が典型的な日本型であるとした[17]。また同時に，日本の大企業及び中小企業の社是・社訓についての調査結果を分析して，社是・社訓に代表される経営理念の（研究当時の）実態は，行動規範型のものが多いとしている[18]。

　鳥羽・浅野（1984）の研究は1980年代以前の状況を表すものといえるが，1990年代の状況については，野村（1999）による研究が示唆に富む。これによれば，経営理念の内容として重視されている価値の第1位は「顧客指向」，第2位は「社会との共生」，第3位は「挑戦（チャレンジ）」だったという。また，「倫理綱領」を経営理念とは別に持つ企業と持っていない企業はほぼ半々であったが，1990年代に行われた経営理念の見直し・変更においては，「ステークホルダーへの責任など倫理的な内容を以前にも増して帯びるようになった」[19]という[20]。

　さらに10年後，横川（2010a）は，鳥羽・浅野（1984）による3つの類型化とその後の研究成果を用いて，経営理念の内容表現の変化を次のように整理する。

　　1960年代以前の経営理念は「自戒型」が多かったが，1960年代から1980年代にかけて，「和」，「誠実」といった行動規範的な要素が経営理念の中に盛り込まれ，これまでの「自戒型」から「規範型」へと移行した。そして，1990年代以降2000年代において，「顧客満足の向上」「社会との共生」といった対外的内容を持つ「方針型」へと変化していった。これは「自戒型」，「規範型」経営理念が消滅したといえないまでも，「方針型」が強まっているといえるであろう。　　　　　（横川，2010a, p. 128）

　そして，2009年に実施した調査結果をもとに，現在の日本企業の経営理念について，次のような傾向を指摘する。まず，重視している経営理念の内容表現で最も平均値が高かったのは，（「顧客満足の向上」を超えて）「社会との共生」であった。また，鳥羽・浅野（1984）が指摘した経営理念の2つの機能，「企業内統合の原理」と「社会的適応の原理」について，現在の日本企業では相対的には後者の方がよく働いている。「社会における自社の存在

意義，方向性を明確化し，社会責任経営への意義，ステークホルダーに対する経営意識を向上させる機能が現代日本企業には働いている」という[21]。

　こうした研究の蓄積から，日本の経営理念は不変なものではなく，むしろ社会環境の変化に適応するために変化してきており，その方向はより「社会性」や「責任」を意識したものになってきていると考えられる。

1.3.2　経営理念と倫理的価値

　では，「経営理念」は，インテグリティ志向の戦略における「倫理的価値」と同じのものとして考えてよいのだろうか。これについて，機能と内容の2つの側面から考察したい。

　まず，機能の側面からいえば，経営理念は倫理的価値に近い機能を持ち，役割を果たしてきたと考えられる。インテグリティ志向の戦略において，経営者が構築する倫理的価値は，計画，意思決定や成果の評価に際しての倫理的な羅針盤としても，従業員や投資家や組織のパートナーに対し組織の倫理的な姿勢を知らせるものとしても，役立つとされている[22]。これは，鳥羽・浅野（1984）のいう経営理念の「企業内統合」と「社会的適応」の2つの機能に相似する。特に経営理念の「企業内統合」の機能は，日本企業においては，従業員の忠誠心と相互補完的に成り立っていると考えられる。従業員の側に忠誠心が醸成されているからこそ，抽象的な理念が意思決定の指針や人々のビジョン統一などとして機能するのであり，逆に，経営理念の持つ精神的・規範的側面に従業員が共感することによって，その忠誠心はより強化されるだろう。

　次に，内容の側面から検討する。鳥羽・浅野（1984）による類型化とそれに準じた後の研究を踏まえれば，1980年代以前までの経営理念の内容は，経営者の「自戒」や企業内の「和」を掲げる内部志向的なものであった点で，社会との関係を前提とした「責任」の概念は希薄であったと考えられる。したがって，旧い経営理念は，インテグリティ志向の倫理マネジメントにおける，社会的責任の概念を包含した倫理的価値とは区別して考えられるべきだろう。

　しかし，1990年代以降の変容，社会との共生をはじめとする社会的適応の原理への傾倒は，責任や倫理的価値の取り込みを予感させるものである。歴

史的経緯の中で，経営理念は倫理的な性格を少しずつ帯びる方向に変化してきている。その行く先には，複数の倫理原則を包含した倫理的価値との合流点が見出せると考えられる。経営理念は，倫理的価値にもなり得るのである。

　ただし，留意しておきたい点もある。まず，こうした経営理念の変化は，社会環境の変化に適応するために（社会的適応の原理として）生じてきたと考えられる点である。先に第1章で見てきたように，1990年代以降の日本（企業）では「企業倫理」に関する概念が注目されてきた。ただしこれまでのところ，用語としては，法令等の遵守を意味する「コンプライアンス」が一般的である。経営理念が意思決定における倫理的価値となるためには，社会環境がこれを要請するように変化するか，企業が自らの意志でそれを選んでいくかのいずれかが必要である。もし，社会が企業の倫理や責任に関心を持たなくなくなったときには，経営理念もまたその変化に適応して，倫理的価値からは離れていくこともあり得る。

　また，1990年代以降，経営理念とは別に，いわゆる「倫理綱領」「行動規範」等が策定される事例が多くみられる点である。野村（1999）の調査時には半々であったが，現在では，多くの企業が「倫理綱領」「行動規範」を経営理念とは別に定めている[23]。一方，経営理念にも企業の社会的責任や倫理的価値に関わる概念が取り込まれつつあり，いわば倫理的価値の重複状態が生じている場合もある。ただし，「倫理綱領」「行動規範」の種類は多様であり，抽象度が高く「価値」や「理念」に近いものもあれば，ルールや規程と同様のものも見出される。その企業の倫理マネジメントがインテグリティ志向に近づくときには，抽象度の高い「経営理念」と「倫理綱領」を並存させるよりは，両者を統合していくのが自然な流れとなろう。

1.3.3　経営理念の浸透と倫理的価値の共有

　経営理念と倫理的価値の差異について上のような整理をした上で，以下では，経営理念の浸透に関する研究を概観し，倫理的価値の共有と比較し，両者の差異を検討していきたい。

　高尾・王（2011）は，欧米（英文）での経営理念浸透に関する研究は，日本以上に少ないとし[24]，日本と欧米の温度差を指摘している。また，経営理

念が浸透している状態は，例えば北居（1999）によれば「ほとんどの社員が理念に共感，納得し，それによって行動のコントロールが自動的に行われている状態」[25]，高尾・王（2011）によれば「経営理念が組織ルーティンとして作動している状態」[26]，と定義されているが，浸透の次元を個人とするのか組織とするのかも議論により異なっており，現在のところ定まった見解があるとは言い難い。ただし，その次元がどうであっても，「（理念に基づく）行動が，自ずと」なされている状態が示唆されていると理解できる。

　そして，浸透の方法について横川（2009）は，複数の経済団体による調査結果から，実際には掲示やリーフレットの配布，社長の年始の挨拶や新入社員研修時に触れられる程度であるとし，「多くの企業で現実的に経営理念浸透への取り組みに関して経営者の関与，リーダーシップの発揮があまりなされていない実態が明らかとなった」[27]としている。

　一方，インテグリティ志向の戦略における倫理的価値の共有は，その目指すところに「（従業員の）倫理的な意思決定」がある点で，経営理念が浸透した状態に関する上述の定義で示唆されている，「行動」の一部に焦点を絞ったものと考えることができる。また，倫理的価値は，その共有，すなわち組織風土として根づき従業員の意識に内在化されているかが，成文化されているかどうかとよりも重要であるとされる。主導するのは経営者だが，その構築と見直しの過程で，従業員との双方向性が重視されるという[28]。

　インテグリティ志向の戦略の基盤となる倫理的価値の構築に従業員を巻き込むことは，当事者意識の醸成にもつながり，共有と行動への反映において効果的であろう。しかしこの働きかけは，その構築時や見直し時といった，ごく限られた時期にのみ可能になるものである。

　これに対し，経営者・管理者がリーダーシップを発揮し，自らの意思決定や行動により模範を示し続けることや，組織や職場の「あり方」そのものからの作用に着目し，その文化や風土の醸成を通じて従業員に働きかけていくことは，より恒常的に倫理的価値を共有し，これに基づく意思決定を促し続けることになる。前者は人を通じた伝播，後者は風土による浸透ともいえるが，この人と風土という2つの管理要素は，経営管理（論）はもちろん，日本型の経営においても重視され，論じられてきた。以下ではこの2つの要素

各々について日本型の経営との関わりも含めながら検討し，これらが作用するものとして想定される，従業員の（倫理的）意思決定について見ていく。

2. 行動による模範の提示：人による伝播

2.1　行動による模範の提示と倫理的価値の共有

　図表2-1による整理からも読み取れるように，インテグリティ志向の戦略の実践における主体者は経営者・管理者であり，その行動によって模範を提示していくことは，倫理的価値が人を通じて伝播していくことを意味している。以下では，行動によって模範を提示することがなぜ倫理的価値の共有につながるのかを考察し，その背景にある理論をリーダーシップスタイルに援用した「倫理的リーダーシップ」概念について概観する。

　ここまで，倫理的価値の「共有」という言葉をしばしば用いてきたが，インテグリティ志向の戦略における「共有」のゴールは，従業員が自らの内面に受け入れた倫理的価値に基づいて，日々の判断や倫理的な意思決定を行っている状態が習慣化していること，すなわち（認識と）行動の比較的永続的な変容である。これは心理学における「学習」の概念に通じる[29]。

　経営者・管理者の行動による模範の提示が「学習」につながることに関して，心理学者のBandura（1977 原野広太郎監訳，1979）は，他者の行動及びその結果を観察することにより学習がなされるというモデリングの概念を社会的学習理論として提示した[30]。金井（金井，1996：金井ほか，1997）はこれを応用し，経営者が経営理念と一致した言動を行うことにより，従業員がこれを観察して学習（モデリング）し，結果として価値観や規範が浸透するとしている[31]。

　そして，この社会的学習理論を援用し，フォロワーの倫理的行動の強化を促すリーダーシップスタイルとして提示されたのが，企業倫理学においても1つの研究の潮流を成している「倫理的リーダーシップ（ethical leadership）」という概念である。道徳的／倫理的な価値観に基づくリーダーシップとしては，変革型リーダーシップなどのスタイルも指摘されているが[32]，以下では

これらとの差異も整理しつつ，倫理的リーダーシップに関する先行研究を概観したい。

2.2　倫理的リーダーシップ

2.2.1　倫理的リーダーシップ研究の展開

　倫理的リーダーシップ研究の嚆矢は，Brown et al.（2005）による倫理的リーダーシップの定義と倫理的リーダーシップ尺度（Ethical Leadership Scale：ELS）の開発である。これによれば，倫理的リーダーシップは「個人的な活動や個人間の関係を通じた，規範的で適正な行動の提示，及び，双方向的なコミュニケーション・強化・意思決定を通じた，フォロワーの規範的で適正な行動の促進」と定義される[33]。

　倫理的リーダーシップは，その構想においてBandura（1977）の社会的学習理論が援用され，規範的で適正な行動を，フォロワーがモデリングにより直接的に学習することを概念的な基盤とする点で，他のリーダーシップとは弁別される。また，Blau（1964）による社会的交換理論の考え方も援用されており，Brown & Treviño（2006）は，これによりフォロワーの適正で規範的な行動が強化・促進されるとしている[34]。こうした概念的な基盤は，測定尺度ELSの質問文にも反映されており，以降の倫理的リーダーシップ研究は，基本的にこの概念と測定尺度に基づいて展開してきた。

　米欧の学術誌に2000年代（2000年–2012年）に掲載された752の論文をメタ分析したDinh et al.（2014）によれば，「倫理的／道徳的リーダーシップ」カテゴリに分類される論文は80本（全体の約11%）存在し，これは「リーダーシップとダイバーシティ」カテゴリに分類される論文（81本）とほぼ同等の規模であるという。Dinh et al.（2014）は論文の分類にあたり，「倫理的／道徳的リーダーシップ」カテゴリを，従来のリーダーシップ研究がヘドニックなリーダーを想定してきたのに対する，利他性あるいは義務論的な理論に基づいたものとしている[35]。

　倫理的リーダーシップは，道徳的／倫理的価値観に基づく点で，変革型リーダーシップ等と共通性を持っている。Brown & Treviño（2006）は，倫理的リーダーシップに重なる理論として，変革型リーダーシップ（transforma-

tional leadership），オーセンティック・リーダーシップ（authentic leader-
ship），スピリチュアル・リーダーシップ（spiritual leadership）の 3 つを検
討している。そして，これら 3 つのリーダーシップ理論は，いずれも利他的
に動機づけられたリーダーを対象とし，そうしたリーダーに影響されて従業
員の行動も変容し得ることを示唆するものであるが，倫理的リーダーシップ
は，より直接的・明示的にフォロワーの行動を倫理的なものに促すことを対
象とする点で，他の 3 つとは弁別されるとしている[36]。

　現時点では，既存研究の多くは欧米企業の経営者の倫理的リーダーシップ
を対象としているが，例えば Walumbwa & Schaubroeck（2009）のように，
上司の倫理的リーダーシップがフォロワーの発言行動に及ぼす影響が研究さ
れるなど，対象とするリーダーの範囲は拡張されつつある。また，Eisenbeiß
& Brodbeck（2014）のように，数十名の経営者へのインタビュー調査を通
じて倫理的リーダーシップの東西比較を行い，東の文化圏での倫理的リー
ダーは「（金銭や地位などの）物的な成功を示すものとは距離を置こうとし
（中略）社会への奉仕者として描かれがちである」ことを明らかにし西の文
化圏との差異を示すなど[37]，国や文化の違いに着目した研究も現れている。

2.2.2　倫理的リーダーシップの発揮主体

　Brown et al.（2005）は，倫理的リーダーシップを「公式，非公式を問わ
ず，組織のすべての階層に適用できる」[38]としているが，倫理的リーダーシッ
プに関する実証分析の多くは，直属の上司を対象としている。これは社会的
学習理論に基づけば，倫理的リーダーシップは身近で直接に接するリーダー，
すなわち直属の上司から，より効果的に発揮されると考えられるためと思わ
れる。

　これを踏まえた上で本書では，倫理的リーダーシップの発揮主体を「経営
者」と，組織の「連結ピン」[39]とも呼ばれる「上司（中間管理者）」[40]の 2 つ
に弁別し，各々，「経営者の倫理的リーダーシップ」「上司の倫理的リーダー
シップ」と呼ぶことにする。後に実証研究で分析していくが，前者から後者
には正の影響関係があることが予見される。これに関し中野（1995）は，倫
理的意思決定が求められる場面において，アメリカの管理者は「自分の良心」
が主要な準拠枠であるのに対し，日本の管理者は「会社の方針・社風」が最

も重要な要因となっていることを指摘している[41]。こうした指摘も踏まえた上で，以下では，日本型の経営を念頭に置きつつ，インテグリティ志向の戦略における中間管理者の位置づけについて掘り下げたい。

2.3　中間管理者の役割

　インテグリティ志向の戦略の起点は経営者であるが，その経営者の行動という模範を最もよく観察し得るのは，周囲にいる上級管理者である。その上級管理者の行動を中間管理者が，その中間管理者の行動をさらにそのメンバーである従業員が，観察し学習する。このように組織内では，行動により提示された模範は，経営者を起点に，人の階層構造を通じて伝播していくことになると思われる。

　ただし，こうした伝播や共有のルートは，必ずしも単線ではないだろう。経営者はもちろん，上級管理者を含めた，組織の公式的な階層の上に立つ人々の行動は，直接，一般の従業員が観察し得るところであり，そこには権威も伴うため，中間管理者を介在しない直接で強い影響のルートも生じ得る。一方で，リーダーとフォロワーの関係は公式的な上下関係とは別に，組織のあらゆる場所に存在するため，例えば，部門横断的なプロジェクトチームの中で，あるいは日常業務を離れた教育研修の場で，リーダーシップは発揮され価値は共有され得る。

　ここで，日本の企業を想定すると，倫理的リーダーシップに関し，従業員の直属の上司である中間管理者にも着目する必要が生じてくる。日本型の経営に関する研究において，中間管理者の重要性と影響力は以前から指摘されてきたからである。

　例えば，Nonaka（1988）は，日本企業の事例から「ミドル―アップ―ダウン」による情報（知識）創造のプロセスを提示し，ミドルマネジメントの重要性を説いている[42]。また，十川（2002）によれば，組織活性化のために管理者は，「上下・左右のコミュニケーターとして機能し，かつ人々の創造性発揮を促がす触媒として機能しなければならない」[43]という。沼上ほか（2007）は，「現場に近いミドル層がタテ・ヨコ・ナナメに密接な相互作用を行う」ことによる「創発戦略が日本企業の強さの源泉である」と考えられて

きた[44]と指摘している。

　こうした指摘から，インテグリティ志向の戦略が実践されてきたアメリカの企業における倫理的価値の共有においては，組織の管理者・リーダーの中でも経営者の倫理的リーダーシップが強い影響力を有すると考えられているのに対して，日本企業では，もちろん経営者の影響力は起点であり非常に強いものの，中間管理者の倫理的リーダーシップもまた相応の影響力を持つことが考えられる。

　また，図表2-1に示したように，インテグリティ志向の戦略の実践においては，「訓練とコミュニケーション」「助言し相談に乗る」といったことも重要な施策の1つとなっている。訓練，すなわち教育にはさまざまな方法があり得る。日常業務を離れての研修なども有効だが，教育の方法はそれだけではない。日本においては，以前であれば小集団活動や，今日でいえばコーチングや1 on 1 ミーティングといった，現場における教育（いわゆる On the Job Training）の多くは自然なコミュニケーションを伴うものであり，そこにおける中間管理者や現場リーダーの行動は，身近な，双方向の対話を伴う模範と考えることができる。さらに，そうした行動は日常的に観察することができるため，モデリングによる学習の習慣化にも至りやすい。

　魅力的で強いカリスマ性のある人物が経営者である場合を除けば，日本の企業においては，経営者の倫理的リーダーシップは起点ではあるものの，アメリカの企業のようにそれが従業員に直接影響を及ぼすというよりは，従業員の知覚を伴わない形での伝播がなされるということが，「教育とコミュニケーション」の観点からも想定される。そこでは，中間管理者の行動が倫理的価値を体現し，その意思決定も含めて一貫性を持っていることが不可欠であり，これが部下すなわちフォロワーに知覚されることで，倫理的リーダーシップが発揮されていることになる。

　以上の検討から，インテグリティ志向の戦略が実践される場合，その倫理的価値の共有とこれに基づく倫理的な意思決定の実現において，行動により模範を提示するのは経営者，及び上司（中間管理者）であり，従業員の視点では「倫理的リーダーシップ」の発揮として知覚されるが，日本企業においては「上司の倫理的リーダーシップ」の影響力についても着目すべきだろう。

そこで本書では，経営者から上司（中間管理者），上司からその部下（メンバー）へと「人」により倫理的価値が伝播していくことを，小さい滝が連なって水が流れていく様になぞらえて「カスケード型の伝播」[45]と呼び，その流れを第Ⅱ部の実証研究を通じて探求していく。

3.　組織内の環境からの働きかけ：風土による浸透

3.1　組織の文化・風土と日本型の経営

　先に第1章で見たように，日本企業においても2000年代以降，企業倫理・コンプライアンスの制度化が進展し，2010年以降は「安定期あるいは停滞期に入ったと見ることができる」[46]といわれている。このことは，倫理綱領・行動規範の策定や担当部署の設置などの公式的な文書やシステムが整ったこと，それが把握されていることを意味する。

　しかし，インテグリティ志向の戦略の根幹にある，倫理的価値の共有やこれに基づく意思決定が常に「なされ続けているか」を把握するためには，文書やシステムだけではなく，それらと共にある組織や職場といった従業員にとっての環境のあり方，言い換えれば，文化や風土の問題にも目を向ける必要がある。特に従業員にとっては，文書やシステムが整っていても，それだけで実際の問題に対し，組織の倫理的価値に基づく判断や意思決定をし，行動することは現実的には難しい。その公式的な一因は個人としての権限が限られているためであるが，非公式的には組織や職場という環境，言い換えれば「集団」からの影響が大きく，その集団の一員として行動することが求められているためでもある。そして，集団の一員として行動するということは，意思決定においても集団の意思決定を尊重し，これに与することを意味する。

　印南（1997）は，「運営次第では，最もすぐれた個人よりも集団による意思決定はすぐれたものになる」ものの，「集団による意思決定には，集団で行うこと自体から発生する問題もある」とし，前述の同調圧力や集団極化現象，さらには，社会的手抜き，少数派影響力，過剰忖度，病理的集団思考と

いった現象を挙げている[47]。これらの現象は，事業活動におけるデメリットをもたらすだけでなく，企業倫理においてもいわゆる不祥事などの要因となり得ることは想像に難くない。そして，後述のように特に日本企業においては，この「集団主義」とも呼ばれる，組織の文化にかかる要因を考慮しておく必要がある。

　そこで以下では，日本型の経営とその基層文化といわれる集団主義について検討する。その上で，組織と職場の弁別，それらの風土と倫理的価値の共有，及び，これに基づく意思決定について整理する。

3.1.1　「集団」への着目

　Ouchi（1981 徳山二郎監訳，1981）は，モデルとしての日本の組織とアメリカの組織を比較し，日本の組織の意思決定に関わる特徴として「集団による意思決定」「集団責任」を挙げている。これに対比されるアメリカの組織の特徴は「個人による意思決定」「個人責任」である。

　アメリカの典型的な企業組織では，役職者の意思決定の権限と責任は明確に規定され，意思決定に対する責任は一人で負うべきとされるという。これに対し，日本の企業組織では「重要な決定を行う必要がある場合，その影響を受ける人はすべてその決定にたずさわる。（中略）このようにして意思決定するのはたいへん時間がかかるが，いったん決定がくだされると，それで影響を受ける人すべてがこの決定を支持するようになる」と指摘する。また，「どの決定に誰が責任を負うのか意識的に曖昧にしてある」ことも特徴とされる。これは，日本人は「人生で重要なことは，すべてチームワークとか集団的努力の結果起きるのだという理解」をし，それゆえ「結果に対して特定個人を称賛したり非難したりするというのはおかしいと考える」ためとされる[48]。

　Ouchi（1981）は，こうした日本の（あるいはアメリカの）組織の特徴を形づくる決定要因を，社会的・歴史的状況に求める。そして，日本の組織の様式は，「同質性，安定性そして集団主義の条件に対する適応」，つまり「個人個人の行動が親密に結び合わされている様式」であるとする[49]。

　日本的経営の研究においてしばしば参照される Abegglen（2004 山岡洋一訳，2004）も同様に，日本の雇用制度の基礎には「家族や村や隣近所と同

じように全員が完全に公正に参加する共同体という考え方」[50)]がいまもある
とし，日本固有の社会的・歴史的状況に日本的経営の要因を求めている[51)]。
その社会的・歴史的要因自体が集団主義であり，Abegglen（1958 占部都美
監訳，1958）が指摘した「終身の関係」によって，企業内のそれも一層強化
され存続するという関係にある。

3.1.2　集団主義と日本企業

　では，こうした集団主義は現在も日本に在り，基層文化として，日本企業
に影響を及ぼしているのだろうか。Triandis（1995 神山貴弥・藤原武弘訳，
2002）によれば，集団主義においては「水平的―垂直的」の次元を考えるこ
とができ，「垂直的である」というときには，内集団に仕えるという感覚や
内集団の利益のために犠牲になるという感覚や義務で行う感覚があり，階層
的な不平等や地位の特権が認められるが，「水平的である」というときには，
社会的連帯の感覚や内部構成員としての一体感があり，地位において同等で
あることが強調されるという[52)]。そして，「個人主義―集団主義」と「垂直
的―水平的」の2つの軸を掛け合わせて現れる4つの象限に人々が占める割
合は，日本とアメリカでは異なっているとする。これに，後述する佐藤（2009）
による日本の変化の傾向を含めて図示すると，図表2-2のようになる。

　Hofstede（1980 萬成博・安藤文四郎監訳，1984）は，この「垂直的―水
平的」の次元を「権力格差」としてデータ分析を行っている。佐藤（2009）
によれば，その結果を国レベルで分析した場合，垂直的集団主義と水平的集
団主義が典型的なパターンであることが見出され，日本は前者，アメリカは

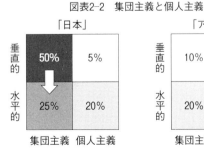

図表2-2　集団主義と個人主義

出所：佐藤（2009）p.234より引用。

後者の割合が相対的に高い状況にあるという[53]。ただし，日本の変化については，「戦前には垂直的な集団主義が有力な文化様式であったが，敗戦によりアメリカ占領軍の個人主義に直面し，水平的集団主義の傾向が見られるようになった」とし，次のように指摘する。

　　すなわち戦後，日本において集団主義が変容したとすれば，大きな動きとしては個人主義の方向というよりも，儒教的な意識に基づいた垂直的集団主義から，より共同体的な水平的集団主義への方向であろう。(中略）今日の世代交代の様子からすれば，水平的集団主義への移行はさらに進んでいるのではないだろうか。　　　　　　（佐藤，2009，p. 234）

　佐藤（2009）はまた，「日本の多神教的な基層文化の上には依然として集団志向が強く残っている」とし，日本の歴史的・文化的背景状況とそれが世代を通じて再生産されることから，集団主義は（垂直的から水平的へと変容しながらも）日本の企業組織のなかに存在し続けているとしている[54]。
　一方，日本型の経営に関する三戸（1991）の洞察に基づけば，日本企業は運命共同体的な集団である「家」と見ることもできるという[55]。そこには契約に基づく雇用関係を超えた長期的な関係があり，従業員にとって，企業の利益と自らの利益は運命を一にするものと捉えられる。こうした人々により形成される企業の組織や職場は，いわゆる「強い文化」を持ち，従業員の価値観や判断，そしてその行動に作用することが予見される。
　日本の企業組織における集団主義は，企業という一形態を超えた日本の社会的・文化的特徴を形成している基層文化の１つであり，今しばらくはその影響が再生産され，組織の中の人々の意思決定にも作用し続けると考えられる。そして，佐藤（2009）が指摘するように，それが「垂直的集団主義から水平的集団主義へ」と変容しているのであれば，従業員にとって水平的ともいえる組織や身近な集団そのものが持つ性質は，経営により垂直的・公式的に与えられる組織構造やシステム以上に影響力を有するだろう。インテグリティ志向の戦略を含め，企業倫理の推進においては，公式的な組織構造やシステムの構築という意味での組織づくりに着目することも重要であるが，特

に日本企業を対象とする場合，非公式的なものを含む「風土」に目を向けることが必要である。こうした問題意識に基づき本書では分析の対象として，組織の「風土」に着目していくことにする。

3.1.3　「風土」を捉える2つのレイヤー

　ここまで，（組織や職場の）「風土」という言葉をしばしば用いてきたが，ここで「風土」と「文化」の相違，及び何の風土に着目するのかを整理しておきたい。

　ビジネスにおける何らかの集団の性質を示す概念として「風土」という言葉を用いようとする場合，その主語を企業全体という組織にまで広げると，「文化」という言葉も頻繁に用いられる。風土と文化を同義とするか（いかに）区別するかはさまざまな考え方があるが，これについて佐藤（2009）は，人的資源管理論などの議論をもとに「『組織風土』は従業員から見た職場環境の認知としての『組織文化』のことであると考えられる」としている[56]。本書における研究の出発点は「従業員の視点で」企業倫理の意義を問うことであった。そこで本書では「従業員から見た（認知としての）組織文化」であるということを踏まえた上で，「風土」という言葉を用いていく。

　では，何の風土なのか，という点については，企業全体という「組織」と，より身近な集団である「職場」の2つのレイヤーで検討していくことにしたい。これに関し，鈴木（2013）は，組織と個人の関係を捉える上での「組織—職場—個人という三元的な捉え方」[57]を提示し，「人をマネジメントするうえでの職場の重要性」[58]を指摘している。日本企業における集団の影響力については先に検討したが，そこでの議論でも触れたように，この集団は必ずしも公式的な企業組織だけを意味するものではなく，むしろ身近な，時には非公式的な側面も持つ狭く密な集団である職場も意味すると捉えるのが適切であろう。

　そこで本書では，「風土」について，業績目標を共有し仲間意識がある集団を意味する「職場」と，企業全体を意味する「組織」の2つのレイヤーに区分して把握することにする。前者は日本企業の基層文化や集団主義の傾向を直接的に反映した，非公式的な人間関係の影響を受けやすい集団・チームであり，後者は公式的な構造やシステムを基盤とし経営者の影響をより直接

的に反映した企業全体を指す。

　上記の区分に基づき以下では，「職場」の風土と「組織」の風土各々について，倫理的側面に焦点を当てながらその概念を整理する。

3.2　本書が着目する職場風土とその分類

　本書の研究における職場の風土を検討していくにあたり，企業倫理に関連する先行研究と，日本型の組織に関連する議論との2つを見ていきたい。

　まず，企業倫理に関連する先行研究としては，Treviño（1986）やこれを発展させた中野（2004）が示したモデルが示唆に富む。本書の問題意識に関しこれらのモデルが示していることは，組織における個人の倫理的意思決定は，本人の個人的な資質のみならず，組織や職場の風土からの影響も受ける，ということである。また，鎌田ほか（2003）は「属人風土」概念を提唱しており，物事それ自体よりも，組織内部の「誰が言ったか」によって判断が左右されるような組織や職場の風土は，組織的違反の容認に正の相関があることを明らかにしている。先に述べたように，日本企業の組織文化の基底に集団主義があるとすれば，属人風土は組織や職場という，従業員にとって身近な集団の圧力という風土と親和性が高いと考えられる。そして，その集団主義がより水平的に移行しているのであるとすれば，判断を左右する「誰が言ったか」の「誰」は，必ずしも公式的な権力を有する上位者とは限らず，身近な職場やグループ内の（非公式的にも）影響力のある「誰か」になりつつあることも考えられる。

　一方，日本型の組織に関連する議論点としては，石田（1985），及びこれを発展させた大藪（2009）の説明が示唆に富む。石田（1985）は，人と職務の関係に着目して日本と外国[59]の企業における組織像を対比した。これによれば，外国の組織が明確に規定された個人の職責をピラミッド型に積み上げたものとして表現されるのに対し，日本の組織は，個人の職務領域は比較的小さめに規定され，誰の分担かはっきりしない「あいまいな領域」が（かなり）多く存在しているという。このあいまいな領域は誰が担ってもよい，別な言い方をすれば，状況に応じて誰かが担う相互依存の領域とされ，職務配分上の残余に留まらない積極的な意味合いを持ち得るという。

　大藪（2009）は，この「あいまいな領域」を「（職務の）スキマ」と表現し，内外の環境変化により生じるその変動をアメリカ等の企業は組織の公式的な管理や垂直的統制により調整するのに対し，日本企業は現場の当事者による水平的調整を重視した「柔軟貸借モデル」で吸収するとしている[60]。柔軟貸借モデルでは個人の自主的行動が最要視され，職務より大きな責任が生じ，しかもその責任の範囲は周囲と重複するので，結果に対する連帯責任を周囲と共に負うこととなる[61]。このモデルは，先に見た日本企業の基層文化や水平的集団主義（への移行）に整合的であり，自主性の重視による利点もあると考えられるが，大藪（2009）は，相互依存関係が強い職場では責任範囲が過度に拡大したり，周囲への「過剰同調」が生じたりする可能性があり，職務と責任のバランスを崩しやすく，組織と個人の距離の取り方が難しいシステムであるとも指摘する[62]。

　こうした個人と組織の距離の取り方に関し，太田（1994, 2017）は，従来の日本企業に典型的で，従業員が組織と一体化し（未分化で），組織の目標を自らの仕事の目的そのものとして，その達成に向け従属的に貢献しようとする統合の仕方を「直接統合」とし，従業員が組織と適切な距離を持ち（分化[63]し），組織の目標と個人の仕事の目的との両方が追求されながら，自立した従業員が組織と協働する統合の仕方を「間接統合」としてモデル化している。太田（2017）は，近年の日本企業が抱える諸問題の原因を従業員の「未分化」と組織との「直接統合」にあると指摘しており，また，太田（1994）によれば，間接統合型の組織の従業員は，直接統合型の組織の従業員よりも，仕事への満足度も社会や他者への貢献感もより高いという[64]。

　こうした先行研究，特に太田（1994, 2017）による「直接統合」「間接統合」の2つのモデルを踏まえ，日本企業を分析対象とする本書では「職場風土」について，従業員が相互依存的で同調圧力が強く，仕事が属人的で内部の論理を優先する「同調内圧型」と，従業員が互いに分化し自律した上で，客観的な視座を持ちつつ目標達成に向けて協働する「自律協働型」の2つの理念モデルを想定し，特に間接統合を発展させた後者に着目して分析を進めていく。

3.3　組織の倫理風土

3.3.1　組織風土と組織文化

　先にも「風土」と「文化」の区分について検討したが，企業倫理学では，組織風土と組織文化の弁別について以下のような議論があり，現在では「組織の倫理風土」概念が多く用いられている。

　組織の倫理風土研究の嚆矢は，その定義と測定尺度を提示した Victor & Cullen（1987, 1988）である。その定義によれば倫理風土（ethical climate）は，「何が適切な行動であり，組織における倫理的な状況がいかに扱われるべきなのかについて，共有された知覚」であり，「倫理的な文脈を有する，組織における典型的な行動ややり方についての浸透した知覚」である[65]。後に詳しく見ていくが，さらに Victor & Cullen（1988）は，組織の倫理風土を9つに分類する理念モデル及び測定尺度を提示した。

　一方，Treviño（1990）は倫理文化（ethical culture）を組織文化の一部分とし，「公式的あるいは非公式的なシステムの複雑な相互作用から成る，倫理的あるいは非倫理的な行動を促進し得るもの」[66]としている。そして，これらを踏まえた上で Treviño et al.（1998）は，アメリカのビジネスパーソンを対象とした実証分析を行い，倫理風土と倫理文化は別々の因子として区分されるものの強い連関を有し，オーバーラップし得る概念であることを示している[67]。

　本書は，従業員の目線で企業倫理を考えることを基盤としていることから，（組織の）倫理風土について探求していく。ただしこれは，（組織の）倫理文化にも重なり得る概念であることを確認し，また踏まえておきたい。

3.3.2　組織の倫理風土モデル

　Victor & Cullen（1988）は，組織の倫理風土について定義すると共に，倫理学の理論と社会学の理論を掛け合わせて倫理風土を分類した「組織の倫理風土モデル」（図表2-3）を示し，その測定尺度 ECQ（Ethical Climate Questionnaire）を開発している。

　この倫理風土モデルは端的にいえば，縦軸（倫理学に依拠）に後述する Kohlberg（1969）の道徳性発達理論を援用して，倫理的意思決定とその理

図表2-3　組織の倫理風土モデル

分析のレベル（locus of analysis）

	個人 (individual)	組織・集団 (local)	社会・市民 (cosmopolitan)
利己 (egoism)	自己利益 (self-interest)	企業利益 (company profit)	効率 (efficiency)
博愛・善行 (benevolence)	友愛 (friendship)	集団利益 (team interest)	社会的責任 (social responsibility)
原理・原則 (principle)	個人的な道徳 (personal morality)	組織の規則と 手続き (company rules and procedure)	法と専門職規範 (laws and professional codes)

（左側ラベル：倫理の理論（ethical theory））

出所：Victor & Cullen（1988）を筆者邦訳。

　出づけにおける「利己（egoism）／博愛・善行（benevolence）／原理・原則（principle）」の3つの基準を配し，横軸（社会学に依拠）に，意思決定における分析の対象として「個人（individual）／組織・集団（local）／社会・市民（cosmopolitan）」の3つのレベルを配して，3×3のマトリクスによる9つの象限で倫理風土の型を示すものである。

　このマトリクスの軸を，依拠する理論に基づいて解釈すれば，縦軸はKohlberg（1969）のモデルにおけるより発達した段階の倫理的な判断基準を，横軸はより広い倫理的な分析視座を示すものといえる。

　このマトリクスにおける1つの象限につき4つの質問項目を配し，4項目×9象限＝36項目で組織の倫理風土を測定する尺度が，ECQである[68]。例えば，利己（egoism）と個人（individual）を掛け合わせた象限，「自己利益（self-Interest）」に対応する項目は，各レベルの頭文字をとって「EI」となり，それが4項目あるので連番を振って「EI1」「EI2」「EI3」「EI4」となる。9つの象限が各々4項目により測定されること図式化すると図表2-4のようになる。

図表2-4　組織の倫理風土の測定尺度（ECQ）の図式化

分析のレベル（locus of analysis）

倫理の理論（ethical theory）		個人 (individual)		組織・集団 (local)		社会・市民 (cosmopolitan)	
利己 (egoism)		EI1	EI2	EL3	EL4	EC1	EC2
		EI3	EI4	EL2	EL1	EC3	EC4
博愛・善行 (benevolence)		BI1	BI2	BL1	BL3	BC1	BC2
		BI3	BI4	BL2	BL4	BC3	BC4
原理・原則 (principle)		PI1	PI2	PL1	PL2	PC1	PC2
		PI3	PI4	PL3	PL4	PC3	PC4

出所：Victor & Cullen（1988）及び Cullen et al.（1993）を踏まえ筆者作成。

　このモデルとその測定尺度 ECQ はその後，特に欧米における多くの実証研究で用いられてきた。それらの研究をメタ分析した Martin & Cullen（2006）によれば，理論モデルとしては 9 つのタイプがあり得るものの，メタ分析の結果からは図表2-5に示す 5 つのタイプ，「道具・手段（instrumental）「思いやり／チーム・ワーク（caring）」「独立・自立（independence）」「規則（rules）」「法と規範（laws and code）」に収斂されるという。

3.3.3　日本における妥当性

　一方，ECQ の日本における妥当性は近年，山田ほか(2015)，三井ほか(2017)により検証されているが，いずれも，Martin & Cullen（2006）と同様に 2 象限を統合した「思いやり／チーム・ワーク」風土を認めるのが適切だとしている[69]。

　ここで，組織の倫理風土モデルにおける型の区分に基づいて，2 つの倫理戦略，すなわちコンプライアンス志向の戦略とインテグリティ志向の戦略との対比を振り返り，若干の考察を行っておきたい。

　特に着目したいのは，組織の倫理風土モデルおける「組織の規則と手続き」

図表2-5　5つの象限に収斂された組織の倫理風土モデル

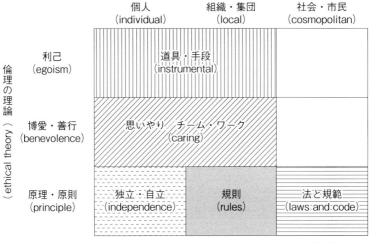

分析のレベル（locus of analysis）

	個人 （individual）	組織・集団 （local）	社会・市民 （cosmopolitan）
利己 （egoism）	道具・手段 （instrumental）		
博愛・善行 （benevolence）	思いやり・チーム・ワーク （caring）		
原理・原則 （principle）	独立・自立 （independence）	規則 （rules）	法と規範 （laws and code）

倫理の理論（ethical theory）

出所：Martin & Cullen（2006）を基に筆者作成。

「法と専門職規範」の2つの型である。近年，日本企業を対象にECQを用いて実証調査を行った山田ほか（2015）によれば，この2つのタイプに該当する風土として，「理論上の3変数から構成される」「会社の規則・手続き風土」と，「理論上の3変数に加え，社会的責任風土の2変数が構成要素となっている」「法律・職業倫理風土」が見出されたという[70]。

　日本で見出されたこれら2つの倫理風土を，各々を構成する質問項目の内容から考察すれば，「会社の規則・手続き風土」はコンプライアンス志向の戦略と，「法と専門職規範風土」はインテグリティ志向の戦略と，各々その理念において親和性が高い。なぜなら，コンプライアンス志向の戦略においては（外的な）基準の遵守が，インテグリティ志向の戦略においては内面的な価値による判断が，その理念の核心だからである。さらに，山田ほか（2015）による，日本で見出された2つの倫理風土を構成する質問項目の内容，特に後者のインテグリティ志向の戦略に関するものは，社会的責任風土の2変数も含め，こうした理念を意味するものとしても解釈され得るためである。

4. 倫理的な意思決定

　ここまで，インテグリティ志向の戦略を具現化するための2つの管理要素である人と風土について検討し，実証分析のための概念として具体化してきた。これらは，企業の倫理的価値の共有に介在し，その結果，従業員の意思決定に作用する。インテグリティ志向の戦略，すなわち本書における企業倫理の実現という観点では，人と風土の作用により，従業員の倫理的な意思決定という結果が生み出される，という構造が想定される[71]。

　こうした構造を描きつつ，以下では，（従業員の）倫理的意思決定[72]に関する先行研究を概観し，本書における概念を明らかにする。

4.1　企業倫理学と倫理的意思決定

4.1.1　倫理的意思決定に関する研究の潮流

　企業倫理学では，組織における個人の倫理的意思決定について，後述するRest（1986）の4ステップモデルを基盤とした研究が豊富になされ，展開してきた。このモデルでは，個人の倫理的意思決定と行動は，①倫理的課題の認知，②倫理的な判断，③倫理的意思の確立，④倫理的な行動，の4つの段階を経て表出すると説明する。

　ただし，倫理的意思決定という判断と，実際の行動には，しばしば乖離が見られる。この点を重視し，倫理的行動（特に非倫理的行動）に関わる影響要因に着目する研究が，企業倫理学に隣接する領域で台頭してきた。これには例えば，Greene et al.（2001）によるジレンマ問題に対する脳の反応への分析から「情動（emotion）」の影響を指摘するもの，Haidt（2001）等による「直観（intuition）」の重要性を主張するものなどがある。

　こうした研究の状況について，DeTienne et al.（2021）は，（ギリシャ哲学による）目的論とカント的義務論を哲学的な基盤とし，これを発達心理学に援用して道徳的推論のあり方から認知的な発達段階を示したKohlberg（1969）の道徳性発達理論，及びこれを展開させたRest（Rest et al., 1974；Rest, 1986）やJones（1991）らによる，人間の「理性」に焦点を当てた研

究の潮流と，道徳性は合理的な認識や判断によるというよりは，自動的・無意識的（automatic）な思考プロセスの影響によるとするHaidt（2001）などの主張に見られる，「情動」「直観」に焦点を当てた研究の潮流に分類している[73]。

　本書の研究は以下の理由から，人間の「理性」に焦点を当てた研究の潮流に依拠していく。まず本書では，表出した「行動」ではなく，これを引き起こし得る内面の（心理的な）「態度」が，従業員自らに及ぼす影響に着目している点である。たしかに，人間の行動は（本能的な）情動や直観，あるいはそれらにも作用し得る環境要因から逃れ得ないだろう。しかし，現実のビジネスの場面を想定したときには，ある状況において，理性とは離れたところでの一瞬の判断があったとしても，それが重大な事案であるほど人は慎重になり，さらなる情報や他者の意見を求め，さまざまな思慮を経て意思決定していくのではないか。本書が研究の対象としているのはこうした，人としてのさまざまな思慮であり，後述するRest et al.（1974）らによる研究の潮流はこれに関するものと考えることができる。

　また，本書は，ビジネス環境における人の態度や行動について，シンプルな原因─結果関係，いわゆる因果律だけで説明できる（しよう）とする人間観には立っていない。たしかに，本書が着目する人々は，経営者であっても，中間管理者や従業員であっても，各々を取り巻く環境要因の影響を受け，それにより態度や行動を変化させ得る存在でもある。特に第Ⅱ部の実証研究には，こうした因果関係を明らかにしようとする側面がある。しかし本書が目指すのは，そうした機械的な関係を明らかにした上で，非倫理的行動の抑止からではなく，より「よい」事業活動を実現し続けていくための倫理マネジメントを探究していくことにある。その根底には，組織における人は，適切に働きかけられたならば，自らの意思で，自らの態度と行動を制御し得るし，変えていけるという人間観がある。

　そして，本書が対象とする（中間管理者を含めた）従業員には，各々の立場と役割において，自らの判断や意思決定について周囲の関係者からの共感と納得を得るに足る「理由づけ（推論）」をし，説明することが求められる点である。なぜ，そのような判断や意思決定をしたのか，説明が求められる

とき，そこに関わる人々が共有している価値（観）が，推論の根拠になり納得の土台となる。企業内であれば，例えば目標達成が事実上最優先される価値であれば，これに適った意図的な意思決定が「正しいこと」として正当化される。しかし，企業の外部である社会に向き合うときには，より広範な価値に適った意思決定と，正当化のための理由づけが求められることになろう。

　情動や直観の存在と影響も認めた上で，これをいかに，理性により合理的に制御したのかが，ビジネスの場面では問われることになると考える。企業倫理を対象とする本書では，この点を重視して検討を進めていきたい。

4.1.2　Kohlberg の道徳性発達理論

　倫理的意思決定に関する研究の検討に入る前に，その研究の１つの起点となり，先に見た組織の倫理風土モデルを含め企業倫理学に広範な影響を及ぼしてきたとされる，Kohlberg（1969）の道徳性発達理論について見ておきたい。

　Kohlberg（1969）は，同じく心理学者である Piaget（1932）による児童の認知や道徳観の発達に関する知見を発展させて，個人の道徳性の発達状況を段階で示す道徳性発達理論を提示した。この理論では，個人の道徳性は人格的な特性からではなく道徳的推論（moral reasoning）のあり方，すなわち道徳的認知の構造により把握され，道徳性の発達はその構造の変化から説明される。これは，Colby & Kohlberg（1987）が提示した，道徳性の評定方法に基づく臨床的な研究の成果によるものであり，その方法とは，被験者に道徳的ジレンマ状況を示し「主人公はどうすべきか，なぜそうするのか」をたずね，その判断の根拠から道徳性を評定する，というものであった。ここでの道徳性は，道徳的な規範や価値をいかに捉えているか，それを判断にいかに用いているかという，平易にいえば「理由づけ」のあり方で測られている。そして道徳性は，３水準・６段階で発達するとされた（図表2-6参照）。

　Kohlberg（1969）は，この発達段階には普遍性があるとし，Rest et al.（1974）や日本では山岸（1976）などによる追試もこれを支持している。ただし，公正や正義への態度を発達の基準とするのは男性的であり，女性は他者への配慮や共感により判断する傾向にあるのでこの理論では不当に低く評価されてしまうという批判や，個の自立よりも周囲との調和を重んじる東洋的な文化

図表2-6　Kohlberg（1969）の道徳性発達理論による道徳性の発達段階

第1水準：慣習的水準以前	第1段階：罰と服従への志向	規則に違反しないことによって罰を避けようとする。力のあるものに服従する。
	第2段階：道具主義的な相対主義志向	他人の欲求や要求に配慮するが，正誤には関心がない。
第2水準：慣習的水準	第3段階：対人的同調，「よい子」志向	周囲や集団における慣行的役割に一致した「正しい」行動をとる。
	第4段階：権威と社会秩序の維持への志向	社会が定めるルール（法，秩序，社会規範，常識）に従って「正しい」行動をする。
第3水準：慣習的水準以降	第5段階：契約的な順法志向	然るべき手続きにより確立した合意に則って「正しい」行動をする。異なる見解を受け入れる。法の精神に則る。
	第6段階：良心や普遍的な原理への志向	普遍的・抽象的な原理原則に則って行動する。理性，良心に則る。

出所：Kohlberg（1969）を基に筆者作成。

では，第2水準（特に第4段階）への偏りが見られ，文化的な差異を考慮すべきとする批判もある。日本の管理職を対象に行われた実証研究でも，同様の指摘がなされている。

　Kohlberg（1969）の道徳性発達理論は，その測定において道徳性を道徳的推論，すなわち理由づけにより把握しようとした点には大きな意義があり，本書における研究もこの考え方を踏まえることになる。ただし，道徳性の発達を直線的な段階で示すということは，その各段階の基盤にある（倫理）原則に優劣をつけることを意味する。後に検討するが，本書では倫理原則を順位づける考え方には慎重な立場をとっている。

4.1.3　倫理的意思決定の4ステップモデル

　Rest（1986）は，Kohlberg（1969）の道徳性に関する概念を踏まえた上で，組織の中の個人の倫理的意思決定は以下の4つの段階を経てなされるとする，4ステップモデルを提示した。

　①倫理的問題の認知：ある問題について「これは倫理的な問題だ」と感知したり，倫理的ジレンマに陥ったりする段階。

②倫理的な判断：①の問題に対して「どうすべきか」を，個人の考えとして判断する段階。

③倫理的意思の確立：現実的な状況を勘案しながら倫理的な優先順位づけをし，「何をするか」を具体的に選択して自らの意思を固めていく段階。

④倫理的な行動：①～③を経て，実際に行動を起こしている段階。

　このモデルから得られる示唆は幾つかあるが，ここではまず，倫理的意思決定は，表出した行動のみならず，そこに至るまでの心理的なプロセスがあると考えられていることを確認しておきたい。心理学，特に社会心理学では，表出した「行動（behavior）」と，それを引き起こす（心理的な）「態度（attitude）」を区別する考え方がみられるというが，この４ステップモデルの最初の３つの段階は，そうした「態度」と呼ぶことができる。また，中野（2004）によれば，このモデルのどの段階に対しても，個人的な要因のみならず，組織的な要因や職務自体に関わる要因が影響しているという[74]。

　このモデルとその後の研究の展開において特徴的な点の１つは，結果としての行動だけに着目するのではなく，そこに至る経路が問題とされ，探究されてきたことである。行動そのもののみならず，その前段階の「倫理的問題として認知できるのか」「どう，判断するのか」「倫理を（他の価値よりも）優先するか」といったことに，特に企業倫理学では，焦点が当てられてきた。

　そして，この４つのステップにおける「倫理的な判断」及び「倫理的意思の確立」との関連が強く，企業倫理学で探究されてきたテーマの１つでもある，道徳的推論（moral reasoning）の問題がある。Rest（1986）に先立つKohlberg（1969）の道徳性発達理論を導いた臨床的な評定方法からも見出されるように，道徳性は人格的な特性からではなく，その判断に関わる規範の捉え方や正当化の仕方により決まるという考え方が基盤にあり，その結果，発達段階は道徳判断のあり方により行われる。こうした視座は，行動よりも（心理的な）態度に着目するものといえる。

　この４つのステップと，インテグリティ志向の戦略における倫理的価値との関わりを検討すると，次の点が指摘できる。まず，「①倫理的問題の認知」には，倫理的な感性とも呼ぶべき敏感さが要求されるが，インテグリティ志向の戦略により倫理的価値が意識され続けていることが，その感性を研ぎ澄

ませ続けることに作用するだろう。その上で，倫理的価値は，自組織では何が優先されるのかを示唆する点で「②倫理的な判断」「③倫理的意思の確立」における指針にもなる。そして，組織の中の個人が（これらを経て）行った意思決定については，同じ倫理的価値を共有している組織内の人々からの納得と協力を得ることができ，組織外の人々からの共感を得ることにつながる。

4.2　倫理的意思決定と個人の倫理性

4.2.1　本書における「個人の倫理性」

　企業倫理をインテグリティ志向の戦略として捉える本書では，倫理的価値の共有と，これによる倫理的な意思決定に着目している。ただし，ここまで見てきたように，個人の「態度」として倫理的な意思決定がなされたとしても，それは必ずしも「行動」に反映されるとはいえない。外部のステークホルダーを意識した，企業の社会的責任の文脈で従業員の行動を制御しようとする場合には，結果としての「行動」に着目する必要があり，またそれが適切であろう。しかし，従業員の視点で企業倫理を考え，従業員にとっての意義という内面の問題に焦点を当てている本書では，Rest（1986）の4ステップモデルにおける「態度」に関わる段階，特に「倫理的問題の認知」「倫理的な判断」「倫理的意思の確立」に着目し，道徳的理由づけの問題を扱っていくことにする。

　企業の一員としての従業員が，（倫理的な）意思決定を求められる状況に直面した場合，上のような各段階に作用し，その道徳的理由づけの基盤となるのは，その個人が有する倫理的価値（価値観）である。本書における研究では，この従業員自身が持つ倫理的価値のあり方とその発露の仕方を「個人の倫理性」と呼ぶことにする。

　インテグリティ志向の戦略において，経営者が構築した倫理的価値を従業員に共有させるということは，従業員自身の倫理的価値，すなわち「個人の倫理性」に働きかけることを意味する。その倫理的価値は，自社の収益性・成長性の追求と目標達成のような，営利企業の存続には必須の利己主義に関わる原則を含む帰結主義的な価値，法令や義務論的な規範に則る非帰結主義的な価値，そして，ステークホルダーへの貢献や人々への思いやりといった

他者貢献的な価値などの，複数の倫理原則に関わる価値で構成される。こうした複数の倫理的価値を有し，意識し，これらに基づいて（基づくからこそ）倫理的問題を知覚し，そしてどれをも尊重した意思決定，すなわち最適解を見出そうとする志向性が，「個人の倫理性」である。それには，Werhane（1998）が主張する，自らの意思決定の結果どのような影響が生じるかを構想することができる「道徳的想像力」も必要であり，本書における研究でも，これを含めた概念として扱う。それは，帰結主義的な価値や他者貢献的な価値を追求するには，自らの行為の結果が（道徳的に）どのような結果を引き起こすかを想像する力やその習慣が望まれるためである。

　こうした，倫理的意思決定にあたり複数の視座に基づくことを示唆する考え方は，ビジネスにおける倫理の実践に関する複数の文献に見出すことができる。Paine（1997）は，倫理的価値を構築する際にも，倫理的意思決定を行う際にも，「目的（purpose）」「原則（principle）」「人間（people）」の「3つのレンズ」で検討し，そのバランスを取ることが重要であるとする。これらは各々，目的主義や実用主義，権利や正義と義務論，功利主義やケアの倫理と結びついているという[75]。水谷（1995）は，「企業経営の拠って立つ価値原理」として，旧来からの「効率性原理」「競争性原理」に「人間性原理」「社会性原理」を加えた四原理によるシステムを提示している[76]。また，職業倫理のテキストであるPfeiffer & Forsberg（2014 髙田一樹訳，2014）では，「倫理に適う価値のネットワーク」として複数の倫理原則を参照することを提示している[77]。技術者倫理の分野ではDavis（1999）による「セブンステップガイド」が知られており，ここでも，倫理的意思決定における複数の価値に基づく「テスト」が提示されている[78]。

4.2.2　個人の倫理性の2つの多様さ

　本書における個人の倫理性には，2つの点での多様さが想定されている。1つは，その概念自体が，複数の倫理的価値（あるいは，倫理原則）を有することを意味している点である。本書における研究の対象は営利企業であるが，その究極目的を（株主，あるいは会社自体のための）利益の追求とする考え方は，今も根強いと思われる。本書はこうした考え方と対立するものではなく，企業における利益の追求も倫理的価値の1つと位置づけているが，

それを究極の・最終的なものとは想定していない。むしろ，判断を迫られる状況で突き詰めて考えた時に「自社の利益のためになるか」という理由で正当化する意思決定のあり方に対し，他の倫理的価値も対等に配置し，それらのバランスをいかにとるかを問題にしている。実際には，利益の追求という（利己主義さらには帰結主義的な）価値が最終的なものである考えられてきた現実に対しては，それに対置する非帰結的な価値やステークホルダーへの配慮といった倫理的価値への態度が問題となろう。ただしこれは，後者の方を「より優先する」という，価値の序列の組み換えを求めているのではない。問われているのは，複数の価値のどれをも想起し，どれをも大切にし得る，解決策を探求する態度である。

　こうした志向性は，モラル・ジレンマと呼ばれる倫理的葛藤を引き起こすことになる[79]。最終的に最優先される単一の価値があるならば，それに適う正当化を行って意思決定していくことができるからである。インテグリティ志向の戦略において経営者が構築する倫理的価値には，利益の追求も含めた，複数の倫理的価値を包含していることが求められるが，現実に，近年（日本企業に）見られる経営理念や倫理綱領，あるいはパーパスにおいて，利益のみを究極目的や究極価値としている事例は，筆者が把握している範囲では見出されない。経営者が構築し共有を目指す倫理的価値もまた，複数の価値を内包し，従業員が多様な価値，平易にいえば判断軸をもって，意思決定することを促すことが期待されている。

　ただしこれは，ある企業の従業員全員の均質化を目指すということとは区別して考える必要がある。本書における個人の倫理性に想定される2つめの多様さは，従業員個々人の倫理的志向性の多様さである。

　従業員は組織の一員として，経営者が構築し共有をめざす倫理的価値に適った判断や意思決定をすることが期待される。ただし，それを踏まえた上で同時に，個々人の価値や考え方，アイデアも尊重されるのが健全なあり方であり，よりよい解決策の探求においては，むしろ不可欠なものと考える。組織と個人の関係，さらにはダイバーシティの問題は，組織の研究においても経営の実践においても大きなテーマであるが，本書では，従業員すなわち組織の中の個人には，その倫理的価値の点においても，組織の一員として期

待されるものと，個人が大切にしているものとの二面性があり得ることを想定し，また尊重していることを確認しておきたい。

5. インテグリティ志向の倫理マネジメント

以上の検討を踏まえ，インテグリティ志向の戦略を，企業における従業員の視点で捉え，構成する概念を整理すると次のようになる。

まず，経営者が，組織における倫理的価値を構築する。その上で，経営者が行動によって模範を提示し，倫理的価値が組織に共有されるよう働きかける。こうした，行動による模範の提示すなわち「倫理的リーダーシップ」は，経営者から従業員に直接に発揮されると共に，特に日本型の企業では，経営者から中間管理者へ，中間管理者から一般社員へというように，階層間でも発揮され，影響し，個人の倫理性の変化という学習を生み出しながら人を通じて伝播する。これを概念図で示すと，図表2-7のようになる。

また，経営者が，倫理的価値の共有に主体者として関わることにより，組織や職場が持つ性質も変容していくことになり，これが組織や職場の「風土」として知覚され，従業員の個人の倫理性に影響を及ぼす。これを概念図で示すと，図表2-8のようになる。

本書における研究では，こうした人と風土の2つの要素が従業員の個人の倫理性に作用し，ひいては，現場における日々の判断や意思決定という（心理的な）態度，そしてこれが表出した行動に反映すると想定している。その

図表2-7 倫理的価値の人による伝播

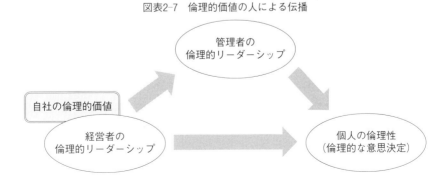

結果，日々の企業の「よさ」すなわちインテグリティが実現され続けている
状態になる。

　企業における倫理的価値の共有に向けて，経営者の倫理的リーダーシップ
を起点とした，中間管理者の倫理的リーダーシップによる影響と，組織風土・
職場風土からの影響は，各々が，従業員の個人の倫理性に作用する。しかし
同時に，個人の倫理性は，個々人の倫理的志向性にも基づくため，組織の中
では多様さを帯びることになる。こうした，経営者・管理者の倫理的リーダー
シップ及び組織・職場の風土による作用と，個々人が有する倫理的志向性と
に基づいて，倫理的な意思決定がなされることになり，これが企業における
インテグリティの実現と維持を成すことになる。本書では，これら全体及び
これら個々の要素を管理していくことを，インテグリティ志向の倫理マネジ
メントと呼ぶことにする。

　以上の整理を基に，図表2–7及び図表2–8を便宜的に統合し，インテグリティ
志向の倫理マネジメントを構成する概念を，従業員の視点を踏まえて整理し
図示すると，図表2–9のようになる[80]。

　こうした，インテグリティ志向の倫理マネジメントを構成する概念のうち，
本書における研究の問いに最も関連があるのは，従業員の個人の倫理性であ
る。

　本章では先に，個人の倫理性は，個人としての「徳」，そして「幸福」に

図表2-8　倫理的価値の風土による浸透

図表2-9　インテグリティ志向の倫理マネジメント（概念図）

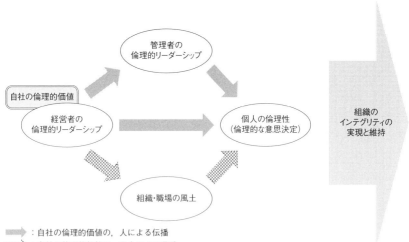

▶▶▶：自社の倫理的価値の，人による伝播
▧▧▧：自社の倫理的価値の，風土による浸透

つながり得ると述べた。この「幸福」を具体化し，測定し得る概念として，本書では「ミーニングフル・ワーク」及びこれへの知覚である「仕事の有意味感」に着目し，本章で整理したインテグリティ志向の倫理マネジメントの最終的な帰結，すなわち「目的」として扱い，実証分析を行う。それは，従業員にとって，自らの仕事の「意味」への知覚が，企業におけるインテグリティの基底にある，徳倫理における「徳」，そして「幸福」に深く関わると考えるからである。次章，第３章では，この点について検討していく。

【注】
1）　Paine（1994）p. 106。
2）　Paine（1994）pp. 107–117。
3）　岡本・梅津（2006）pp. 150–151。
4）　Treviño et al.（1999）pp. 138–144
5）　Weaver & Treviño（1999）p. 329。
6）　Stewart（1996 企業倫理研究グループ訳，2001）pp. 19–20。
7）　Paine（1997）pp. 95–96。
8）　Paine（1997）p. 96–97。
9）　梅津（2007b）p. 10。
10）　Stewart（1996 企業倫理研究グループ訳，2001）p. 52。
11）　梅津（2002）pp. 12–16。

12)　後に検討する Kohlberg（1969）の道徳性発達理論では，「利己主義」「功利主義」「（カント的）義務論」の順に道徳性が段階づけられ，発達するとされているが，これに対し，Gilligan（1982）は「思いやり・共感」に基づく判断をする人々が存在することを指摘し，批判している。

13)　後に検討する Victor & Cullen（1988）による「組織の倫理風土モデル」では，功利主義とケアの倫理を合わせた倫理的次元として「博愛・善行（benevolence）」の象限が設けられている。

14)　先に第 1 章で見たように，Evan & Freeman（1988）により提示された「ステークホルダー」概念の根底にはカントの義務論における人間性の法則が見出されるが，この言葉が「周りの人々」の意味で用いられる場合には，むしろケアの倫理に近い解釈がなされる可能性がある。ここではこれ以上立ち入らないが，この点については，「自己」と「集団」との境界についての知覚に関わる東洋と西洋の文化的差異なども含めて検討する必要があろう。

15)　Lloyd（1968 川田殖訳，1973, pp. 182–188），Stewart（1996 企業倫理研究グループ訳，2001, pp. 50–58）。アリストテレス『ニコマコス倫理学』第一巻第八章（高田三郎訳，1971, pp. 35–39）に，これに当たる記述が見出される。

16)　清水（1983）p. 20。

17)　鳥羽・浅野（1984）p. 39。

18)　鳥羽・浅野（1984）p. 46。

19)　野村（1999）p. 64。

20)　ただし，「企業倫理を合法性，適法性ととらえ（中略）『リーガルマインド』『法の遵守』を掲げているケースがいくつかみられた」（野村，1999, p. 72）とも指摘される。

21)　横川（2010a）p. 136。

22)　Paine（1997）p99。

23)　例えば，岡本ほか（2013）を参照。

24)　高尾・王（2011）p. 64。

25)　北居（1999）p. 36。

26)　高尾・王（2011）p. 53。

27)　横川（2009）pp. 13–18。

28)　Paine（1997）pp. 98–99。

29)　大芦（2016）によれば，国内の教育心理学のテキストの多くが，こうした「行動主義的な」「学習」の定義を採用しているという（p. 31）。心理学及び教育学では「行動」と「認知」は弁別すべき概念であり，「学習」の概念も行動主義の他に認知主義や状況主義に基づくものがあるが，ここではそうした議論には踏み込まず，現在のところ，より一般的に採用されている定義として，これを参照した。

30)　Bandura（1977 原野広太郎監訳，1979）p. 25。

31)　金井（1996）p. 148，金井ほか（1997）pp. 30–31。

32)　例えば，Avolio et al.（2009）は，変革型リーダーシップ及びカリスマティック・リーダーシップを，Hoch et al.（2018）は変革型リーダーシップ，オーセンティック・リーダーシップ，倫理的リーダーシップ，サーバントリーダーシップを挙げている。

33)　Brown et al.（2005）p. 120。

34）　Brown & Treviño（2006）p. 607

35）　Dinh et al.（2014）pp. 41–42。

36）　Brown & Treviño（2006）p. 600。

37）　この調査では，「西」にはアングロサクソンやラテン系ヨーロッパなど，「東」には東欧，南アジア，アフリカ，アラブが分類されている。

38）　Brown et al.（2005）pp. 123–124。

39）　Likert（1967 三隅二不二訳，1968, pp. 56–57）の表現に基づく。

40）　本書における研究では，いわゆるミドル・マネジャーについて指すにあたり，基本的には企業を客観的に見ているため「中間管理者」という用語を用いるが，従業員個々人の視点でその上に立つ管理者のことを指す意味が中心的な場合には「上司」という用語も用いることにする。

41）　中野（1995）p. 48。

42）　Nonaka（1988）p. 18。

43）　十川（2002）p. 205。

44）　沼上ほか（2007）pp. 3－4。

45）　企業倫理の教育・研修方法の1つに「カスケード方式」というやり方がある。これは，「役員が事業本部長に，事業本部長が部門長に，部門長が管理職に，管理職が一般社員にというように，職位の上位者が下位者に対して順に研修を行う方法」であり，「一度学習した者が次は講師役となり，より広く伝承していくところに特徴がある」とされる（日本経営倫理学会，2008, p. 38）。本書における「カスケード型の伝播」という用語は，この「カスケード」という言葉を援用し，意図的な研修のみならずリーダーシップの発揮などにより（経営者を起点とする倫理的価値が）広く伝承していくことを示そうとしたものである。

46）　岡本ほか（2013）p. 80。

47）　印南（1997），pp. 286–293。

48）　Ouchi（1981 徳山二郎監訳，1981）pp. 71–79。

49）　Ouchi（1981 徳山二郎監訳，1981）p. 99。

50）　Abegglen（2004 山岡洋一訳，2004）p. 140。

51）　日本的経営研究の端緒となったAbegglenの古典はAbegglen（1958 占部都美監訳，1958）だが，ここでは現在の日本の経営に対する示唆を求めているため，近年の調査に基づくAbegglen（2004）を参照した。

52）　Triandis（1995 神山貴弥・藤原武弘編訳，2002）pp. 45–136。

53）　Hofstede（1980 萬成博・安藤文四郎監訳，1984）pp. 200–206。

54）　佐藤（2009）p. 235。

55）　三戸（1991）p. 196。

56）　佐藤（2009）pp. 15–16。

57）　鈴木（2013）p. 99。

58）　鈴木（2013）p. 224。

59）　ここでの「外国」は，「欧米のみならず開発途上国をも一括して日本と対比させてもさしつかえない」ものとして想定されている（石田，1985, p. 10）。

60）　大藪（2009）p. 52。

61）　大藪（2009）pp. 53-56。

62）　大藪（2009）pp. 153-154。

63）　太田（2017, p. 14）は，「分化」を「個人が組織や集団，あるいは他人から物理的，制度的，もしくは認識的に分けられること」と定義している。

64）　太田（1994）pp. 170-181。なお，こうした結果は専門職，専門系事務職に顕著であり，一般事務職では有意な差は見られなかったという。ただし，ここでの専門職は研究職及び情報処理技術者，事務系専門職は営業・マーケティング及び財務・経理など，一般事務職は総務・庶務を指しており，その一般事務職は，今日の日本企業においては，いわゆる非正規従業員が担う方向にシフトしていると考えられる。本書における「従業員」は，正規従業員を想定しているため，太田（1994）における専門職及び事務系専門職が該当する。

65）　Victor & Cullen（1988）p. 104。

66）　Treviño（1990）p. 195。

67）　Treviño et al.（1998）p. 467。

68）　ECQの質問項目は，Victor & Cullen（1988）では26項目だったが，その後Cullen et al.（1993）が提示した36項目版を用いた研究が主流になっている（山田ほか，2015）ため，本書もこれに準じている。

69）　山田ほか（2015）p. 246，三井ほか（2017）p. 71。

70）　山田ほか（2015）pp. 244-247。

71）　この構造に関する仮説については，第Ⅱ部実証研究の各章でこれに関する先行研究を検討した上で，各々について導出していく。

72）　企業倫理学を中心とした欧文の先行研究で用いられる ethical decision-making の邦訳としては「倫理的意思決定」が適切であり，これは邦文の研究でも用いられているが（例えば，中野，2004など）本研究が対象とする従業員の日々の業務での判断までを含めた用語としてはいささか大仰でもある。そこで，語感と読みやすさも勘案し，本書におけるインテグリティ志向の倫理マネジメントに関する用語（個人の倫理性の発露を示す用語）としては「倫理的な意思決定」を用い，先行研究を参照する意味合いが強い文脈では「倫理的意思決定」を用いることにする。厳密には前者は後者を包含する関係にあると想定しているが，書籍としての読みやすさのために使い分けを行うものであり，本質的な意味合いは異なるものではないと考えている。

73）　DeTienne et al.（2021）pp. 430-432。

74）　中野（2004）pp. 16-19。

75）　Paine（1997）pp. 229-231。

76）　水谷（1995）pp. 38-40。

77）　Pfeiffer & Forsberg（2014 髙田一樹訳，2014）pp. 51-52。

78）　Davis（1999）pp. 166-167。

79）　水谷（1995）p. 92等を参照。

80）　当図表は，本書におけるインテグリティ志向の倫理マネジメントの理解を補助するための概念図であり，実証研究における分析モデルとは区別している。

第3章

ミーニングフル・ワーク

　第3章では，本書における研究の最終的な帰結である「ミーニングフル・ワーク（meaningful work）」，及び，実証分析において最終的な被説明変数として想定される「仕事の有意味感」について，関連する領域及び先行研究を整理する。ミーニングフル・ワークは，「（仕事を通じた）幸福」やウェルビーイング（well-being）にも関わる概念であり，比較的新しい学問領域と考えられるポジティブ心理学にも関連がある。こうした心理学領域では，「幸福」概念をアリストテレスによるユーダイモニアとヘドニアの概念を援用して弁別する考え方が見られ，本書におけるミーニングフル・ワーク及び「仕事の有意味感」は，ユーダイモニアに基づくものであることが確認される。

　続いて，ミーニングフル・ワーク研究には，狭義の企業倫理学（規範論的アプローチ）と，組織研究（経験論的アプローチ）に基づく2つの潮流があることを踏まえて，両者の立場と成果を概観し，本書の研究における被説明変数として想定する「仕事の有意味感」，さらに，ミーニングフル・ワークに近接する領域として考えられる「職務満足（job satisfaction）」「天職（感）（calling）」「ジョブ・クラフティング（job crafting）」を取り上げて整理する。その上で，実証分析に向けて「仕事の有意味感」に影響する要因に関する先行研究を概観し，本書の研究における個人の倫理性との関連を示す。

1. 「仕事を通じた幸福」と「意味」

本書では，従業員の「仕事を通じた幸福」に着目し，実証分析においては
これに関する概念を最終的な帰結，すなわち被説明変数とすることを想定し
ている。これは平易に表現すれば「働きがい」であり，心理学を中心に用い
られている「ウェルビーイング（well-being）」という術語を用いれば「職務
経験を通じて生じるウェルビーイング（心理的安寧）」といえる。こうした
概念に関しては近年，心理学における幸福に関する研究や，ポジティブ心理
学等において知見の蓄積が見られる。

1.1 「幸福」に関する研究

先に第2章で確認したように，「幸福（happiness）」は徳倫理における重
要な概念であり，アリストテレスはこれを内的善（究極価値）として示した。
徳倫理によれば「幸福」とは，他の何かのための手段ではなく，逆に他のさ
まざまな何かにより得られる最終的な価値であり，それ自体に内在的な善さ
を有する，一生をかけて探究されるような「人の在り方としての質」と理解
される。

こうした哲学・倫理学領域の知見も踏まえ，近年の心理学領域では「幸福」
に関する研究が進展している。Deci & Ryan（2008）も指摘するように，こ
の潮流に大きな影響を与えたものとして Diener（1984）等による主観的ウェ
ルビーイング研究が挙げられる。Deci & Ryan（2008）によれば，そもそも
（心理的な）ウェルビーイングは，「最善・最適な心理的経験及び機能」と理
解されていたことから，まずは主観的なものとして，「高い肯定的な感情，
低い否定的な感情，自己の人生への高い満足」を得ている状態であると（操
作的）定義がなされ，これら3つの概念を基に実証研究が展開され，同時に，
主観的ウェルビーイングは「幸福」と同等な概念として頻繁に用いられてき
たという[1]。

1.2　「幸福」の2つの区分：ユーダイモニアとヘドニア

　しかし，主観的ウェルビーイングと「幸福」を同義とするような考え方に対し，肯定的な（あるいは否定的な）感情や満足の感覚を被験者が主観的に述べていることが，真に心理的によい状態なのか，という反論がなされるようになる。その嚆矢として，Waterman（1984）による，心理学領域における「幸福」概念の2つの区分が挙げられる。Waterman（1984）は，幸福（happiness）はアリストテレス『ニコマコス倫理学』におけるユーダイモニア（eudaimonia）の英語訳であることを指摘し，心理学研究において，主観的ウェルビーイングを「幸福」と同義と見なすことに疑問を呈した。そして，主観的ウェルビーイングに基づく幸福概念はユーダイモニアの対概念であるヘドニア（hedonia），すなわちヘドニックな喜び（hedonic enjoyment）であるとし，もう1つの幸福概念としてユーダイモニアに着目すべきことを主張して，これを「本人の真の潜在能力の方向にあり合致する行動に伴って生じる感覚」と定義した[2]。その後 Waterman（1993）は，ユーダイモニアに基づく「幸福」を，自己実現（self-realization）により経験される自己（機能の）表現（self-expressiveness）とし，自身のスキル・能力の成長や人生の目的の展開により形成される個人的な潜在能力の充足を通じて得られるものとしている[3]。

　Ryff（1989）もまた，前述のような心理学領域における「幸福」の捉え方を批判し，心理的ウェルビーイングには，自己受容（self-acceptance），他者との良好な関係（positive relations with others），自律性（autonomy），周囲環境への参加と支配（environmental mastery），人生の目的と意味（purpose in and meaning to life），人間的成長（personal growth），の6つの構成要素があるとした[4]。こうした潮流の中で，ユーダイモニアを測定する尺度開発の試みもなされており，例えば Waterman et al.（2008）や Ryff & Singer（2008）は，各々が提示した枠組みを深耕させながら尺度の精緻化を図っている。

　また，Schueller & Seligman（2010）はウェルビーイングを，ヘドニアに基づく主観的ウェルビーイングと，ユーダイモニアの概念に基づく客観的

ウェルビーイングの2つに区分し，それらの構成要素として，喜び(pleasure)，没頭（engagement），そして，意味（meaning）の3つ[5]に着目して分析を行っている。それによれば，これら3つの要素はいずれも主観的ウェルビーイングと高い相関を示しているものの，客観的ウェルビーイングに対しては，「喜び」よりも「没頭」「意味」の方に，より強い連関が見出されたという[6]。

　以上のような議論を筆者なりにまとめると，ヘドニアに基づく幸福（ヘドニックな喜び）は，自らの肯定的な感情や欲求の充足により得られる「快」として，ユーダイモニアに基づく幸福[7]は，自律性や自己実現（自らが有する機能が発揮されている状態），人間的成長，（人生の）目的と達成，そして「意味」により得られるもの，すなわち「人として，よりよくあること」によるものとして検討されてきたと理解される。ただし，Huta & Waterman (2014) が指摘するように，心理学領域の既存研究におけるヘドニアとユーダイモニアは，必ずしも常に二項対立的な対比概念として扱われてきたわけではなく，文献により各々の定義も曖昧である[8]。また，Huta & Ryan(2010)は実証分析に基づき，両者には重なる部分もあることを指摘している。

　こうした知見や議論を踏まえた上で，本書では「仕事における幸福」を，「人として，よりよくあること」による幸福を意味するユーダイモニアに連なるものとして捉え，その要素の1つとして考えられてきた「意味（があること）」に着目していく。同語反復が含まれることを自覚した上で暫定的に整理すれば，いわゆるヘドニックな喜びや快とは区分される，「意味のある」仕事が「ミーニングフル・ワーク」であり，自らの仕事に「人として，よりよくあること」に結びつく「意味」が見出される感覚が「仕事の有意味感」である。

2. ミーニングフル・ワーク

　続いて，「ミーニングフル・ワーク」の定義に関する議論を整理し，本書の実証研究における最終的な被説明変数となる「仕事の有意味感」との関係を示す。その上で，企業倫理学における議論，及び近接する概念について検討する。

2.1　ミーニングフル・ワークと「仕事の有意味感」

2.1.1　ミーニングフル・ワークの定義と「仕事の有意味感」

　ミーニングフル・ワーク（meaningful work）は，日本語に訳せば「意味のある／有意義な・仕事」である。この用語の定義については欧米を中心に領域横断的なレビューによる確定の試みがいくつかあるものの，今のところ確立されているとは言い難い。その理由の１つには，欧文文献でも例えば"meaning of ∕ in work"，"meaningful work"，"meaningfulness of ∕ in ∕ at work"[9]といった多様な言い回しが存在し，時には区別なしに[10]用いられてきた点が挙げられる。

　こうしたさまざまな言い回しが用いられている「ミーニングフル・ワーク」研究だが，その中では，"meaning"と"meaningful ∕ meaningfulness"を区別しようとする議論がある。Rosso et al.（2010）は，この両者には関連があり，文献においてもオーバーラップする形で用いられてはいるが，meaning of work というときには（本人が知覚した）仕事の意味の「種類」に焦点が当てられ，meaningfulness of work ではその意義の「量」が意識されると指摘する[11]。同じくこの両者の弁別を論じている Both-Nwabuwe et al.（2017）も踏まえれば，前者，すなわち「仕事の意味」は基本的に中立であり，「収入の手段」「義務」「社会への貢献」などさまざまに意味づけることができるが，後者及び meaningful work では，「意義」や「重要さ」といった肯定的な概念が包含され，その重さが意識される。ただし，仕事の意味はさまざまな意味づけ方が可能なため，後者すなわち「重要さ」「有意味性」を指すものとしても用いられ得る（そして，こうした用法も少なくなく見られる）。結果として，先行研究においても両者の区別は曖昧になりやすかったと考えられる。従業員の「仕事を通じた幸福」を示すものとして「意味」に着目する本書では，「仕事の意味づけ（meaning）」の態様ではなく，自らの仕事の意義や重要性，こうしたものから知覚される有意味感を示す meaningful（ness）に焦点を当てていく。

　その上で，ミーニングフル・ワークの定義について検討してみると，まず，Rosso et al.（2010）による「個人にとってのより肯定的な意味を有し，特別

な意義（重要性）帯びたものとして経験された仕事」という定義[12]が，近年のミーニングフル・ワーク研究ではまず参照され，用いられてきたことが指摘できる。

　しかし Both-Nwabume et al.（2017）は，この定義には同語反復の懸念があると批判し，既存文献を領域横断的に渉猟し分析した。結果，既存の文献におけるミーニングフル・ワークの定義は，①（仕事を通じた）肯定的な意義（重要性）と（または）目的に関する経験とするもの，②「意味」が何により構成されるかに着目するもの，③個人と仕事の調和に求めるもの，④特定の欲求や側面への充足を重視するもの，の４つのカテゴリに分類できるとし，①に該当するものが多数であることを示した。その上で，これら４つのカテゴリによる分類を総じて，ミーニングフル・ワークの定義を「個人と仕事の適合に由来する，実存的な意義（重要さ）への主観的な経験」とすることを提唱している[13]。

　一方，Bailey et al.（2019）もまた同様に，先行研究の定義の視座を分類しているが，こちらでは，①職務特性モデルに基づくもの，②職場のスピリチュアリティ（精神性）に基づくもの，③人間性（ヒューマニティ）に関する領域におけるもの，④多面的なユーダイモニックな心理状態とするもの，⑤職業に固有な現象として捉えるもの，⑥その他，の６つに分類できるとしている[14]。

　Both-Nwabume et al.（2017）も指摘しているように，そして，そこで示された定義にも含まれるように，欧米の文献におけるミーニングフル・ワークの定義や説明には，意義（重要性）を示す "significance" が頻出する。意味（があること）を人として，よりよくあることに関わる概念から捉えれば，ここでの意義（重要性）は，「自己にとっての」のみならず「他者にとっての」ものでもある（べきである）可能性がある。これを踏まえた上で，日本語でいえば「影響度」の意味合いを含む重要性と理解するのが適切であろう。

　後に検討するが，近年のミーニングフル・ワーク研究でしばしば参照される，経営学の理論である Hackman & Oldham（1975）の職務特性モデルでは，職務特性と成果とを結ぶ重要な心理状態の１つに「仕事の有意味性（meaningfulness）の知覚」が挙げられており，これに影響を及ぼすものと

して「タスク重要性」が指摘されている。また，Grant（2008）は，3つの調査に基づいて，自らの仕事の社会的インパクトや社会的な価値の高さ，他者への関わりの強さへといった向社会性の知覚と，その仕事の重要性を認識することとの関係を示唆している[15]。こうした研究が示すように，向社会性と重要性の知覚との連関は，規範論だけでなく，実証に基づく経験論としても一定の信頼性を有している。

　そして，こうした重要性の知覚は，本人の価値観や信念がいかにあるかにも関わる。「意味のある」仕事である「ミーニングフル・ワーク」，そうした仕事に従事している（してきた）という知覚を引き起こす「仕事の有意味感」が，ユーダイモニアに関わる幸福に結びつくと考えられるのは，その概念に，自己の利益や欲求の充足（だけ）ではなく，自己実現や自己の成長だけでもなく，他者や社会への影響への志向も関わり得るためであり，これを引き起こす価値観や信念，ひいては人としての「徳（virtue）」にも通じる要素が内包されているためであると考えられる。

　以上のような議論を踏まえ，本書では「ミーニングフル・ワーク」については基本的に Rosso et al.（2010）に依拠しつつ，以下のように定義する。

　「個人にとって，自己の目的の達成や成長，自己表現の面において整合的で，自己と他者への影響度の面において重要性を帯びていることにより，肯定的な感覚を引き起こすものとして経験された仕事」。

　自己の目的の達成や成長，自己表現の面において整合的であることは，先行研究の定義に見出される「（個人と仕事の）調和（fit）」「合目的性（purposeful）」を[16]，また，自己と他者への影響度の面において重要性を帯びていることは，「意義（重要性）（significance）」を，包含することを意図している。こうした，「個人が生かされていること」と「"何か"に影響を与えていること」の両者により生じる肯定的な感覚がミーニングフル（ネス），すなわち有意味感であり，これが自らの仕事に対し知覚されるとき「仕事の有意味感」となる，というのが本書の整理である。

2.1.2　企業倫理学における2つの議論

　Michaelson et al.（2014）によれば，ミーニングフル・ワークは，規範論の立場に立つ（狭義の）企業倫理学と経験論の立場に立つ組織研究の両方か

ら探究されている。

　組織研究におけるミーニングフル・ワークへの関心は，これを引き起こす要因と，これによりもたらされる結果が何であるかに収斂される。Rosso et al.（2010）によれば前者の要因としては，個人的要因，周囲の人的要因，仕事の文脈に関する要因などに大別され，個人的要因としては価値観，動機づけ，信念など，周囲の人的要因としては同僚，リーダー，あるいは家族などが，仕事の文脈に関する要因としては職務設計，組織のミッション，そして国の文化などが挙げられている[17]。また後者，ミーニングフル・ワークによってもたらされる結果については，多様な観点からの豊富な蓄積があり，Michaelson et al.（2014）によれば，エンゲージメント，組織市民行動，組織コミットメント，職務アイデンティフィケーション，それらを通じた仕事のパフォーマンス，さらには顧客満足といった，組織の成果に直結し得る諸要因が実証されているという[18]。Micahelson et al.（2014）も指摘するように，こうした研究の動機は，ミーニングフル・ワークが組織にとっての望ましい，価値のある結果をもたらす（はずだ）ということにあり，だからこそ，これを引き起こす要因にも関心が向くことになる。

　こうした組織研究の姿勢とは対照的に，規範論的な立場に立つ（狭義の）企業倫理学においては，ミーニングフル・ワークは，道徳的課題（moral issue）として論じられる。組織研究では，どのような職務や環境要因がミーニングフル・ワークを生じさせるのかを明らかにし，説明するのが主題であるのに対し，（狭義の）企業倫理学では，いかなる仕事や職場においても，ミーニングフル・ワークはもたらされる・・・・・・べきなのかという問いから出発し，議論が生じることになる。

　例えばカント的義務論の立場に立つBowie（1998）は，組織が，前述のような組織への価値ある結果が見込まれるからという動機で，従業員にミーニングフル・ワークが生じるように職務設計をしたり環境を整えたりしようとすることに異議を唱える。Bowie（1998）によれば，従業員のミーニングフル・ワークは，当人の自律性，独立性，自己尊重に基づいて実現されるべきであり，組織が，組織にとって価値ある「結果」のために従業員に働きかけることは，その自律性や独立性といった観点から倫理的問題を生じさせるこ

とが懸念されるという[19]。この立場に立てば，ミーニングフル・ワークを探求するのはあくまでも個人の責務となり，そこに組織が介入するべきなのかは議論すべき課題である。

（狭義の）企業倫理学，特に，帰結主義に親和性の高い経験論的研究や現実のビジネスへの批判を志向する，非帰結主義的なアプローチをとる研究においては，上述のような問題意識も背景に，企業活動への従業員の「参画」がミーニングフル・ワークに関わるとする議論がある[20]。Michaelson et al. (2014) はこの議論の核心には従業員と雇用者（経営者）との関係構築の問題があると指摘している。筆者の理解ではその背景には，前述の従業員の自律の問題と，ミーニングフル・ワークの定義が内包している「個人の目的との調和」と「他者への影響に関わる甚大さ」の問題の両方がある。

企業が，組織研究の実証により明らかにされるさまざまな要因を取り入れて，ミーニングフル・ワークを生み出すに望ましい環境を整えたとしても（それは困難な，そして意義のあることではあるが），従業員個人にとっての真の仕事の有意味感が引き起こされるためには，従業員自身が手段的に扱われるのみならず，企業の目的と自らの目的を統合し，自らの仕事自体が目的となるような関係性が求められる。（狭義の）企業倫理学におけるミーニングフル・ワークに関する議論は，こうした視座を提供するものでもある。

2.2　ミーニングフル・ワークに隣接する概念

2.2.1　職務満足

比較的新しい研究領域であるミーニングフル・ワーク（あるいは，仕事の有意味感）に対し，職務満足（job satisfaction）は，心理学や経営学において長く探究されてきた。よく参照される Locke (1969) によれば，職務満足は，「自分の仕事を，その価値の実現に向けて到達したり促進したりするものとして振り返ったときに生じる，心地よい感情の状態」とされる[21]。

職務満足は，従業員の職務成果に直結するさまざまな要因（例えば，モチベーションやコミットメントなど）に作用することが知られてきたため，これをいかに高めるかは，経営学，特に人的資源管理（論）における中心的な課題の1つであったと考えられる。これに関連する理論として，Maslow の

欲求階層理論，McGregorのX理論—Y理論，Herzbergの衛生要因—動機
づけ理論などはよく知られている。

　ただしその要因に着目すると，Deci（1975）が示した外発的職務満足（労
働環境の影響によるもの）と内発的職務満足（個人の感情に由来するもの）
に区分されるとする考え方が現在でも参照されている[22]。職務満足を高める
要因が外発的なものと内発的なものに区分され，しかもそれらのいずれか一
方でよいという結論には未だ至ってはいないことから，職務満足には，人間
にとって（Maslowのいう）いわば"低次"の，言い換えればより原初的・
本能的な欲求やその充足による快・心地よさの感覚から，より"高次"の，
自己実現を含む人間的な成長を志向する欲求とその充実までが包含されてい
ると理解される。ただし，これらの欲求はいずれも，基本的には自分に対す
るものと見受けられる。安全で高い報酬が得られるか，仲間に認められるか，
そして自己の能力が生かされるかも，その主語は「自分が」であり，その視
座は主観的である。

　前述のLocke（1969）の定義が示すような「価値の実現」の「価値」をど
のように考えるのか，また，満足を充足する「欲求」が何なのかによって，
職務満足も他者性を持ち得るだろう。こうした点から，共に仕事に対する感
情や知覚である，仕事の有意味感と職務満足は重複し得るものと考えられる
が，あえて前述のユーダイモニアとヘドニアの対比を用いれば，仕事の有意
味感は，次に述べる天職と共通する，他者性を帯びた幸福としてのユーダイ
モニアに，職務満足は欲求の充足に基づく主観的な快としてのヘドニアに，
各々相対的に親和性の高い概念として捉えることもできる。

　職務満足が，従業員の仕事を通じた幸福に大きく関わる概念であることは
確かである。そこで本書では，仕事の有意味感と職務満足を，一旦，上のよ
うに対比的に整理し，実証研究を通じて両者の共通点と差異を分析した上で，
あらためて考察を行うことにする。

2.2.2　天職

　前述のように，ミーニングフル・ワーク（仕事の有意味感）はその定義な
どから向社会性や重要性といった他者に与える影響の大きさを内包すると考
えることができる。こうした要素を同じく包含するものとして「天職（感）

(calling)」が挙げられる。

　Steger et al.（2010）によれば「天職」は，元々は宗教的な文脈から生じたもので，神によって，人々が特定の宗教的な仕事に従事するよう召喚(call)されていることを示すものであったが，近年では，信仰としての仕事（work as religion）から，意味づけとしての仕事（work as meaning）へとシフトしているという[23]。

　また，Dik & Duffy（2009）は，天職感につながる3つの要素として「超越的召喚：自分自身を超えた存在の影響」「目的のある仕事：自分自身という存在の本質と仕事のつながり」「向社会志向性：自分の仕事と社会全体の利益・向上とのつながり」を提示している[24]。これらのうち，「目的のある仕事」「向社会志向性」は，ミーニングフル・ワークの概念定義においても指摘されているものである。従って，天職とミーニングフル・ワークを区別するものは，その仕事に「超越的召喚」すなわち（人間を超えた）超越的な存在の影響を見出すか否かにあると考えられ，この点で，天職（感）の視座はより客観的である。

　こうした，主観的か客観的かという視座の置き方により，「仕事の有意味感」「職務満足」「天職感」を配置することを試みれば，職務満足はより主観的な視座の極に，天職感はより客観的な視座の極にあり，これら両者に，各々重複するものとして，仕事の有意味感」が位置すると整理されよう。

2.2.3　ジョブ・クラフティング

　充足や幸福とは異なる点から，「ジョブ・クラフティング（job crafting）」という概念もまた，ミーニングフル・ワーク（仕事の有意味感）に近接するものと考えることができる。この概念を提唱した Wrzesniewski & Dutton（2001）によれば，ジョブ・クラフティングは「タスクまたは自らの仕事の関係的境界において，個々人が作る身体的・認知的な変化」と定義される[25]。

　ここでは，従業員が自らの仕事経験を「作る（craft）」「変化させる」ことに主眼が置かれ，その様式は「タスク境界の変化：仕事の量や方法を変えること」「関係性の境界の変化：仕事で接する人々との相互作用の量や質を変えること」「認知的なタスク境界の変化：仕事の部分または全体への見方を変えること」の大きく3つに分類される。そして，これらの実践により「仕

事のデザイン」と「仕事に関わる社会的環境」の両者に影響し，「仕事の意味（meaning of the work）」と「ワーク・アイデンティティ」が変化するとしている[26]。

　高尾（2020）は，ジョブ・クラフティング概念には「従業員の能動性への注目」「認知的ジョブ・クラフティングの提唱」「（仕事の意味／ワーク・アイデンティティといった）個人にとって重要な仕事経験との関連づけ」の3つの点で，新奇性があると指摘している[27]。本書の関心事に直接関係するのは第3の点だが，この新奇性あるいは思想を忠実に継承している研究は少ない[28]という。筆者の理解で考察すれば，3つの様式のうち「タスク境界」「関係性の境界」の2つの変化は，（客観的にも見出され得る）仕事のデザインや社会的環境の変化を引き起こし，仕事の意味の種類を変えていくことに至ると想定される。これに対し「認知的なタスク境界の変化」すなわち「自らの仕事自体をどのように認知するか」は，「その意味をどう認知するのか」との弁別が難しいようにも思われるが，ここではこの点についてこれ以上踏み込まないことにする。

　ジョブ・クラフティング概念の特徴及び新奇性について，本書における研究との関わりから，もう1つ着目したい点がある。それは「従業員の能動性への着目」である。高尾（2019）も指摘するように，ジョブ・クラフティング概念では，従業員を自らの仕事を変更するという能動的な存在[29]とする見方に立っている点で，Hackman & Oldham（1975, 1976）の職務特性モデルにおけるジョブ・デザインの考え方や従業員観と対照的である。これについては，Wrzesniewski & Dutton（2001）も指摘しており，後者では従業員の仕事経験に関わるタスク要素はより固定的なもの[30]として想定されており，従業員は受動的な存在[31]とみなされている。

　たしかに，従業員自身の仕事に対する向き合い方，認知の仕方そのものは，仕事の意味（の知覚）に影響する1つの，重要な要因と考えられる。しかし，本書における研究の関心事は，経営あるいか経営者による企業倫理が，従業員にいかに作用するのかを，その仕事を通じた幸福であるミーニングフル・ワーク（仕事の有意味感）により把握していくことにあり，いわゆる社会構成主義的な視点には立っていない。本書における研究のその先には，企業倫

理とミーニングフル・ワークに関わる（介在する）ものとして，ジョブ・クラフティングを置くことも考えられるが，本書ではその可能性を認めるに留めておきたい。むしろ実証研究においては，従業員の仕事の有意味感に影響する要因を検討する上で，Hackman & Oldham（1975，1976）の職務特性モデルが重要な位置にある。次節ではこれに関する知見も概観しつつ，ミーニングフル・ワーク（仕事の有意味感）に影響を与える要因に関する先行研究を整理し，実証研究につなげていく。

3.　ミーニングフル・ワークに影響を与える要因

　ミーニングフル・ワーク（仕事の有意味感）に影響を与える，あるいはこれを生じさせる要因に関する実証研究についての近年の体系的なレビューは，Rosso et al.（2010）を起点とする。そこでは，ミーニングフル・ワークの源泉を，「自己（self）」「他者や集団」「職務のコンテクストや環境」「スピリチュアリティ」の4つに分類している[32]。

　近年では，Bailey et al.（2019）が，人的資源開発（Human Resource Development：HRD）研究への貢献を意図しつつ，「個人特性」と「組織活動」の2つに大別した上で，後者においてはさらに「職務設計」「リーダーシップ／マネジメント」「組織レベルの要因」「職場における（人間）関係」の4つに分類できるとしている[33]。また，より包括的な文献レビューを行ったLysova et al.（2019）は，ミーニングフル・ワークを醸成する要因を「個人」「職務」「組織」「社会」の4つのレベルに分類し，整理している[34]。

　筆者の渉猟した文献及びこうしたレビューを総括すると，ミーニングフル・ワーク（仕事の有意味感）に作用する要因として，実証研究（経験論）により検証されているものだけでも40近い概念が指摘されている。ただし，社会的階級との関連は弱いとする実証研究[35]も存在するなど，年齢，性別，収入といった個人の基本属性にあたるものは今のところ，影響を及ぼす主要な要因としては見なされていない。

3.1　職務特性モデルへの着目と再解釈

　こうした先行研究に大きな影響を及ぼしている経営学の古典的な理論は，先に見たジョブ・クラフティング概念において対比的に扱われていた，Hackman & Oldham（1975, 1976）の職務特性モデル（job characteristics model）である。これは，5つの職務特性（主要な仕事の次元）が，3つの重要な心理状態に影響し，この3つの心理状態が，個人と仕事の成果に帰結する，とするものである。

　起点となる5つの職務特性（core job dimensions）は，技能多様性（skill variety），タスク完結性（task identity），タスク重要性（task significance），自律性（autonomy），フィードバック（feedback）とされる。これらのうち，技能多様性・タスク完結性・タスク重要性の3つは，仕事の有意義性の知覚（experienced meaningfulness of the work）という重要な心理状態に影響する。この心理状態が，本書の研究における仕事の有意味感に極めて近いものである。また，自律性は職務成果について責任の知覚(experienced responsibility for outcomes of the work）に，フィードバックは職務活動における実際の結果についての知識（knowledge of the actual results of the work activities）に，各々影響する。そして，これら3つの重要な心理状態（critical psychological states）が総じて，高い内発的モチベーション・高品質の職務パフォーマンス・高い職務満足をもたらし，怠業や離職を抑止する。また，このプロセスにおいては，従業員の成長欲求の強さが，緩和効果をもたらすことも指摘されている。

　これらの概念と相互関係を図示すると，図表3-1のようになる。

　職務特性モデルは，自己評定による典型的な知覚尺度（perceptual measure）に基づいている[36]ものの，客観的特性とみなされる（経営による介入や拡大可能な）職務特性と，職務パフォーマンスやモチベーション，職務満足といった，業績に直結する諸要素との関連が明確に示されている点が魅力的であったことから，この両者の関係が注目されやすい傾向にあったと思われる。

　しかし，ミーニングフル・ワークに関する先行研究では，「タスク重要性」

図表3-1　職務特性モデル

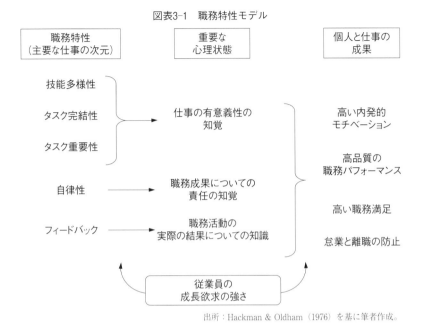

出所：Hackman & Oldham（1976）を基に筆者作成。

と「仕事の有意義性の知覚」の関係が注目され，検証されており，前者から後者への有意な正の影響関係が改めて実証されている（例えば，Grant, 2008；Allan, 2017）。

　ここで，「タスク重要性」と「仕事の有意義性の知覚」という2つの概念について，その内容をより具体的に把握するために，Hackman & Oldham（1976）における両者の定義をあらためて見てみたい[37]。

　・タスク重要性：その業務が，自組織の内外における他者の仕事や生命に
　　与え得る，相当なインパクトの程度。
　・仕事の有意義性の知覚：個人が，自らの業務が概してどのくらいの意味
　　や価値，やりがいを有するかを知覚する程度。

　これらを基にタスク重要性という概念を吟味すると，以下の点が指摘できる。

　まず，「重要性」の対象として自組織の内外における他者（の仕事や生命）のみが想定されている点である。また，その測定においては飛行機のブレー

キを組み立てる仕事[38]を，乗客や乗務員の生命に関わる重要な職務と評価するのか，金具を相手にする時給いくらの作業とみなすのかは，研究者ではなく回答者の志向性に，職務そのものではなく回答者の他者意識（の程度）と（自らの行為の影響への）想像力に委ねられている。

　こうした点を踏まえると，職務特性モデルに基づく先行研究が探求してきた「タスク重要性が，仕事の有意義性の知覚に影響を及ぼす」という関係は，本書の問題意識と用語に照らせば，「個人の他者志向性と影響への想像力の程度は，仕事の有意味感に，有意な影響を及ぼす」と言い換えることができる。職務特性モデルでの他者は組織の内外の人々を示しており，自組織内のメンバーと組織の外の社会，ステークホルダーの両方を含んでいる。また，影響への想像力の程度は，Werhane（1998）のいう道徳的想像力に通じる概念でもある。従って，本書における個人の倫理性はタスク重要性とその意味合いにおいて通じ，仕事の有意味感に対しては職務特性モデルにおける影響関係が相似形を成すことになろう。

3.2　個人の倫理性とミーニングフル・ワーク

　先に述べたように，ミーニングフル・ワーク（仕事の有意味感）に影響する（を生み出す）ものを探求する観点からは，文化的規範等の社会的要因，リーダーシップや組織文化等の組織的要因，自律性や内発的動機づけ等の個人的要因が作用することが示されている（Lysova et al., 2019）。組織の倫理風土は組織的要因に，個人の倫理性は個人的要因に含まれ得ることから，これら各々もまた，仕事の有意味感に影響すると考えられる。

　そして，先のHackman & Oldham（1976）の職務特性モデルへの検討から，タスク重要性と訳される他者への影響度（の知覚の程度）が，仕事の有意義性の知覚に影響を及ぼすのであれば，その影響度を知覚する源泉となる他者志向性は，倫理的な態度と不可分な概念であり，ここから，個人の倫理性が仕事の有意味感に影響を与え得ることが予見される。

　個人の倫理性はインテグリティ志向の戦略においては，経営者と管理者の倫理的リーダーシップと組織の風土の影響を受ける存在でありつつ，かつ，倫理的な意思決定と不可分な概念であった。そしてこれまでの議論から，個

図表3-2　インテグリティ志向の倫理マネジメントと仕事の有意味感（概念図）

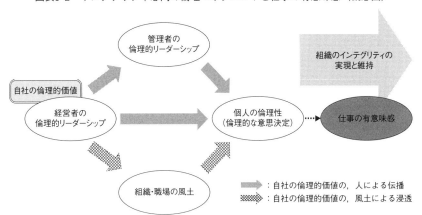

人にとっては，仕事の有意味感を自律的に生じさせる要因でもあり得ることがわかる。つまり，個人の倫理性が企業倫理すなわち組織のインテグリティの実現と，個人の仕事の意味深さとをつなぐ役割を果たしているならば，そしてこのことが実証により説明されたならば，これを要とする企業倫理においては，従業員は手段でありつつも目的ともなり得ると考えることができる。

　こうした概念間の関係を，先に第2章で提示した，本書におけるインテグリティ志向の倫理マネジメントに反映させて概念図として示すと，図表3-2のようになる。

　これらの概念のうち，本書における「企業倫理は，それを担う従業員にとって，どのような意義があるのか」という問いに直接関係し，考察すべき概念となるものを整理すると，以下のようになる。

　まず，経営者と管理者の倫理的リーダーシップと組織・職場の風土は，従業員の個人の倫理性のあり方を左右する，影響の要因である。そして，倫理的な意思決定は，個人の倫理性に基づいてなされる思考と行動という結果であり，これにより，組織のインテグリティの実現と維持がなされるのであった。しかし，これを従業員の視点で捉え直すと，ある倫理的な意思決定は，行動であると同時に経験であり，それは個人の倫理性への経験による学習をもたらすことになる。また，徳倫理に基づけば，その主体が「何をするか」以上に「いかに在るか」が重要であるため，倫理的な意思決定以上にその源

泉でもある個人の倫理性に，そしてこれによる仕事の有意味感への影響に，焦点を当てていくことになる。

　以上の考察を踏まえ，本書の実証研究において，影響関係の連鎖として捉えるべき概念を取り出すと，インテグリティ志向の戦略すなわち企業倫理としての「経営者の倫理的リーダーシップ」「管理者の倫理的リーダーシップ」「組織・職場の風土」，これに含まれかつ個人のインテグリティに関わる「個人の倫理性」，そして最終的な目的となる「仕事の有意味感」の5つが主要な概念となる。

　第Ⅱ部では，この概念図を基に，各々の関係に関する実証研究を行い，それらの影響関係を分析し，考察していく。

【注】
1）　Deci & Ryan（2008）p. 1。
2）　Warterman（1984）p. 16。
3）　Warterman（1993）pp. 678-679。
4）　Ryff（1989）pp. 1069-1071。
5）　ポジティブ心理学を提唱したSeligmanはその後，ウェルビーイングを測定する判断基準は「持続的幸福度」であり，その要素は，ポジティブ感情，エンゲージメント（没頭），意味・意義，達成，関係性の5つであるとした（Seligman, 2011 宇野監訳，2014, pp. 27-30）。ここでの「持続的幸福度」はflourishingの和訳である。
6）　Schueller & Seligman（2010）p. 253。
7）　前述のように，英語のhappinessはアリストテレスの示すeudaimoniaの英訳であるため，「ユーダイモニアに基づく幸福」という表現は厳密には同語反復といえる。ただしここでは，心理学領域における幸福及びウェルビーイング概念について，ヘドニアとユーダイモニアを対置する議論を整理するため，こうした表現をとることにした。
8）　Huta & Waterman（2014）pp. 1449-1451。
9）　"meaningfulness in work"と"meaningfulness at work"の区別について，Pratt & Ashforth（2003, pp. 312-313）は，前者は"何をしているか"という「役割」に，後者は"どこの一員か"という「所属」に，各々関連すると整理している。こうした知見も踏まえると，「仕事（そのもの）の」有意味感に焦点を当てる本書は"meaningfulness of work"に着目していることになろう。
10）　Both-Nwabuwe et al.（2017）p. 6。
11）　Rosso et al.（2010）pp. 94-95。
12）　Rosso et al.（2010）p. 95。
13）　Both-Nwabuwe et al.（2017）p. 7。
14）　Bailey et al.（2019）pp. 88-89。

15)　Grant（2008）p. 119。

16)　この側面は，組織の一員である従業員においては特に，McGregor（1960）が主張したY理論における統合の原則，すなわち個々人の目標と企業目標とを調和させること，及び，目的の統合による自己統制の考え方にも通じると思われる（McGregor, 1960 高橋達男訳，1970, pp. 52-66）。

17)　Rosso et al.（2010）pp. 95-108。

18)　Michaelson et al.（2014）p. 77-78。

19)　Bowie（1998）p. 1085。

20)　例えば，Hsieh（2008）や Moriarty（2010）など。

21)　Locke（1969）p. 316。

22)　例えば岡本（2012）など。

23)　Steger et al.（2010）p. 84。

24)　Dik & Duffy（2009）p. 427。

25)　Wrzesniewski & Dutton（2001）p. 179。

26)　Wrzesniewski & Dutton（2001）pp. 179-187。

27)　高尾（2020）p. 3 。

28)　高尾（2020）p. 11。

29)　高尾（2019）p. 86。

30)　Wrzesniewski & Dutton（2001）p. 181。

31)　高尾（2019）p. 85。

32)　Rosso et al.（2010）p. 95。

33)　Bailey et al.（2019）pp. 95-97。

34)　Lysova et al.（2019）p. 384。

35)　Allan et al.（2014）p. 556。

36)　金井（1982）p. 136。

37)　Hackman & Oldham（1976）pp. 256-257。

38)　Hackman & Oldham（1976）が，タスク重要性及びこれによる有意義性が生じ得る例として挙げている（p. 257）。

第Ⅱ部　実証研究

第4章

実証研究の全体像

　第Ⅰ部での理論研究の内容を踏まえ，第Ⅱ部では実証研究による分析を行う。第Ⅱ部は，先に第1章で示した企業倫理学の2つのアプローチのうち，特に経験論的アプローチに基づくものであり，ここでの主題は，複数の概念間の影響関係について仮説を導出し，現実のデータを用い，適切な手続きと手法に則って，その関係の強さの度合いも含めて分析し，考察していくことである。

　具体的な分析と考察に入る前に，本章ではまず，実証研究の観点から分析の対象とする概念を整理する。本書における実証研究では定量分析と定性分析の両方を行うため，まず，定量分析に関し，収集した複数の独自データについて各々の調査概要を示した上で探索的因子分析と α 信頼性係数の確認を行い，各々の概念に対応する合成変数の作成までを行う。次に，定性分析に係るデータ収集についてその概要を示す。最後に，第Ⅰ部で提示した本書全体の分析の概念図を念頭に，第5章以降で展開する個別の分析と使用データを提示する。

1.　実証研究の対象とデータ

　先に第3章で示したように，第Ⅰ部において最終的に提示された概念図（図表3-2）では，分析の対象とする概念は「（経営者及び管理者の）倫理的リー

ダーシップ」「組織・職場の風土」「個人の倫理性」「ミーニングフル・ワーク（仕事の有意味感）」に整理された。以下ではまず，これらの概念について，誰（何）の，何を測定するのかを明確にし，改めて，本書の実証研究で用いる概念を提示する。次に，実証にあたり実施した調査と得られたデータの概要を示す。

1.1　実証の対象となる概念

1.1.1　倫理的リーダーシップ

　先に第2章で検討したように，本書では，インテグリティ志向の倫理マネジメントにおける倫理的価値の共有にあたり，経営者や管理者がその行動によって模範を示し，従業員やメンバーの学習により内在化されていくことを本書では人による伝播と考え，倫理的リーダーシップとして捉えることにした。ここでは，経営者を起点としたカスケード型の伝播が想定され，特に日本企業では，「連結ピン」とも呼ばれる[1]中間管理者の役割にも着目する必要がある。

　ここで「経営者」というときには，経営陣のトップである社長個人を指す場合と，経営陣全体，あるいは経営を担う立場や役割を指す場合とが考えられる。倫理的リーダーシップでは，個人の行動をモデリングすることによる「学習」が理論的な基盤の1つになっているため，本書における実証分析では，社長個人を「経営者」と呼び，その倫理的リーダーシップを分析していく。

　また，その影響を受けると予見される中間管理者は，従業員の視点からは直属の上司と捉えるのが適切であるため，その倫理的リーダーシップは以降，「上司の倫理的リーダーシップ」と呼ぶことにする（ただし考察において，従業員の視点というよりは経営者の視点により重きを置いて組織全体を俯瞰した議論を行う場合には，「中間管理者」という言葉を併記する場合がある）。

　上のような整理を踏まえ，経営者と上司（中間管理者）の倫理的リーダーシップについては，欧米の先行研究で広く用いられている，Brown & Treviño（2006）による測定尺度ELSを対象者に応じて主語を変更して用い，測定していくことになる。

1.1.2　組織の風土

　インテグリティ志向の倫理マネジメントにおける倫理的価値の共有にあたり，本書では，従業員にとっての環境である組織の影響も予見されるとし，これを風土による浸透と考えた。これに関する実証研究において検討すべき点として，組織の範囲をどのように設定するかという問題がある。

　第 2 章で検討したように，特に日本の企業では，公式的な企業組織と共に，身近な集団である職場にも着目する必要がある。そこで本書の実証研究では，従業員にとってより身近な環境として，一般的な企業でいえば，業績目標を共有し協働で職務にあたる身近な集団であり，中間管理者（部長・課長）がマネジメントする部ないし課のレベルを職場とし，その風土を「職場風土」と呼び分析していく。その上で，本書が着目するインテグリティ志向の倫理マネジメントの起点は経営者であり，そのマネジメントの対象は企業全体であることから，個々の職場を包含した企業全体を組織として考える。第 2 章で検討した，先行研究が対象としている組織の倫理風土における組織も，この企業全体の意味での組織を指していると理解されるため，本書の実証研究における組織の風土も「組織の倫理風土」と呼び，1 つの概念として分析していくことにする。

　上のような検討を踏まえ，組織の風土について，職場風土は第 2 章での検討に基づき，本書独自の 2 つの型（自律協働型，同調内圧型）を想定し，これに基づく尺度を作成して測定していく。組織の倫理風土については，第 2 章で述べた Victor & Cullen（1987，1988）による組織の倫理風土モデル及びその測定尺度 ECQ に依拠して測定する。「組織の倫理風土」は，理念モデルでは 9 つの型になり得る（図表2-3）が，本研究ではデータの分析結果を踏まえて，4 つの型（会社の規則，規範と意思，他者貢献，効率重視）に分類し，分析していくことになる。

1.1.3　個人の倫理性

　個人の倫理性については，第 I 部で論じたインテグリティという概念における倫理及び倫理的な意思決定に関する本書の考え方に基づき，独自の尺度を作成し測定する。ただし，インタビューによる定性調査から得られたデータを用いてその独自性を検証し，今後の研究に展開していくことを試みる。

図表4-1　本書の実証研究の分析単位となる概念の一覧

概念	分析単位としての概念
倫理的リーダーシップ	① 経営者の倫理的リーダーシップ
	② 上司の倫理的リーダーシップ
組織の風土	③ 組織の風土 ③-a 職場風土 ③-b 組織の倫理風土
個人の倫理性	④ 個人の倫理性
ミーニングフル・ワーク （仕事の有意味感）	⑤ 仕事の有意味感 （⑤-対比概念：職務満足）

1.1.4　ミーニングフル・ワーク（仕事の有意味感）

　最終的な被説明変数として想定している「ミーニングフル・ワーク（仕事の有意味感）」について，特に実証分析においては，基本的に，従業員個々人の仕事に対する知覚を測定することを想定している[2]。そのためこの概念を示す用語として，「仕事の有意味感」を用いることにする。これについては，欧米の先行研究を踏まえた尺度を用いて測定していく。なお，一部の分析では，この概念の特質をより際立たせて把握するため，仕事の有意味感と第2章で検討した職務満足を便宜的に対比させて分析することで，より深い考察を行うことをめざす。

1.1.5　実証研究における概念の整理（まとめ）

　以上を整理すると，実証研究において測定と分析の単位となる概念は，主要なものは5つ，細分化すると7つ（職務満足を含まず）になる。ここまでの検討を基に整理して表に示すと，図表4-1のようになる。

　これらの概念間の関係に関する仮説については，第5章以降の各章で，これに関する先行研究を検討した上で導出していく。

1.2　実証のためのデータ

　実証にあたり本書の研究では，4つの調査を実施してデータを得た。この4つの調査の概要を，図表4-2に示す。

　次節では，これら4つの調査各々の概要について記述する。

　なお，調査①個人調査，調査②企業調査，調査③A社従業員調査は，い

図表4-2　4 つの調査の概要

名称	調査① 個人調査	調査② 企業調査	調査③ A 社従業員調査	調査④ A 社内インタビュー
目的	従業員個人単位での組織内状況や就労における意識を,本人自身の認知に基づいて把握する	個別の企業単位での組織内状況を,相応の客観性を有する内部者の認知に基づいて把握する	特定の企業（A 社）における組織内状況や就労における意識を,当社従業員の認知に基づいて把握する	特定の企業における組織内状況や就労への意識を,従業員及び経営者の「語り」に基づいて把握する
対象者	日本における,従業員数300名以上の民間企業の正規従業員	東証一部上場企業の「企業倫理・コンプライアンス・CSR 部門」長	東証一部上場企業（製造業）A 社の正規従業員	A 社における経営者,中間管理者（部長・課長）及び一般層
方法	サーベイ（インターネットリサーチによる）	サーベイ（郵送による）	サーベイ（A 社内イントラネットによる）	インタビュー（個別面談又はグループ形式）
調査期間	2018. 4. 27. – 5. 1.	2019. 3. 5. – 3. 31.	2019. 10. 15. – 10. 31.	2019. 11. 6. – 12. 10.
配布数	—	2,210	883	—
有効回答数（%）	2,060	132（5.97%）	796（90.15%）	社長：2 名 中間管理者：26名 一般層：72名

ずれも定量的なサーベイであり，その分析にあたっては，統計ソフト SPSS Ver. 26及び Amos Ver. 26を用いた。

2.　4 つの調査の内容と変数の作成

2.1　調査①個人調査

　本書における研究は，従業員にとっての企業倫理の意義を探究するものである。従って，まずは従業員という「個人」が，企業内の事象をどのように受け止め，自らの仕事にいかに向き合っているのかを把握することが肝要であり，出発点となる。そこで最初の調査として，インターネットリサーチを用いた個人調査を行った。以下，この調査を「調査①個人調査」（または「調査①」）と呼ぶ。その概要は以下のとおりである。

2.1.1　調査概要

・調査方法：インターネットリサーチによるサーベイ
・実施機関：株式会社マクロミル
・対象：従業員規模300名以上の民間企業の正規従業員（マクロミル社のモニタ会員）
・調査期間：2018年４月27日–５月１日
・有効サンプル数：2,060
・サンプルの主な属性：
　・勤続年数：10年未満14.3%, 10年以上20年未満24.1%, 20年以上61.6%。
　・現在の職種：管理系（社内情報システム含む）33.9%, 営業系（販売含む）29.1%, 研究開発系14.4%, 製造現場系10.7%, その他11.9%。
　・勤務先の業種：製造業36.4%, 建設業5.4%, 卸売・小売業9.1%, 金融・保険業10.3%, 電気・ガス・通信等5.5%, サービス業21.7%, その他11.7%。

これらの属性に関しては，各々の属性における各項目の相互を比較しても，同様の統計資料を参照しても，サンプルに特段の偏りはないものと判断した。

2.1.2　調査票

基本属性に関する質問，及び，以下６つの概念に対応する質問文を作成した[3]。
・①経営者の倫理的リーダーシップ：Brown & Treviño（2006）による測定尺度を，筆者が和訳し，主語を「当社の経営トップは」として作成した。
・②上司の倫理的リーダーシップ：上述の「経営者の倫理的リーダーシップ」と同じ質問文を用い，主語を「私の上司は」として作成した。
・③組織の風土（職場風土）：〈自律協働〉型と〈同調内圧〉型の２つの型（第２章3.2項参照）を想定した上で，鎌田ほか（2003）の質問文を一部用いると共に，オリジナルで作成した。
・④個人の倫理性：第２章で行った個人の倫理性への考察に基づき，オリジナルで作成した。
・⑤仕事の有意味感：Steger et al.（2012）による測定尺度を，筆者が和

訳して作成した[4]。

・⑤（対比概念）職務満足：櫻木（2006）の論考を参照して作成した。

上の質問文に対する回答は，リッカート方式の 6 件法に基づいて選択肢を以下のように設計し，いずれか 1 つを選択するよう教示した。

　　1．あてはまらない　2．あまりあてはまらない　3．どちらかといえばあてはまらない　4．どちらかといえばあてはまる　5．ややあてはまる　6．あてはまる

2.1.3　データのスクリーニング

上により得られたデータについて，スクリーニングを行った。具体的には，調査実施機関より欠損値がないデータを受領したため，すべての質問項目について，歪度と尖度の点から著しく偏った分布がないことを確認して，すべてのサンプルを有効サンプルとした。

2.1.4　尺度（変数）の作成

得られたデータについて，各尺度の基とした先行研究に基づき探索的因子分析を行った（最尤法，プロマックス回転）。その結果，48の変数による 7 つの因子が確認された。各因子の α 信頼性係数がすべて0.7以上であることを確認し，各々に命名した[5]。次に，これら 7 つの因子について平均により合成変数を作成し 7 つの尺度とした。その一覧を，記述統計量と共に図表4-3に示す。

2.1.5　変数間の相関関係

上により作成した変数間の相関係数を，図表4-4に示す。

図表4-3　調査①個人調査：作成された尺度（変数）の一覧

尺度（変数）	質問項目数	α 信頼性係数	平均	標準偏差
1．経営者の倫理的リーダーシップ	8	0.954	3.665	1.165
2．上司の倫理的リーダーシップ	8	0.965	3.847	1.240
3．職場風土〈自律協働〉	5	0.867	3.891	1.009
4．職場風土〈同調内圧〉	5	0.708	3.695	0.896
5．個人の倫理性	4	0.767	4.379	0.856
6．仕事の有意味感	9	0.931	3.995	0.987
7．職務満足	9	0.910	3.737	1.016

図表4-4　調査①個人調査：変数間の相関係数

	1.	2.	3.	4.	5.	6.
1．経営者の 倫理的リーダーシップ	—					
2．上司の 倫理的リーダーシップ	.622**	—				
3．職場風土 〈自律協働〉	.594**	.693**	—			
4．職場風土 〈同調内圧〉	−.020	−.049*	.001	—		
5．個人の倫理性	.383**	.350**	.433**	.103**	—	
6．仕事の有意味感	.465**	.435**	.511**	.063**	.504**	—
7．職務満足	.553**	.597**	.627**	−.053*	.405**	.680**

*p＜0.05，**p＜0.01

2.2　調査②企業調査

　調査①個人調査では，従業員個人の視点から，自組織のあり様と自らの職務観についてたずねた。ただし，その回答における経営者や組織のあり様は回答者の主観によるミクロなものであり，客観性や妥当性の点で限界がある。そこで，日本企業の組織のあり様をマクロに，かつ，一定の客観性や妥当性を確保して捉えるため，企業を対象とする調査を行った。

　具体的には，東証一部上場企業[6]及び一般社団法人経営倫理実践研究センターの会員企業の「企業倫理・コンプライアンス・CSR部門の長」を対象に調査票を郵送し回答を求めた。回答者を部門の長としたのは，調査内容に経営者の倫理的リーダーシップに関わる項目が含まれており，社長（本人）以外の内部者による回答が望まれたこと，また，自社の企業倫理や組織のあり様に関する情報を豊富に有し，客観的かつ適切に評価できると判断したことによる。

　調査内容は，概ね調査①個人調査の構造を踏襲したが，組織全体に対する客観的な回答が期待できる点に鑑み，組織の倫理風土に関する質問文（36項目）を先行研究に則り追加した。逆に，これにより調査票全体の質問数が増加し回収率が低下することが懸念されたことから，同一の企業内でもばらつきがあると予見される職場風土に関する質問は割愛し，また，従業員個々人

の内面の意識に関する概念（「個人の倫理性」「仕事の有意味感」「職務満足」）
については，妥当性のある尺度を作成し得るように質問項目を精査した上で
その数を減じた。

　以下，この調査を「調査②企業調査」（または「調査②」）と呼ぶ。その概
要は，以下のとおりである。

2.2.1　調査概要

・調査方法：郵送によるサーベイ（質問紙調査）
・対象：東証一部上場企業及び一般社団法人経営倫理実践研究センター会
　員企業（計2,210社）における「企業倫理・コンプライアンス・CSR部
　門」の長
・調査期間：2019年3月5日-3月31日
・有効サンプル数：132（有効回答率：5.97%）[7]
・回答企業の業種：製造業（食品，繊維，化学，医薬品，鉄鋼，非鉄金属
　等）28.0%，製造業（機械，電気機器，自動車，精密機器，その他製造）
　28.8%，建設業6.8%，商社・小売業12.9%，金融・保険業6.8%，サー
　ビス業7.6%，その他9.1%。

以上の業種の割合は，各項目の相互を比較しても，同様の統計資料を参照
しても，日本における企業のサンプルとして，偏りのないものと判断した[8]。

2.2.2　調査票

　調査①個人調査の結果を踏まえて，以下6つの概念に対応する質問文を作
成した[9]。

・①経営者の倫理的リーダーシップ：調査①個人調査と同じ質問文をすべ
　て用いた。
・②上司の倫理的リーダーシップ：調査①個人調査と同じ質問文を，主語
　を「私の上司は」から「当社の中間管理者は」に変更してすべて用いた。
・③組織の風土（組織の倫理風土）：Cullen et al.（1993）が提示した36項
　目のECQを，山田ほか（2015）が施した和訳を基にしてすべて用いた。
　ただし，山田ほか（2015）において課題が見出された尺度を中心に，5
　項目については筆者が質問文の一部を改変した。
・④個人の倫理性：調査①個人調査の質問文のうち，一部主語を「私は」

から「当社の社員は」に変更して用い，社員の社会への志向性をたずね
る質問文を追加した[10]。
・⑤仕事の有意味感：調査①個人調査の質問文の主語及び文言の一部を変
　更して用いた[11]。
・⑤（対比概念）職務満足：調査①個人調査の質問文の主語及び文言の一
　部を変更して用いた[12]。
　上に対する回答の選択肢は，調査①個人調査と同一のものを用いた。また，
回答にあたっては，企業名，及び可能な限り部門名の記入をするよう求めた。

2.2.3　データのスクリーニング

　上により得られたデータについて，スクリーニングを行った。具体的には，
すべてのサンプルに欠損値がないこと，及び，すべての質問項目について歪
度と尖度の点から著しく偏った分布がないことを確認して，すべてのサンプ
ルを有効サンプルとした。

2.2.4　尺度（変数）の作成

①　調査①個人調査と共通の概念

　上記を経て得られたデータについて，調査①個人調査と同一の概念に関す
るものについては a 信頼性係数がすべて0.7以上であることから平均により

図表4-5　調査②企業調査：作成された尺度（変数）の一覧（1）

尺度（変数）	質問項目数	a 信頼性係数	平均	標準偏差
1．経営者の倫理的リーダーシップ	8	0.929	4.7010	0.954
2．上司の倫理的リーダーシップ	8	0.941	4.349	0.896.
8．個人の倫理性	4	0.784	4.101	0.774
9．仕事の有意味感	4	0.806	4.212	0.640
10．職務満足	4	0.742	3.980	0.697

図表4-6　調査②企業調査：作成された尺度（変数）の一覧（2）

尺度（変数）	質問項目数	a 信頼性係数	平均	標準偏差
3．組織の倫理風土〈会社の規則〉	3	0.803	4.189	0.930
4．組織の倫理風土〈規範と意思〉	5	0.743	4.093	0.854
5．組織の倫理風土〈他者貢献〉	5	0.858	4.042	0.702
6．組織の倫理風土〈社員の幸福〉	4	0.790	3.540	0.929
7．組織の倫理風土〈効率重視〉	5	0.704	3.829	0.696

合成変数を作成し5つの尺度とした。その一覧を，記述統計量と共に図表4-5に示す。

　② 調査②企業調査で新たに追加した概念（組織の倫理風土）

　組織の倫理風土に関しては，調査①個人調査で扱っていなかったため，上記を経て得られたデータについて，当概念に関する先行研究に基づき探索的因子分析を行った（最尤法，プロマックス回転）。その結果，28の変数による7つの因子が確認された。これら7つの因子の α 信頼性係数は，5因子は0.7以上，2因子は.7未満0.6以上であったが，サンプル数を勘案し，一旦，先行研究における名称を踏まえ各々に「会社の規則」「規範と意思」「他者貢献」「社員の幸福」「効率重視」と命名した[13]。その上で，これら7つの因子のうち α 信頼性係数が0.7以上の5因子について，内的整合性が確保されていると判断し，平均により合成変数を作成し5つの尺度とした。その一覧を，記述統計量と共に図表4-6に示す。

2.2.5　変数間の相関関係

　上により作成した変数間の相関係数を，全体像を勘案して並べ替え，図表4-7に示す。

図表4-7　調査②企業調査：変数間の相関係数

	1.	2.	3.	4.	5.	6.	7.	8.	9.
1．経営者の倫理的リーダーシップ	—								
2．上司の倫理的リーダーシップ	.695**	—							
3．組織の倫理風土〈会社の規則〉	.290**	.352**	—						
4．組織の倫理風土〈規範と意思〉	.643**	.644**	.458**	—					
5．組織の倫理風土〈他者貢献〉	.609**	.693**	.389**	.607**	—				
6．組織の倫理風土〈社員の幸福〉	.569**	.531**	.343**	.552**	.545**	—			
7．組織の倫理風土〈効率重視〉	.045	.118	.256**	.070	.095	.138	—		
8．個人の倫理性	.605**	.681**	.486**	.718**	.739**	.547**	.168	—	
9．仕事の有意味感	.620**	.695**	.244**	.687**	.675**	.582**	.091	.722**	—
10．職務満足	.592**	.635**	.207**	.569**	.591**	.507**	-.009	.594**	.710**

*p<0.05，**p<0.01

2.3　調査③ A 社従業員調査

　調査①個人調査では，従業員個人の視点から，自組織のあり様と自らの職務観についてデータを得た。調査②企業調査では，東証一部上場企業の企業倫理・コンプライアンス・CSR 部門の長という組織の視点を有する方から，自組織のあり様と従業員の態様についてのデータを得た。これらの調査はいずれもサンプルを広く収集しているが，これに対し，特定の１つの企業において調査を実施し，狭くも深いデータを得ることによって，先の二者とは異なる角度からの検証を行うことが可能になる。これは，特定の企業が有する文脈を含めフィールドワーク的なアプローチによりデータを収集することを志向するものであり，ケーススタディとしての価値を持つことにもなる。

　こうした考えから，東証一部上場企業[14]A 社の協力を仰ぎ，２つの調査を実施した。１つは，A 社の正規従業員を対象としたサーベイ（質問紙調査）であり，もう１つは直接の対面状況を設けてのインタビュー調査である。

　本項ではまず，前者の従業員サーベイについて，その概要から尺度の作成までを述べる。当調査は，A 社の正規従業員を対象に社内イントラネットを用いて実施したものである。調査設計においては，基本的に調査①個人調査及び調査②企業調査の構造を踏襲したが，質問総数の制約があったため，本研究の問題意識，及び分析上の必要性の観点から優先度の高い尺度に絞った。具体的には，先の２つの調査で作成された変数のうち「組織の倫理風土〈社員の幸福〉」「組織の倫理風土〈効率重視〉」「職場風土〈自律協働〉」「職場風土〈同調内圧〉」の４つの変数に関する質問項目を除外した。その理由はまず，先に本章で述べたように，「組織の風土」の分析にあたっては，個別の職場風土よりも企業全体の組織風土すなわち組織の倫理風土を捉える方が重要であると判断したためである。そして，「組織の倫理風土〈社員の幸福〉」「組織の倫理風土〈効率重視〉」は，調査②企業調査によるデータを分析した結果，本書において重要な概念である「個人の倫理性」に有意な影響が認められなかったためである[15]。

　逆に，本調査の回答主体は A 社の従業員という個人であるため，その内面の意識に関わる概念（「個人の倫理性」「仕事の有意味感」「職務満足」）に

ついては調査①個人調査と同じ質問文をすべて用いた。

　以下，この調査を「調査③ A 社従業員調査」と呼ぶ。その概要は，以下のとおりである。

2.3.1　調査概要

・A 社の概要：従業員数3,500名超（連結），創業80年超の製造業（繊維工業）である。法人及び一般消費者を顧客とし，アジア圏を中心に積極的な海外展開も行っている。

・調査方法：A 社内イントラネットによるサーベイ

・対象：A 社正規従業員（営業部門及び R&D 部門を含むライン部門，本社スタッフ部門の勤務者）883名[16]

・調査期間：2019年10月15日-10月31日

・有効サンプル数：796（有効回答率：90.15％）

・サンプル（回答者）の階層：管理職層（課長以上）115，一般層681

・サンプルの年代[17]：20代18.3％，30代24.8％，40代29.2％，50代以上27.7％

　サンプルの年代について相互の割合から極端な偏りはないと判断した。

2.3.2　調査票

　調査①個人調査及び調査②企業調査の結果を踏まえ，以下に挙げる 6 つの概念に対応する質問文を各々作成した。

・①経営者の倫理的リーダーシップ：調査①個人調査と同じ質問文をすべて用いた。

・②上司の倫理的リーダーシップ：調査①個人調査と同じ質問文をすべて用いた。

・③組織の風土（組織の倫理風土）：調査②企業調査において作成された尺度のうち，その分析の結果，本研究における主要な被説明変数である「個人の倫理性」「仕事の有意味感」の両者に有意な影響を及ぼすことが確認された[18]，〈会社の規則〉〈規範と意思〉〈他者貢献〉の 3 つについて，同じ質問文をすべて用いた。

・④個人の倫理性：調査①個人調査と同じ質問文をすべて用いた。

・⑤仕事の有意味感：調査①個人調査と同じ質問文をすべて用いた。

・⑤（対比概念）職務満足：調査①個人調査と同じ質問文をすべて用いた。

2.3.3　データのスクリーニング

上により得られたデータについて，スクリーニングを行った。具体的には，すべてのサンプルについて欠損値がないことを確認し，すべてのサンプルを有効サンプルとした。

2.3.4　尺度（変数）の作成

上記を経て得られたデータについて，すべての概念に関する変数について α 信頼性係数が0.7以上であることを確認し，平均により合成変数を作成して8つの尺度とした。その一覧を，記述統計量と共に図表4-8に示す。

図表4-8　調査③ A 社従業員調査：作成された尺度（変数）の一覧

尺度（変数）	質問項目数	α 信頼性係数	平均	標準偏差
1．経営者の倫理的リーダーシップ	8	0.940	3.838	0.984
2．上司の倫理的リーダーシップ	8	0.937	4.365	1.042.
3．組織の倫理風土〈会社の規則〉	3	0.794	4.037	1.008
4．組織の倫理風土〈規範と意思〉	5	0.891	3.911	0.818
5．組織の倫理風土〈他者貢献〉	5	0.879	3.947	0.895
6．個人の倫理性	4	0.710	4.342	0.795
7．仕事の有意味感	9	0.917	4.195	0.938
8．職務満足	9	0.851	4.029	0.901

図表4-9　調査③ A 社従業員調査：変数間の相関係数

	1.	2.	3.	4.	5.	6.	7.
1．経営者の倫理的リーダーシップ	—						
2．上司の倫理的リーダーシップ	.369**						
3．組織の倫理風土〈会社の規則〉	.294**	.150**					
4．組織の倫理風土〈規範と意思〉	.361**	.341**	.564**				
5．組織の倫理風土〈他者貢献〉	.333**	.424**	.369**	.707**			
6．個人の倫理性	.462**	.277**	.251**	.342**	.346**		
7．仕事の有意味感	.231**	.279**	.270**	.283**	.288**	.505**	
8．職務満足	.342**	.511**	.236**	.337**	.417**	.427**	.614**

*$p<0.05$，**$p<0.01$

2.3.5　変数間の相関関係

　上により作成した変数間の相関係数を，図表4-9に示す。

2.4　調査④ A 社内インタビュー

　ここまで述べた3つの調査は，いずれもいわゆる定量調査（サーベイ）であり，データを統計的に処理して仮説を検証していくことになる。しかし本研究のような，組織の内側や人間の内面にも関わる内容を扱う場合，生の語りを含む質的な調査により具体的なケースを取り上げ，質的なデータを得て相互補完的に考察していくことは有用である。

　こうした考えに基づき，調査③ A 社従業員調査を実施した A 社において，経営者（社長2名)[19)]，中間管理職（部長・課長層），一般社員層の3つの階層を対象としたインタビュー調査を実施した。

　以下，この調査を「調査④ A 社内インタビュー」（または「調査④」）と呼ぶ。その概要は以下のとおりである。

2.4.1　調査概要

　・調査対象者（インタビュイー）と方法：以下3つの区分・人数・方法で実施した。

　　a. 経営者（社長）：2名（本社，及び，グループ最大規模の関連会社），方法は個別インタビュー（各45分）

　　b. 中間管理者（部長・課長）層：26名，方法は個別インタビュー（各45分）

　　c. 一般社員：72名，方法はグループインタビュー（6名／1班による計12班，1班につき60分）

　中間管理者層及び一般社員のインタビュイーの抽出については，A 社の協力を得て，本社及びグループ最大規模の関連会社の2社における，ライン部門・スタッフ部門のほぼ全部門を対象に，階層及び等級を含め，できるだけ均等かつ満遍なく調査ができるよう，人選のご配慮を賜った。

　・調査期間：2019年11月6日-12月10日

　・場所：A 社本社（東京・大阪）

　・インタビューの実施に際しては，了承を得た上で，基本的に録音を行った。

・インタビュアー：当方１名（筆者）

2.4.2　調査内容

　半構造化インタビューを基本とし，まず，インタビュイーの基本情報を把握するために現在の職務をたずね，続いて，本書が依拠する組織のインテグリティにおいて重要な概念の１つである倫理的価値に相当するものへの認知を把握するために経営理念への共感を，また，本書における研究の「人による伝播」との関連から「自身のメンバー（あるいはマネジャー）との関わり」を，そして実証研究の分析モデルにおける帰結により近い，倫理的ジレンマの知覚度，及び有意味な仕事の経験談（物語）等をたずねた。

　これらの質問内容のうち，倫理的ジレンマの知覚度，及び有意味な仕事の経験談（物語）の２つについて，以下で若干の補足をしておく。

　① 倫理的ジレンマの知覚度

　本研究において重要な，倫理的ジレンマの知覚度の測定手法としては，道徳性発達理論を提示した Kohlberg（1969）が用いた手法や，これを発展させた Rest et al.（1974）による DIT（Dfining Issues Test），その改良・短縮版である，Rest et al.（1999）による DIT-2 があり，特に DIT 及び DIT-2 は，欧米の企業倫理に関する研究でしばしば用いられている。これらは倫理的ジレンマを描いた１つあるいは複数のエピソードを読ませ，その判断と理由を問うことで，倫理性を測定するものである。

　ただし，これらは欧米で20年以上前に開発されたものであり，そのエピソードの内容を検討したところ，現在の日本企業に勤務するビジネスパーソンにとっては，違和感を覚える可能性があることが危惧された。日本では，これらの測定手法を踏まえた中野（2002）が，日本企業の管理者を対象としたインタビュー調査において倫理的ジレンマに関するケースを用いているが，そのケース自体について，筆者の調査の範囲では参照することができなかった。

　そこで本調査は，倫理的ジレンマに関するエピソードを読ませてその判断と理由を問うという手法は踏襲した上で，筆者が日本のビジネスパーソンへの取材を基に開発し，社会人対象の授業など用いることで，「倫理的ジレンマが知覚され，その判断と理由づけが，多様な規範倫理原則に基づき得る（被験者がどのような規範倫理原則に基づく傾向にあるのかを知ることができ

る）」ことを検証した 1 本のビジネスケースを用いて，これを測定した。

　測定においては，インタビューの過程で当ケースを記した紙とラベル 2 枚を渡し，その場での読解と回答を求めた。回答にあたっては，1 枚目のラベルに判断とその理由，2 枚目のラベルに補足（対応など）を記すように求めた。インタビュイーがケースを読解し回答している際，インタビュアーはその様子（表情や独り言など）を観察し，記録した。その上でインタビューを再開し，対話を通じて，判断の理由やその多様さの程度などについてより深い情報を得ることを目指した。ラベルは回収し，分析の際に補助的に用いた。

　② 有意味な仕事の経験談（物語）

　これについては，本書における定義に基づき，「これまでの仕事の中で，主観的に最も意味のある，重要なものだったと感じる経験，例えば，リタイアした後でも思い出して孫や近しい人々に語りたくなるような経験」としてたずねた。

3.　実証の全体像

3.1　4 つの調査と対応する概念の一覧

　以上，独自のデータを収集した 4 つの調査について，各々の概要を述べた。うち，3 つの量的調査（調査①個人調査，調査②企業調査，調査③ A 社従業員調査）については，各々における尺度（変数）の作成を行った。

　以降の章では，ここで作成した尺度（変数）を用いて概念間の関係を検証していく。これにあたり，3 つの量的調査において作成された尺度（変数）の一覧，及び調査④ A 社内インタビューにおける主な調査項目を，図表4-10にまとめて示す。

図表4-10　3つの量的調査により作成された尺度(変数)及び調査④の主な調査
　　　　　項目

概念	下位概念 (型)	質問 項目数	調査① 個人調査	調査② 企業調査	調査③ A社 従業員調査	調査④ A社内 インタビュー
① 経営者の 倫理的リーダーシップ		8	●	●	●	△
② 上司の 倫理的リーダーシップ		8	●	●	●	△
③-a 職場風土	自律協働	5	●	—	—	—
	同調内圧	5	●	—	—	—
③-b 組織の 倫理風土	会社の規則	3	—	●	●	—
	規範と意思	5	—	●	●	—
	他者貢献	5	—	●	●	—
	社員の幸福	4	—	●	●	—
	効率重視	5	—	●	●	—
④ 個人の倫理性		4	●	●	●	◎
⑤ 仕事の有意味感		9 / 4	●(9)	●(4)	●(9)	◎
(⑤-対比概念) 職務満足		9 / 4	●(9)	●(4)	●(9)	—

●：変数が作成された概念，　　　　　　　( ) 内の数値：当変数における質問項目数
◎：インタビューにおける主要調査項目，△：インタビューにおける補助的調査項目

3.2　実証の全体像

　第Ⅱ部の実証研究では，上述のデータを用いて個別の分析を行っていく。ここで，第3章で提示した図表3-2をもとにした本書全体の分析の概念図(図表4-11) を踏まえ，各々の分析がどこに位置づくのかを確認しておく。

　以降では，この概念図を踏まえ，以下のような観点で個別の分析と考察を行っていく。

　第5章では，人による伝播に目を向ける。まず，従業員にとって身近な人であり要因である上司の倫理的リーダーシップに目を向け，これと個人の倫理性が，仕事の有意味感に及ぼす影響を，調査①個人調査，及び調査③A社従業員調査の2つのデータを用いて分析する。ここでは同時に職務満足を対比させて分析し考察することにより，仕事の有意味感と職務満足の差異に

図表4-11　実証研究における分析全体の概念図

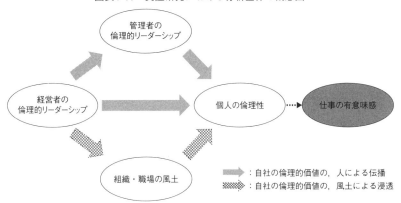

ついても検討する。

　続いて，経営者の倫理的リーダーシップに着目し，これを起点とする経路を中心に，個人の倫理性，そして仕事の有意味感への影響を，調査③ A 社従業員調査，及び調査②企業調査のデータを用いて分析する。第 2 章で，インテグリティ志向の倫理マネジメントにおけるカスケード型の伝播の可能性が示唆されたが，経営者―上司（中間管理者）―従業員（個人の倫理性及び仕事の有意味感）」という影響の連鎖についてここで考察することになる。

　第 6 章では，風土による浸透について分析する。まず，従業員にとって最も身近な集団が有する職場風土と，個人の倫理性が，仕事の有意味感に及ぼす影響とその経路を，調査①個人調査のデータを用い分析する。ここで再度，職務満足を対比させて分析し考察することにより，第 5 章で検討した仕事の有意味感と職務満足の差異についてもあらためて考察したい。

　続いて，経営者を起点とする，組織全体の風土を介する経路を検討する。具体的には，経営者の倫理的リーダーシップが組織の倫理風土に，そしてこれが個人の倫理性及び仕事の有意味感に及ぼす影響を，調査②企業調査のデータを用い分析する。ここでは企業調査というマクロな視点でのデータを用いることから，被説明変数として「財務業績」を加え，財務データによる分析を含めて，インテグリティ志向の倫理マネジメントの経営における意義を考察する。

図表4-12　各章・各節において分析し考察する概念

概念	第5章		第6章		第7章	
	第1節	第2節	第1節	第2節	第1節	第2節
① 経営者の　倫理的リーダーシップ		●		●		
② 上司の　倫理的リーダーシップ	●	●				
③ 組織の風土　③-a 職場風土			●			
③-b 組織の倫理風土				●	●	
④ 個人の倫理性	●	●	●	●	●	●
⑤ 仕事の有意味感	●	●	●	●	●	●
（⑤-対比概念）職務満足	●					
※ 財務業績				●		

図表4-13　各章において使用するデータ（調査）

使用データ（調査）	第5章		第6章		第7章	
	第1節	第2節	第1節	第2節	第1節	第2節
調査①　個人調査	●		●			
調査②　企業調査		●		●		
調査③　A社従業員調査	●	●			●	
調査④　A社内インタビュー						●
財務データ				●		

　こうしたマクロな，経営の視点での分析に対置して，第7章ではミクロな，従業員の視点に立ち戻り，組織の倫理風土から個人の倫理性，そして仕事の有意味感への影響を再検証する。ここでは，調査③A社従業員調査，及び調査④A社内インタビューという，量的及び質的なデータを用いて従業員の内面に迫ることを試み，インテグリティ志向の倫理マネジメントの従業員にとっての意義を考察する。

　以上の概要を集約し，第Ⅱ部各章において分析と考察の対象となる概念を

図表4-12に，使用するデータ（調査）を図表4-13に，各々示す。

【注】
1）　Likert（1967 三隅二不二訳，1968, pp. 56-57）の表現に基づく。
2）　ただし，一部の調査（後に示す「調査②企業調査」）では，企業における「企業倫理・コンプライアンス・CSR部門の長」に対し，自社の従業員に見られる傾向を回答することを求めている。
3）　具体的な質問文は巻末の付録を参照。先行研究による質問文を一部改変した質問文には*を，本研究オリジナルの質問文には**を，巻末の付録（1）の質問文に付している。
4）　英語による質問文を和訳して用いる際には，筆者が，「まず和訳し，和訳した質問文を英訳し，その英訳を再度和訳する」プロセスを経て日本語の質問文として作成した。以降においても，英語の質問文を和訳して用いる際には同様のプロセスを経た。
5）　因子分析の結果（因子負荷量の一覧）は，巻末の付録（1）を参照されたい。
6）　調査実施時。
7）　調査票を送付した一般社団法人経営倫理実践研究センター会員企業には東証一部上場企業以外の企業や法人も含まれるが，結果的に，有効サンプルは東証一部上場企業からの回答のみとなった。
8）　総務省統計局「日本の統計 2021」によれば，これらに関するデータは以下のようになっている。
　　　企業の業種：製造業10.0%，建設業11.2%，卸売・小売業21.8%，金融・保険業0.8%，電気・ガス・通信等1.2%，サービス業44.7%，その他10.3%（総務省統計局「日本の統計 2021」第7章-3「産業別企業等数と売上（収入）金額」を参照）。
9）　先行研究による質問文を筆者が一部改変した質問文には*を，巻末の付録（2）の質問文に付している。
10）　変更した質問文はPE01, PE03, PE04，追加した質問文はPE05（巻末の付録（1）参照）。
11）　変更した質問文はPMW1, PMW2, PMW3, PMW4（巻末の付録（1）参照）。
12）　変更した質問文はPJS1, PJS2, PJS3, PJS4（巻末の付録（1）参照）。
13）　因子分析の結果（因子負荷量の一覧）は，巻末の付録（2）を参照されたい。
14）　調査実施時。
15）　この点については第6章で分析し考察する。
16）　A社の正規従業員は，「オフィス職（営業部門及びR&D部門を含むライン部門，本社スタッフ部門において業務に従事する者）」及び「販売職（店頭における接客・自社製品の販売に専ら従事する者）」に二分され，後者には調査時点で859名の対象者が存在したが，後者に該当する従業員は勤続年数が短い者が多いことが予見され，また，後者を加えるとサンプルの属性に極端な偏りが生じてしまうことから，今回の調査及び分析においては前者のみを対象とすることにした。
17）　A社では，近年まで，中途採用は積極的に行われていなかったため，年代と勤続年数は概ね比例すると考えられる。

18)　この点については第8章で分析し考察する。
19)　「A社」は正確には持株会社を含む企業グループ全体を指しており，インタビューに
　　おいては当該企業グループ内の主要2社の社長を対象とした。

第5章

人による伝播

　本章では，インテグリティ志向の倫理マネジメントにおける人による伝播の側面に焦点を当てる。具体的には，マネジメントの主体者として，従業員にとっての「上司」と「経営者」を想定し，各々の倫理的リーダーシップがどのように作用するのかその影響関係を分析し考察する。

　まず第1節では，従業員にとって身近な「上司」の倫理的リーダーシップと従業員自身の個人の倫理性の2つを説明変数，仕事の有意味感と職務満足の2つを被説明変数としたモデルを想定し，各々を対比させながら影響関係を分析し考察する。続く第2節では，第1節で見出した関係を基に，倫理的リーダーシップの発揮主体を経営者にまで広げ，その影響の経路を分析し考察する。これらにより，経営者を起点とする倫理マネジメントが，人を通じてどのように伝播していくのかを明らかにすることが本章の目的である。

1. 上司の倫理的リーダーシップと仕事の有意味感

1.1　はじめに

　第1節では，従業員にとって身近な，上司の倫理的リーダーシップに着目して分析と考察を行う。ここでの問いは，上司の倫理的リーダーシップと個人の倫理性は，従業員の仕事の有意味感に，どのような影響を及ぼすのか，

である。具体的には，上司の倫理的リーダーシップと従業員の個人の倫理性
を2つの説明変数,仕事の有意味感と職務満足を2つの被説明変数とし,各々
の影響関係を対比させることで，影響関係の差異を明らかにしていくことを
想定している。以下ではまず，先行研究に基づいて概念間の関係を整理し仮
説を導出する。その上で，2つの調査によるデータを用いて実証分析を行い,
その結果をもとに考察する。

1.2　仮説の導出

1.2.1　倫理的リーダーシップと仕事の有意味感

　倫理的リーダーシップが従業員に望ましい影響を与えることは，例えば
Avolio et al.（2009）などによって指摘されてきたが，「仕事の有意味感」へ
の影響に関する先行研究としては，Demirtas et al.（2017）及び Wang & Xu
（2019）が挙げられる。Demirtas et al.（2017）は，倫理的リーダーは，組織
が目指す倫理的で重要性のあるゴールに対しフォロワーの関心を向けさせ自
らの仕事の価値を見出すことを促すため，仕事の有意味感を生じさせるとし,
トルコ共和国における調査を基に実証分析を行った。また，これを発展させ
る形で Wang & Xu（2019）は，中国における調査を基に実証分析を行って
いる。そして両者共に倫理的リーダーシップが仕事の有意味感に正の影響を
及ぼすことを示唆している。ただし，本書の研究に対しこれらの研究は，そ
のモデルにおいて仕事の有意味感は倫理的リーダーシップから従業員の態度
（例えば，ワーク・エンゲージメントや組織コミットメントなど）への影響
関係における媒介変数として扱われていること，倫理的リーダーシップと仕
事の有意味感の関係において何が調整効果を発揮するのかに関心があること
といった点で差異がある。

　また，倫理的リーダーシップとの共通性が指摘されているリーダーシップ
スタイルとして，変革型リーダーシップがある。Hoch et al.（2018）は，先
行研究のメタ分析によって，倫理的リーダーシップと変革型リーダーシップ
は，各々がもたらす成果において，高い共通性があることを明らかにした。
そして，変革型リーダーシップが仕事の有意味感に対して正の影響を及ぼす
ことも，先行研究により示唆されている。例えば Arnold et al.（2007）はカ

ナダにおける2つの調査を基に, Ghadi et al.（2013）はオーストラリアにおける調査を基に, この影響関係を明らかにした。Avolio et al.（2009）が指摘するように, 変革型リーダーシップはフォロワーの高次の価値観に働きかけることにより影響を及ぼすものだが, この「価値観」は倫理的リーダーシップが基盤とする道徳的／倫理的な価値観に通じ, フォロワーの他者志向性や向社会性に影響を与え得る点で, 仕事の有意味感に影響すると理解される。

1.2.2　上司の倫理的リーダーシップと仕事の有意味感

Brown et al.（2005）は, 倫理的リーダーシップを, 公式, 非公式を問わず, 組織のすべての階層に適用できるとしているが[1], 倫理的リーダーシップに関する実証分析の多くは, 直属の上司を対象としている。これは社会的学習理論に基づけば, 倫理的リーダーシップは身近で直接に接するリーダー, すなわち直属の上司から, より効果的に発揮されると考えられるためと思われる。

上司の倫理的リーダーシップによる作用に関しては, 例えば Walumbwa & Schaubroeck（2009）が, 上司の倫理的リーダーシップがフォロワーの発言行動に影響を及ぼすことを示している。また, Chughtai et al.（2015）は倫理的リーダーシップが上司の信頼性に, さらにその信頼性が従業員のワーク・エンゲージメントに, 正の影響を及ぼすことを明らかにしており, 日本においては, 岸野・平野（2016）が, 上司の変革型リーダーシップが部下の心理的エンパワーメントに有意な影響を及ぼし得ることを示唆している。

こうした先行研究を踏まえると, 日本企業においても, 上司の倫理的リーダーシップは, 従業員の仕事の有意味感に影響を及ぼすことが予見される。そこで本節では, 以下の仮説を設定する。

仮説1-1　上司の倫理的リーダーシップは, 従業員の仕事の有意味感に正の影響を及ぼす。

なお, 仮説としては敢えて設定しないが, 「仕事の有意味感」の対比概念である「職務満足」にも, 同様の影響関係があることが考えられる。

1.2.3　個人の倫理性と仕事の有意味感

従業員の個人の倫理性が仕事の有意味感及び職務満足に影響を及ぼし得ることに関して, Allan et al.（2014）は, 本人の社会的地位にかかわらず, 他

者を助け「より大きなもの」に貢献しているという感覚が，「仕事の意味」の主な源泉になっていることを見出している[2]。また，Grant（2007）は，従業員が，自らの仕事の向社会性を知覚することが，職務のパフォーマンス等のアウトプットに影響を及ぼすことを示唆している。この「向社会性」という概念は，本書における「個人の倫理性」にも通じるものだが，表出したパフォーマンスのみならず，その前提となる行動の変化，さらにはそれを引き起こすモチベーションや職務満足，そして仕事の有意味感といった心理的な側面にも影響を及ぼすことが予見される。

　そこで本章では，「個人の倫理性」に関し，以下の仮説を設定する。

　仮説1-2　従業員の個人の倫理性は，本人の仕事の有意味感に正の影響を
　　　　　　及ぼす。

　なお，仮説としては敢えて設定しないが，「仕事の有意味感」の対比概念である「職務満足」にも，同様の影響関係があることが考えられる。

1.2.4　分析モデル

　以上の検討及び仮説を踏まえ，本節における分析モデルを図示すると，図表5-1のようになる。

図表5-1　第5章第1節の分析モデル

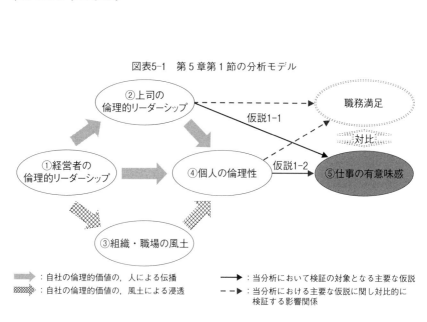

・：自社の倫理的価値の，人による伝播
・：自社の倫理的価値の，風土による浸透
・：当分析において検証の対象となる主要な仮説
・：当分析における主要な仮説に関し対比的に
　　検証する影響関係

1.3　実証分析

1.3.1　使用するデータ及び尺度

　以上の仮説を検証するため，調査①個人調査及び調査③ A 社従業員調査の各々のデータにより作成された尺度（変数）を用いて分析を行った。まず，当分析で使用する尺度の記述統計量及び変数間の相関係数を図表5-2に示す[3]。

1.3.2　分析

　調査①及び調査③の各々において，「1．上司の倫理的リーダーシップ」「2．個人の倫理性」を独立変数，「3．仕事の有意味感」「4．職務満足」を従属変数とする重回帰分析を行った。その結果（2つの従属変数各々に対する各独立変数の標準化係数 β の値）を，モデルの有意性を示す指標（調整済み R^2 及び F 値）と共に図表5-3に示す。

1.3.3　結果

　以上の分析結果から，前項で導出した仮説を検証していくと以下のように

図表5-2　当分析で使用する尺度の記述統計量及び変数間の相関係数

（1）記述統計量

尺度	調査①		調査③	
	平均	標準偏差	平均	標準偏差
1．上司の倫理的リーダーシップ	3.847	1.240	4.347	1.042
2．個人の倫理性	4.379	0.856	4.342	0.795
3．仕事の有意味感	3.995	0.987	4.195	0.938
4．職務満足	3.737	1.016	4.029	0.901

（2）相関係数

変数	調査①			調査③		
	1.	2.	3.	1.	2.	3.
1．上司の倫理的リーダーシップ	—			—		
2．個人の倫理性	.350**	—		.277**	—	
3．仕事の有意味感	.435**	.504**	—	.279**	.505**	—
4．職務満足	.597**	.405**	.680**	.511**	.427**	.614**

*p＜0.05，**p＜0.01

図表5-3　重回帰分析の結果

独立変数	従属変数			
	調査①		調査③	
	3．仕事の有意味感	4．職務満足	3．仕事の有意味感	4．職務満足
1．上司の倫理的リーダーシップ	.295**	.519**	.150**	.425**
2．個人の倫理性	.401**	.223**	.463**	.309**
調整済み R²	.330	.440	.274	.348
F 値	508.3**	685.9**	150.8**	212.90**

*p<0.05，**p<0.01

なる。

　まず，仮説1-1（上司の倫理的リーダーシップは，従業員の仕事の有意味感に正の影響を及ぼす。）について，重回帰分析の結果を検討すると，標準化係数 β の値は，調査①及び調査③各々，0.295，0.150であり，共に5％水準で有意であった[4]。また，職務満足に関する標準化係数 β の値は，調査①及び調査③各々，0.519，0.425であり共に5％水準で有意であった。

　これにより，仮説1-1は支持された。また，職務満足についても，同様の影響関係が認められた。

　次に，仮説1-2（従業員個人の倫理性は，本人の仕事の有意味感に正の影響を及ぼす。）について，同じく重回帰分析の結果を見ると，標準化係数 β の値は，調査①及び調査③各々，0.401，0.463であり，共に5％水準で有意であった。また，職務満足に関する標準化係数 β の値は，調査①及び調査③各々，0.223，0.309であり，共に5％水準で有意であった。

　これにより，仮説1-2は支持された。また，職務満足についても，同様の影響関係が認められた。

1.4　考察

　以上の実証分析の結果による，主要な論点は以下の2点である。

[1] 上司の倫理的リーダーシップの影響

　調査①は広く日本の民間企業の正規従業員を，調査③は製造業 A 社とい

う特定の企業に勤務する正規従業員を対象としたものであったが，いずれにおいても，従業員の直属の上司の倫理的リーダーシップが，仕事の有意味感にも職務満足にも作用することが示唆された。

　第2章で見たように，倫理的リーダーシップはメンバーの規範的で適正な行動の促進を意図し，社会的学習理論を援用した概念でもあることから，その根底には人の成長を信じ尊重する考え方があることがうかがわれる。一方，上司の，メンバーに対する倫理的な制御という場合，不祥事や不正を防止するためのリスク管理が想起されることも少なくない。この両者の人間観に，先に第1章で検討したMcGregor（1960 高橋達男訳，1970）によるX理論―Y理論を適用すれば，前者はY理論，後者はX理論に基づく人間観に整合的である。

　中野（2002）は，日本企業の管理者へのインタビュー調査から「ほとんどのビジネスマンは，良識のある倫理的判断を行うことができる善良な人間であり，多くの場合，どうすることが正しいことであるかについて，自分なりの解答を心に抱いている」とし[5]，「倫理的Y理論」を提唱した。その管理者，すなわち上司が，自らのメンバーに対し倫理的行動の促進を意図する場合においても，不正や非倫理的行動への防止策は講じた上で，倫理的Y理論に基づく倫理的リーダーシップを発揮し，日々の職場マネジメントに反映させていくことが，インテグリティ志向の倫理マネジメントの実現に，そして従業員の仕事を通じた幸福に，貢献していくといえるだろう。

［2］「仕事の有意味感」と職務満足の対比

　次に，上司の倫理的リーダーシップと個人の倫理性という2つの説明変数から，仕事の有意味感と職務満足という2つの被説明変数への影響関係の強さを比較して整理すると，仕事の有意味感は個人の倫理性から，職務満足は上司の倫理的リーダーシップから，各々，相対的に強い正の影響を受けることが，調査①及び調査③のいずれの分析からも示唆された。

　このことは，従業員にとっての仕事を通じた幸福（肯定的な感情や充足感）として職務満足に着目しているときには，個人の倫理性の存在は見過ごされてしまう可能性があるが，仕事の有意味感に着目することによって，新たな要因を見出せる可能性を示している。従業員にとって，上司の倫理的リーダー

シップは「外的な環境要因」であり，個人の倫理性は「内的な資質」といえる。つまり，自分に対する欲求の充足に主眼を置く職務満足はより外的な要因に，他者志向性に基づく仕事の有意味感はより個々人の内的な資質に影響されるのではないだろうか。

これに関し，後の第6章第1節では，従業員にとって身近な外的な環境要因として職場風土に着目し，これと個人の倫理性を2つの説明変数，「仕事の有意味感」と「職務満足」を2つの被説明変数として各々の影響関係について分析を行う。また，第6章第2節では，経営者の倫理的リーダーシップが影響する特定の型の組織の倫理風土から，個人の倫理性と仕事の有意味感への影響関係を分析していく。仕事の有意味感と職務満足の対比については，こうした「風土」面での分析とその結果を通じて，あらためて考察していく。

では，インテグリティ志向の倫理マネジメントにおける上司の影響力は，従業員の仕事の有意味感に対し，限定的ものでしかないのだろうか。この問いに応答するため，次節では，倫理的リーダーシップを発揮する主体として最上位の階層である経営者に着目し，その倫理的リーダーシップの経路を中心に，実証分析と考察を行う。実証分析にあたっては，「企業倫理・コンプライアンス・CSR部門の長」による自組織の評価ともいえる調査②企業調査のデータも補助的に用いて，従業員個人とは異なる視点での分析を試みる。

2.　経営者の倫理的リーダーシップと仕事の有意味感

2.1　はじめに

Paine（1994）も示唆しているように，本書におけるインテグリティ志向の倫理マネジメントの起点は経営者である。経営者の倫理的リーダーシップが上司（中間管理者）の倫理的リーダーシップに影響し，そのメンバーである個人の倫理性に影響するという流れを，本書では第2章で「カスケード型の伝播」と呼んだ。本節ではこの倫理的リーダーシップの連鎖に着目し，インテグリティ志向の倫理マネジメントの起点でもある経営者の倫理的リーダーシップが及ぼす影響の経路を明らかにすることに主眼を置く。

　本節における問いは，経営者の倫理的リーダーシップは，上司の倫理的リーダーシップと個人の倫理性を間に挟みながら，従業員の仕事の有意味感に，どのような経路によりいかに作用するのか，ということである。これに応答するために，以下ではまず，先行研究に基づいて概念間の関係を整理し，仮説を導出する。その上で，2 つの調査により得られたデータを用いて仮説を検証し，考察を行う。

2.2　仮説の導出

2.2.1　倫理的リーダーシップの発揮主体

　本研究が対象とする日本の企業においては，経営者の倫理的リーダーシップは，企業倫理の源泉としても従業員に与えるさまざまな影響においても，本書がカスケード型の伝播と呼ぶ，組織内の連鎖の頂点にあると考えられる。これに関し中野（1995）が倫理的意思決定が求められる場面において，アメリカの管理者は「自分の良心」が主要な準拠枠であるのに対し，日本の管理者は「会社の方針・社風」が最も重要な要因となっていると指摘している[6]ことは第 2 章でも触れた。また，第 1 節でも述べた Demirtas et al.（2017）及び Wang & Xu（2019）では，倫理的リーダーシップから仕事の有意味感への正の影響が示唆されてはいるが，両研究共，その調査では，倫理的リーダーシップの発揮主体を回答者（従業員）の直属の上司又はリーダーとしており，組織における倫理的な価値観の源泉である経営者を対象としておらず，これを起点とする経路やそこでの媒介変数の存在は検討されていない。

　以上を踏まえ本節では，倫理的リーダーシップの発揮主体として，経営者と上司（中間管理者）を区別し，上司は，経営者と従業員個々人との間に介在する存在であると考える。

2.2.2　上司の倫理的リーダーシップの間接効果

　倫理的リーダーシップの観点では，経営者をリーダーシップの発揮主体，上司（中間管理者）をそのフォロワーとするならば，経営者の倫理的リーダーシップの発揮により，上司（中間管理者）の規範的で適正な行動が促される，ということになる。ただし，第 2 章2.1項でも述べたように，倫理的リーダーシップ概念の基盤には社会的学習理論があることに鑑みれば，上司が，経営

者の倫理的リーダーシップというスタイルそのものをモデリングして学習し，自らのリーダーシップスタイルに反映させるという，倫理的リーダーシップそのものの伝播ともいえる新たな影響関係も考えることができる。

特に日本企業においては，岡本ほか（2013）が「終身雇用制は現在でも日本の企業経営における特徴として捉えることができる」[7]と指摘していることからも，上司（中間管理者）は，基本的に勤続年数が長く，また，管理職層として経営層と直接に接することも多いため，経営者の影響を受けやすい状況にある。従って，経営者の倫理的リーダーシップが上司の倫理的リーダーシップに正の影響を及ぼすという関係は十分に予見される。また，先に示したように，Demirtas et al.（2017）及び Wang & Xu（2019）では，海外（トルコ共和国及び中国）における調査を基に，直属の上司又はリーダーの倫理的リーダーシップが仕事の有意味感に正の影響を及ぼすことを示唆しており，この影響関係は日本においても成立すると考えられる。こうしたことから，企業倫理の起点である経営者の倫理的リーダーシップが従業員の仕事の有意味感に影響を及ぼすにあたり，その上司（中間管理者）の倫理的リーダーシップが間接効果を有するという関係が予見される。

これに関し Mayer et al.（2009）は，倫理的リーダーシップの経路として「経営者—現場管理者—職場レベルの行動」というトリクル–ダウン・モデル（trickle-down model）を提示し，アメリカにおける調査を基に，経営者の倫理的リーダーシップは，現場管理者の倫理的リーダーシップを媒介して，職場レベルの逸脱行動には負の，組織市民行動には正の影響を及ぼすことを明らかにした[8]。先に第2章で検討したように，日本企業における上司（中間管理者）の影響力の大きさは複数の先行研究で指摘されている。また，前述のように，倫理的リーダーシップは，身近な，直接に接する関係において，より効果的に発揮され得ることから，経営者を起点とした組織内の階層間における作用の連鎖があることは十分に考えられる。

ここまでの検討を総じて，本節では，以下の仮説を設定する。

仮説1-3　経営者の倫理的リーダーシップは，上司の倫理的リーダーシップを介して，仕事の有意味感に正の影響を及ぼす。

2.2.3　個人の倫理性の間接効果

　本書では，企業倫理と仕事の有意味感とを結ぶ存在として，個人の倫理性
に着目している。個人の倫理性は，本書におけるインテグリティ志向の倫理
マネジメントにおいては，影響の連鎖の末端に位置づけられる。一方，以下
のような検討に基づけば，倫理的リーダーシップが仕事の有意味感に影響を
及ぼすにあたり，これを媒介する間接効果を有する存在として考えることが
できる。

　先に第 3 章で述べたように，Hackman & Oldham（1975）の職務特性モ
デルにおいて「仕事の有意義性の知覚」が重要な心理状態の 1 つとされてい
ることから，近年の仕事の有意味感に関する先行研究では，職務特性の 1 つ
である「タスク重要性」からの影響が注目されている。例えば Allan（2017）
は，アメリカにおける調査により収集した，人種や職業の多様性を確保した
サンプルによるデータに基づき，タスク重要性が仕事の有意味感に作用する
こと，その関係において，年齢，性別，社会的階級は調整効果を持たないこ
とを示唆している[9]。

　これも先に第 3 章で検討したように，Hackman & Oldham（1975）で示
されている具体例からも，タスク重要性は他者への影響度を意味し，回答者
の他者志向性と影響への想像力の程度と理解し得る概念である。これに関し
Grant（2008）は，タスク重要性が内包している，他者に望ましいインパク
トもたらす仕事だという知覚が，パフォーマンスを高めることを検証し[10]，
Allan et al.（2018）は，他者を助けているという知覚が仕事の有意味感の経
験に作用することを明らかにしている[11]。ここでの「他者」は，職場や身近
な人々というよりは，外部や社会といったより広い外界における人々が想起
されている。これは規範倫理学の用語でいえば功利主義に基づくものと理解
され，本書における研究では個人の倫理性が内包する帰結主義的な志向性と
通底する。こうしたことから，タスク重要性と同様の影響が，本書における
個人の倫理性からも発揮され，従業員の仕事の有意味感に，正の影響を及ぼ
すと考えられる。

　このように，個人の倫理性が仕事の有意味感に影響を及ぼし得るとすれば，
そこには向社会性という価値観が大きく関わっている。これは，倫理的リー

ダーシップが内包する道徳的／倫理的な価値観においては功利主義的な志向
を支え，企業倫理においては組織のインテグリティの基盤の1つといえる。
先に，インテグリティ志向の倫理マネジメントにおいては，経営者が構築し
た倫理的価値の共有が重要であることを確認したが，企業の社会性が強く求
められている今日においては，その倫理的な価値観には，こうした向社会性
に関わる価値観が必然的に内包されると考えられる。

　こうした倫理的な，向社会性に関わる価値観の共有と仕事の有意味感との
関わりに関し，Valentine & Fleischman（2008）は，企業の倫理プログラム
が従業員の職務満足に有意に作用すること，そこにおいて従業員のCSRや
倫理への知覚が間接効果を有することを明らかにしている。企業の倫理プロ
グラムは経営者の価値観を反映するものであり，職務満足は仕事の有意味感
と共通性を有する概念であることから，同様の影響関係と間接効果が，経営
者の倫理的リーダーシップと従業員の仕事の有意味感との間にも見出される
と予見される。

　以上の検討を踏まえ，個人の倫理性の間接効果に関し，以下の仮説を設定
する。

　仮説1-4　経営者の倫理的リーダーシップは，個人の倫理性を介して，仕
　　　　　　事の有意味感に正の影響を及ぼす。

2.2.4　上司の倫理的リーダーシップと個人の倫理性

　前節で確認したように，倫理的リーダーシップは，Brown et al.（2005）
に基づき「フォロワーの規範的で適正な行動」への影響と定義される概念で
ある。本節では，倫理的リーダーシップの発揮主体を経営者と上司（中間管
理者）に弁別しているが，前者，すなわち経営者を起点とした影響関係に関
する仮説は先に提示した。ここでは最後に，上司の倫理的リーダーシップを
起点とした影響関係について検討しておきたい。それは，上司の倫理的リー
ダーシップから個人の倫理性への影響である。

　本書では，倫理的リーダーシップが影響を及ぼす対象として，「行動」で
はなくこれに個人の内面で影響する「倫理的理由づけ」の志向性，すなわち
個人の倫理性に着目している。これに関し Turner et al.（2002）は，カナダ
及びイギリスにおける調査を基に，リーダー自身の倫理的理由づけのレベル

の違いが変革型リーダーシップの発揮の度合に作用することを明らかにしている[12]。

　先に前節において検討したように，変革型リーダーシップと倫理的リーダーシップは，その発揮において「価値観（規範性）」が関わる点で共通しているが，倫理的理由づけは倫理的価値観に基づくことを踏まえると，リーダー自身の倫理的理由づけのレベルの違いは倫理的リーダーシップの発揮の度合にも作用し，さらにフォロワーである従業員の倫理的理由づけにも関与することが予見される。なお，これに関し，筆者が行った文献調査では，こうした倫理的理由づけの志向性への倫理的リーダーシップの影響について，日本の企業を対象とした先行研究は見出されなかった。

　以上の検討から，本章では，以下の仮説を設定する。

　[仮説1-5]　上司の倫理的リーダーシップは，個人の倫理性に，正の影響を
　　　　　　及ぼす。

2.2.5　分析モデル

　以上の検討及び仮説を踏まえ，本節における分析モデルを図示すると，図表5-4のようになる。

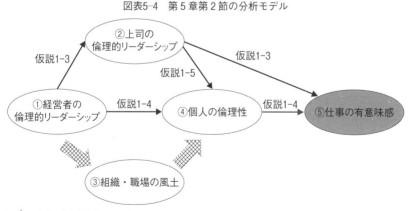

図表5-4　第 5 章第 2 節の分析モデル

2.3　実証分析

2.3.1　使用するデータ及び尺度

　以上の仮説を検証するため，調査③Ａ社従業員調査及び調査②企業調査の各々のデータにより作成された尺度（変数）を用いて分析を行った[13]。まず，当分析で使用する尺度の記述統計量及び変数間の相関係数を図表5-5に示す[14]。

2.3.2　分析

　まず，調査③による４つの尺度を用い，共分散構造分析及び媒介分析を行った。

Ⓐ共分散構造分析

　まず，仮説に基づいて，構造方程式モデリング（SEM）による分析とモデルの構築を行った。その結果，「１．経営者の倫理的リーダーシップ」か

図表5-5　当分析で使用する尺度の記述統計量及び変数間の相関係数

（1）記述統計量

尺度	調査③		調査②	
	平均	標準偏差	平均	標準偏差
1．経営者の倫理的リーダーシップ	3.838	0.984	4.701	0.954
2．上司の倫理的リーダーシップ	4.365	1.043	4.349	0.896
3．個人の倫理性	4.047	0.925	4.101	0.774
4．仕事の有意味感	4.195	0.938	4.212	0.697

（2）相関係数

変数	調査③			調査②		
	1.	2.	3.	1.	2.	3.
1．経営者の倫理的リーダーシップ	—			—		
2．上司の倫理的リーダーシップ	.369**	—		.695**	—	
3．個人の倫理性	.482**	.268**	—	.605**	.681**	—
4．仕事の有意味感	.231**	.279**	.419**	.620**	.695**	.722**

*p<0.05．**p<0.01

図表5-6　調査③：構造方程式モデリング（SEM）によるモデル

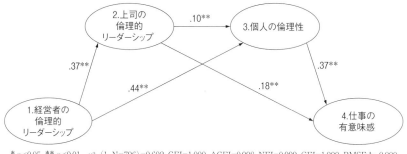

* p<0.05 ,** p<0.01 , χ² (1, N=796)=0.602, GFI=1.000, AGFI=0.998, NFI=0.999, CFI=1.000, RMSEA=0.000

ら「4．仕事の有意味感」へのパス以外は5％水準で有意であった。モデル
の主な適合度指標は，χ^2（1，N＝796）＝0.602，GFI＝1.000，AGFI＝0.998，
NFI＝0.999，CFI＝1.000，RMSEA＝0.000と十分な値であり，当てはまり
のよいモデルと判断した。構築したモデルを，パス係数と共に図表5-6に示
す。

Ⓑ媒介分析

　次に，「2．上司の倫理的リーダーシップ」「3．個人の倫理性」各々の間
接効果を検証するため，共分散構造分析の結果を踏まえ，Baron & Kenny
（1986）の手続きに基づいて媒介分析を行った。

　具体的には，仮説に基づいて，まず，「1．経営者の倫理的リーダーシッ
プ」を独立変数，「4．仕事の有意味感」を従属変数とする単回帰分析を行
い，その結果が5％水準で有意であることを確認した。次に，「2．上司の
倫理的リーダーシップ」「3．個人の倫理性」各々を媒介変数とするモデル
を作成し，独立変数から媒介変数，媒介変数から従属変数への各々のパスが
5％水準で有意であることを確認した上で，標準化総合効果，標準化直接効
果，標準化間接効果の値を計算し，媒介変数の間接効果の有意性をブートス
トラップ法（サンプリング：2,000回）により検定した。これらの値を，図
表5-7に示す。

　以上の分析の結果，「2．上司の倫理的リーダーシップ」及び「3．個人
の倫理性」は共に間接効果を有し，前者は部分媒介，後者は完全媒介である
ことが示唆された。

図表5-7　調査③：媒介分析の結果

（1）「1．経営者の倫理的リーダーシップ（経営者EL）」から「4．仕事の有意味感（MW）」の
　　　単回帰分析の結果

	標準化回帰係数	調整済みR²	F値
1．経営者EL→4．MW	.231**	.052	44.692**

*p＜0.05, **p＜0.01

（2）「1．経営者の倫理的リーダーシップ（経営者EL）」から「4．仕事の有意味感（MW）」へ
　　　の影響における「2．上司の倫理的リーダーシップ（上司EL）」「3．個人の倫理性（倫理性）」
　　　の間接効果に関する媒介分析の結果

	総合効果	直接効果			間接効果		
1．経営者EL→2．上司EL→4．MW		1．経営者EL→4．MW	1．経営者EL→2．上司EL	2．上司EL→4．MW		95%CIbs	
	.231**	.148**	.369**	.224**	.083		[.052, .116]
1．経営者EL→3．倫理性→4．MW		1．経営者EL→4．MW	1．経営者EL→3．倫理性	3．倫理性→4．MW		95%CIbs	
	.231**	.038	.482**	.400**	.193		[.147, .238]

*p＜0.05, **p＜0.01　総合効果，直接効果，間接効果の値はいずれも標準化回帰係数。
注：図表5-7及び図表5-9では，スペースの都合上，以下の略記を用いる。1．経営者の倫理的リーダーシップ：
　　経営者EL，2．上司の倫理的リーダーシップ：上司EL，3．個人の倫理性：倫理性，4仕事の有意味感：
　　MW。

　次に，調査②による4つの尺度を用い，共分散構造分析及び媒介分析を行った。

Ⓐ共分散構造分析

　まず，仮説に基づいて，構造方程式モデリング（SEM）による分析とモデルの構築を行った。その結果，調査③と同様，「1．経営者の倫理的リーダーシップ」から「4．仕事の有意味感」へのパス以外は5％水準で有意であった。モデルの主な適合度指標は，χ^2（1，N＝132）＝0.048，GFI＝0.986，AGFI＝0.856，NFI＝0.987，CFI＝0.990，RMSEA＝0.149であったが，当調査はサンプル数が少数（N＝132）であること，RMSEA以外の指標は概ね望ましい水準にあることを勘案し，調査③による分析を補完するモデルとして採用することにした。構築したモデルを，パス係数と共に図表5-8に示す。

Ⓑ媒介分析

　次に，「2．上司の倫理的リーダーシップ」「3．個人の倫理性」各々の間

図表5-8　調査②：構造方程式モデリング（SEM）によるモデル

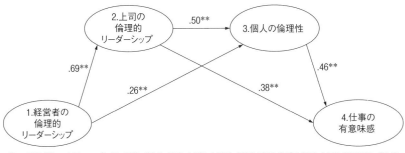

* p<0.05 ,** p<0.01 , χ^2（1, N=132）=0.048, GFI=0.986, AGFI=0.856, NFI=0.987, CFI=0.990, RMSEA=0.149

図表5-9　調査②：媒介分析の結果

（1）「1．経営者の倫理的リーダーシップ（経営者 EL）」から「4．仕事の有意味感（MW）」の
　　単回帰分析の結果

	標準化回帰係数	調整済み R^2	F 値
1．経営者 EL→4．仕事の有意味感	.620**	.379	81.101**

*p<0.05,　**p<0.01

（2）「1．経営者の倫理的リーダーシップ（経営者 EL）」から「4．仕事の有意味感（MW）」へ
　　の影響における「2．上司の倫理的リーダーシップ（上司 EL）」「3．個人の倫理性（倫理性）」
　　の間接効果に関する媒介分析の結果

	総合効果	直接効果			間接効果		
1．経営者 EL →2．上司 EL →4．MW		1．経営者 EL →4．MW	1．経営者 EL →2．上司 EL	2．上司 EL →4．MW		95%CIbs	
	.620**	.265**	.695**	.511**	.355	[.194, .533]	
1．経営者 EL →3．倫理性 →4．MW		1．経営者 EL →4．MW	1．経営者 EL →3．倫理性	3．倫理性 →4．MW		95%CIbs	
	.620**	.288**	.605**	.548**	.332	[.217, .462]	

*p<0.05, **p<0.01　総合効果, 直接効果, 間接効果の値はいずれも標準化回帰係数。

接効果を検証するため，共分散構造分析の結果を踏まえて，調査③と同様の
手続きにより媒介分析を行った。

　具体的には，仮説に基づいて，まず，「1．経営者の倫理的リーダーシッ
プ」を独立変数，「4．仕事の有意味感」を従属変数とする単回帰分析を行
い，その結果が5％水準で有意であることを確認した。次に，「2．上司の
倫理的リーダーシップ」「3．個人の倫理性」各々を媒介変数とするモデル

を作成し，独立変数から媒介変数，媒介変数から従属変数への各々のパスが
5％水準で有意であることを確認した。その上で，標準化総合効果，標準化
直接効果，標準化間接効果の値を計算し，媒介変数の間接効果の有意性を調
査③と同様にブートストラップ法（サンプリング：2,000回）により検定し
た。これらの値を図表5-9に示す。

　以上の分析の結果，「2．上司の倫理的リーダーシップ」及び「3．個人
の倫理性」は共に間接効果を有し，かつ，共に部分媒介であることが示唆さ
れた。

2.3.3　結果

　以上，調査③及び調査②によるデータの分析から，仮説1-3（経営者の倫
理的リーダーシップは，上司の倫理的リーダーシップを介して，仕事の有意
味感に正の影響を及ぼす。），仮説1-4（経営者の倫理的リーダーシップは，
個人の倫理性を介して，仕事の有意味感に正の影響を及ぼす。），仮説1-5（上
司の倫理的リーダーシップは，個人の倫理性に，正の影響を及ぼす。）は，
いずれも支持された。

2.4　考察

　以上の実証分析の結果による，主要な論点は以下の2点である。

［1］経営者の倫理的リーダーシップから「仕事の有意味感」への影響の経
　　　路

　調査③及び調査②の両方のデータ分析結果から，仮説1-3「経営者の倫理
的リーダーシップは，上司の倫理的リーダーシップを介して，仕事の有意味
感に正の影響を及ぼす。」及び仮説1-4「経営者の倫理的リーダーシップは，
個人の倫理性を介して，仕事の有意味感に正の影響を及ぼす。」は支持され
た。ただしいずれの分析結果においても経営者の倫理的リーダーシップから
仕事の有意味感への直接のパスは有意ではなかった。

　この結果が示唆するのは，経営者の倫理的リーダーシップは，従業員の仕
事の有意味感に対し影響を及ぼしているものの，これを直接に知覚すること
は難しく，その経路に上司の倫理的リーダーシップと個人の倫理性が存在し
媒介しているということである。

　これまで，企業倫理における上司（中間管理者）や個人の倫理性は，管理の対象であり，制御すべきものとして考えられがちであった。しかし，これらも含めた「経営者―上司（中間管理者）―個人の倫理性」という，企業倫理の実践における倫理的価値の共有の連鎖（カスケード型の伝播）は，組織のインテグリティの実現のみならず，そこで働く従業員にとって，自らの仕事の「意味」を見出すことに寄与するという意義も有しているのである。経営者が自社の社員に，上司（中間管理者）が自職場のメンバーに，いま，ここで働いていることへの「幸福」を見出してほしいと考えることがあるならば，処遇や報酬だけではなく，倫理的リーダーシップによって倫理的価値を共有するという新たなアプローチがあり得ることを，2つの調査とその分析結果は示している。

[2] 経営者の従業員との「距離感」

　調査③と調査②との結果で異なっていたのは，経営者の倫理的リーダーシップから仕事の有意味感への影響における個人の倫理性の間接効果に関し，調査③では完全媒介，調査②では部分媒介であることが示唆された点である。また，経営者の倫理的リーダーシップから仕事の有意味感への単回帰分析の結果における決定係数の値から，調査②においてはその説明力が限定的であることが示唆された。

　このような相違と結果が生じたのは，まず，調査③では調査の対象が従業員であったことから，回答者が経営者の影響をそもそも知覚できていなかったことがその理由として想定される。これに対し調査②では回答者が企業倫理・コンプライアンス・CSR 部門の長という，経営者も従業員も客観的に観察できることが想定される立場であったため，直接の影響が見出されない状況が示唆されることになったと考えられる。

　ただし，特に調査③の結果は，新たな考察の視点も提供している。それは，経営者と従業員との間の（特に心理的な）距離感である。調査③，調査②のいずれにおいても，上司（中間管理者）の倫理的リーダーシップから仕事の有意味感に対しては，直接，正の影響を及ぼすことが見出された。また，仮説1-5「上司の倫理的リーダーシップは，個人の倫理性に，正の影響を及ぼす。」も，両調査のいずれにおいても支持される結果となった。

　本節の分析の視座において，従業員にとっての，経営者と上司（中間管理者）の違いは，その倫理的リーダーシップにフォロワーがどれほど直接に接しているか，平易にいえばどれほど身近に感じてきたかにある。これに関し，清水（1999）は，経営トップの「現場歩き」の重要性を次のように述べている。「経営者は，現場歩き（management by wandering）によって，経営理念・経営目標の底にある自らの哲学や考え方を，従業員の心の中に浸み込ませなければならない」[15]。ここで意図されているのは従業員の意識革命による業績の向上だが，これは同時に，企業倫理における価値観の共有を促すことでもある。そして，経営者と従業員との距離感を縮め得る点で，仕事の有意味感への影響という面からも，経営者にとっての肯定的な意義を持ち得るといえよう。

【注】
1 ）　Brown et al.（2005）pp. 123–124。
2 ）　Allan et al.（2014）p. 556。
3 ）　第 4 章で述べたように，当分析で用いる調査①及び調査③による各々のデータは，コモン・メソッド・バイアスが生じる可能性が懸念される。そこで，事後措置としてハーマンの単一因子テストを行った（Harman, 1967；Podsakoff et al., 2003）。具体的には調査①，調査③各々について当調査で用いるすべての観測変数を対象として探索的因子分析を行った（最尤法，回転なし）。その結果，各々で固有値が 1 以上の 4 つの因子が抽出された。それら 4 つの因子によって説明される全観測変数の分散の割合は，調査①は62. 25％，調査③は54. 06％であり，かつ，第一因子のみによって説明される全観測変数の分散の割合は，調査①は41. 46％，調査③は32. 72％であった。調査①，調査③共に最も大きい固有値を有する単一の第一因子によって説明される全観測変数の分散の割合が50％に満たないほど低かったため，当分析におけるコモン・メソッド・バイアスの問題は深刻ではないと判断した。
4 ）　本書では，岡本（1984）に基づき 5 ％の有意水準での判断を採用する。
5 ）　中野（2002）p. 165。
6 ）　中野（1995）p. 48。
7 ）　岡本ほか（2013）pp. 69–70。
8 ）　Mayer et al.（2009）p. 8 。
9 ）　Allan（2017）p. 180。
10）　Grant（2008）pp. 118–119。
11）　Allan et al.（2018）pp. 162–163。
12）　Tuner et al.（2002）p. 308。
13）　本節の分析は従業員個人が上司や経営者の倫理的リーダーシップをどのように知覚

しているかを問題とするため，従業員個人を調査対象とした調査③のデータを主に分析
し，調査②のデータによる分析を補足的に用いる。

14)　当分析に関するデータについて，コモン・メソッド・バイアスの可能性が懸念され
るため，事後措置としてハーマンの単一因子テストを行った。具体的には調査③，調査
②の各々について，すべての観測変数を対象として探索的因子分析を行った（最尤法，
回転なし）。その結果，固有値が1以上の因子が，調査③では4つ，調査②では3つ抽
出された。それらの因子によって説明される全観測変数の分散の割合は，調査③は
62.31％，調査②は59.79％であり，かつ，第一因子のみによって説明される全観測変数
の分散の割合は，調査③は32.57％，調査②は48.47％であった。調査③，調査②共に，
最も大きい固有値を有する単一の第一因子によって説明される全観測変数の分散の割合
が50％に満たないほど低かったため，両調査におけるコモン・メソッド・バイアスの問
題は深刻ではないと判断した。

15)　清水（1999）p. 306。

第6章

風土による浸透

　第6章では，インテグリティ志向の倫理マネジメントにおける風土の側面に焦点を当てる。具体的には，従業員にとってより身近な環境要因である「職場風土」と，これをとりまく企業全体レベルとして「組織の倫理風土」の2つを想定し，各々の風土の型（タイプ）が従業員の仕事の有意味感にいかに作用するのかを分析し考察する。

　まず第1節では，従業員にとって身近な，職場の風土について日本型の企業を念頭に置き2つの型を想定する。これらを説明変数とし，仕事の有意味感と職務満足の2つを被説明変数とした上で，個人の倫理性がこれらを媒介するモデルを想定し，各々を対比させながら影響関係を分析し考察する。続く第2節では対象を企業全体にまで広げ，その組織の倫理風土の型は，経営者の倫理的リーダーシップからはいかなる影響を受け，その型の違いが個人の倫理性及び仕事の有意味感にいかに作用するのかを分析し考察する。これらにより，経営者を起点とする倫理マネジメントが，職場と組織の風土のあり方を通じて，どのように浸透していくのかを探究する。

1. 職場風土と仕事の有意味感

1.1　はじめに

　第1節では，従業員にとって身近な職場の風土に着目し分析と考察を行う。先に第2章で検討したように，本書では「職場」を「業績目標を共有し，仲間意識がある集団」とした上で，その風土を，従業員が互いに自律し社会への貢献も含めた目標達成に向け協働する〈自律協働〉型と，従業員が互いに拘束し仕事が属人的で内部の論理を優先する〈同調内圧〉型の2つに区分して考え，分析する。これを踏まえて本節での問いを示せば，職場風土は，従業員の個人の倫理性と共に，そしてこれを介して，仕事の有意味感にいかに影響するのか，それは職場風土の型によって異なるのか，ということになる。

　また，先に第5章では，従業員にとって身近な人である上司の倫理的リーダーシップに関する分析において，職務満足を仕事の有意味感と対比し，両者の違いを検討した。本節では，従業員にとって身近な，職場の風土に関する分析において再度この両者を対比し，その違いを検証する。

1.2　仮説の導出

1.2.1　職場風土と仕事の有意味感

　職場風土が仕事の有意味感に及ぼす影響に関し，ミーニングフル・ワーク研究の包括的なレビューである Rosso et al. (2010) は，職場における協働的な人間関係や，同僚，目標を共有する小規模なグループが，その仕事の「意味」を実感させる要因となり得ることを示唆している[1]。ここで挙げられているような人々や集団の姿は，先に第2章で区分した職場風土の2つの型のうち〈自律協働〉型と親和性が高く，従ってこの型の職場風土は，仕事の有意味感に正の影響を及ぼすことが予見される。逆にいえば，対概念である〈同調内圧〉型の職場風土は，負の影響を及ぼすことが予見される。こうしたことから本節では，以下の仮説を設定する。

　<u>仮説2-1a</u>　〈自律協働〉型の職場風土は，従業員の仕事の有意味感に，正

の影響を及ぼす。

仮説2-1b　〈同調内圧〉型の職場風土は，従業員の仕事の有意味感に，負
　　　　　の影響を及ぼす。

　なお，仮説としては敢えて設定しないが，仕事の有意味感の対比概念であ
る職務満足にも，同様の影響関係があることが考えられる。

1.2.2　個人の倫理性の間接効果

　第5章では，人すなわち経営者及び上司の倫理的リーダーシップと仕事の
有意味感に関する影響関係において，個人の倫理性が間接効果を有すること
を検証した。これを念頭に本節では，職場風土と仕事の有意味感に関する影
響関係における個人の倫理性に関する仮説を設定する。

　まず，個人の倫理性と仕事の有意味感との関係については，先に第5章で
先行研究を概観し，実証分析により前者が後者に正の影響を及ぼし得ること
を示した。職場風土に関する影響関係を分析する本節ではこれを踏まえ，あ
らためて，以下の仮説を設定しておく。

仮説2-2　個人の倫理性は，仕事の有意味感に，正の影響を及ぼす。

　一方，職場風土が個人の倫理性に及ぼす影響に関しては，先に第2章3.2
項で見たように，Treviño（1986）や，これを発展させた中野（2004）が，
組織における個人の倫理的意思決定は，本人の個人的な資質にとどまらず，
組織や職場も影響を及ぼし得ることをモデル化して提示している。また，鎌
田ほか（2003）は，組織内の「誰が言ったか」によって判断が左右されるよ
うな組織や職場の風土と組織的違反の容認には正の相関があることを明らか
にし，こうした風土を「属人風土」と呼んだ。

　第5章での分析及び先行研究を踏まえ，職場風土と仕事の有意味感との影
響関係においても，個人の倫理性が間接効果を有することが予見される。た
だし本研究では，従業員が仕事を通じた幸福を得られること，すなわち仕事
の有意味感を促進する要因により関心がある。そこで個人の倫理性の間接効
果に関しては，〈自律協働〉型の職場風土に絞って仮説を設定し分析を行う
ことにする。

仮説2-3　〈自律協働〉型の職場風土は，個人の倫理性を介して，仕事の有
　　　　　意味感に正の影響を及ぼす。

図表6-1　第6章第1節の分析モデル

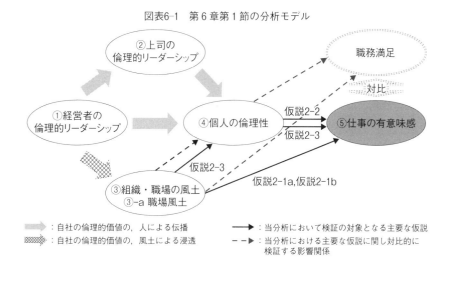

：自社の倫理的価値の, 人による伝播　　　：当分析において検証の対象となる主要な仮説
：自社の倫理的価値の, 風土による浸透　- - ▶：当分析における主要な仮説に関し対比的に
　　　　　　　　　　　　　　　　　　　　　　　検証する影響関係

　なお, 仮説2-3に関しては, 先の仮説2-1aと同じく, 仕事の有意味感の対比概念である職務満足にも同様の影響関係があることが考えられる。

1.2.3　分析モデル

　以上の検討及び仮説を踏まえ, 本節における分析モデルを図示すると図表6-1のようになる。

1.3　実証分析

1.3.1　使用するデータ及び尺度

　以上の仮説を検証するため, 調査①個人調査のデータ及びこれにより作成された尺度（変数）を用いて分析を行った。まず, 当分析で使用する尺度の記述統計量及び変数間の相関係数を図表6-2に示す[2]。

1.3.2　分析

　上記の変数を使用して, 重回帰分析及び媒介分析を行った。

①重回帰分析

　変数間の相関係数を確認した上で, 2つの型の職場風土及び「個人の倫理性」を独立変数,「仕事の有意味感」「職務満足」各々を従属変数として, 重回帰分析を行った。その結果その結果（2つの従属変数の各々に対する各変

図表6-2　当分析で使用する尺度の記述統計量及び変数間の相関係数

尺度（変数）	平均	標準偏差	1.	2.	3.	4.
1．職場風土〈自律協働〉	3.891	1.009	—			
2．職場風土〈同調内圧〉	3.695	0.896	.001	—		
3．個人の倫理性	4.379	0.856	.433**	.103**	—	
4．仕事の有意味感	3.995	0.987	.511**	.063**	.504**	—
5．職務満足	3.737	1.016	.627**	−.053*	.405**	.680**

$^*p<0.05, ^{**}p<0.01$

図表6-3　重回帰分析の結果

独立変数	従属変数	
	4．仕事の有意味感	5．職務満足
1．職場風土〈自律協働〉	.361**	.552**
2．職場風土〈同調内圧〉	.027	−.071**
3．個人の倫理性	.345**	.173**
調整済み R^2	.359	.419
F 値	385.926**	495.936**

$^*p<0.05, ^{**}p<0.01$

数の標準化係数 β の値）を，モデルの有意性を示す指標（R^2及び F 値）と共に図表6-3に示す。

　これにより，職場風土の２つの型のうち〈同調内圧〉型から「仕事の有意味感」「職務満足」に対する係数は，５％水準で有意ではないか，ごく僅かな値を認められるのみであったため，次の媒介分析では対象から外すことにした。

②媒介分析

　重回帰分析の結果を踏まえ，仮説2-3を検証するため，「１．自律協働型の職場風土」を独立変数，「４．仕事の有意味感」及び「５．職務満足」を従属変数とし，「３．個人の倫理性」の間接効果に関する媒介分析を行った。

　具体的には，仮説に基づいて，まず「１．自律協働型の職場風土」を独立変数，「４．仕事の有意味感」及び「５．職務満足」各々を従属変数とする単回帰分析を行い，各々の結果が５％水準で有意であることを確認した。次

図表6-4　媒介分析の結果

（1）「1.〈自律協働型〉の職場風土（職場風土）」から「4. 仕事の有意味感（MW）」「5. 職務満足（JS)」への単回帰分析の結果

	標準化回帰係数	調整済み R²	F 値
1.　職場風土→ 4.　MW	.511**	.260	25.456**
1.　職場風土→ 5.　JS	.627**	.393	332.519**

*p＜0.05,　**p＜0.01

（2）「1.〈自律協働型〉の職場風土（職場風土）」から「4. 仕事の有意味感（MW）」「5. 職務満足（JS)」への影響における「3. 個人の倫理性（倫理性）」の間接効果に関する媒介分析の結果

	総合効果	直接効果			間接効果	
1.　職場風土→ 3.　倫理性→ 4.　MW		1.　職場風土→ 4.　MW	1.　職場風土→ 3.　倫理性	3.　倫理性→ 4.　MW		95% CI$_{bs}$
	.511**	.360**	.433**	.349**	.151	[.053,.091]
1.　職場風土→ 3.　倫理性→ 5.　JS		1.　職場風土→ 5.　JS	1.　職場風土→ 3.　倫理性	3.　倫理性→ 5.　JS		95% CI$_{bs}$
	.627**	.556**	.433**	.164**	.071	[.217,.462]

*p＜0.05,　**p＜0.01　総合効果，直接効果，間接効果の値はいずれも標準化回帰係数。
注：表のスペースの都合上，ここでは「1. 自律協働型の職場風土」を「1. 職場風土」，「3. 個人の倫理性」を「3. 倫理性」，「4. 仕事の有意味感」を「4. MW」，「5. 職務満足」を「5. JS」と略記する。

に，「3. 個人の倫理性」を媒介変数とするモデルを作成し，独立変数から媒介変数，媒介変数から従属変数への各々のパスが5％水準で有意であることを確認した上で，標準化総合効果，標準化直接効果，標準化間接効果の値を計算し，媒介変数の間接効果の有意性をブートストラップ法（サンプリング：2,000回）により検定した。これらの値を，図表6-4に示す。

1.3.3　結果

　前述の分析結果から，本章1. 2項で導出した仮説を検証していくと以下のようになる。

　まず，仮説2-1a（〈自律協働〉型の職場風土は，従業員の仕事の有意味感に，正の影響を及ぼす。）について，①重回帰分析の結果（図表6-3）を検討すると，仕事の有意味感及び職務満足に関する標準化係数 β の値は，各々，0.361，0.552であり，5％水準で有意であった。

　これにより，仮説2-1a は支持された。また，職務満足についても同様の

影響関係が認められた。

　次に，仮説2-1b（〈同調内圧〉型の職場風土は，従業員の仕事の有意味感に，負の影響を及ぼす。）について，①重回帰分析の結果を見ると，「仕事の有意味感」に関する標準化係数 β の値は 5 ％水準で有意ではなかった。一方，職務満足に関する値は，－0.071であり，5 ％水準で有意であった。

　これにより，仮説2-1b は支持されなかった。ただし，職務満足に対しては〈同調内圧〉型の職場風土からのごく僅かな負の影響が認められた。

　次に，仮説2-2（個人の倫理性は，仕事の有意味感に，正の影響を及ぼす。）について，同じく①重回帰分析の結果を見ると，仕事の有意味感及び職務満足に関する標準化係数 β の値は，各々，0.345，0.173であり，いずれも 5 ％水準で有意であった。

　これにより，仮説2-2は支持された。また，職務満足についても同様の影響関係が認められた。

　最後に，仮説2-3（〈自律協働〉型の職場風土は，個人の倫理性を介して，仕事の有意味感に正の影響を及ぼす。）について，②媒介分析の結果を見ると，仕事の有意味感及び職務満足のいずれにおいても，個人の倫理性について有意な間接効果が認められた。

　これにより，仮説2-3は支持された。また，職務満足についても，同様の影響関係が認められた。

1.4　考察

　以上の実証分析の結果による，主要な論点は以下の 3 点である。

［ 1 ］職場風土の型の違いによる，仕事の有意味感及び職務満足への影響

　仕事の有意味感及び職務満足に影響を与える職場風土として，〈自律協働〉型は，いずれに対しても有意な正の影響を及ぼすことが見出された。一方，〈同調内圧〉型は，仕事の有意味感に対しては影響力を持たず，職務満足に対してはごく弱い負の影響を有することが示された。これらの結果から，職場風土の型としては，〈自律協働〉型の職場風土の方が，仕事の有意味感を生み出す上でも，職務満足を生み出す上でも，正の影響力を有することが示唆された。

　このことは，企業倫理の実践において，従業員にとっての意義，すなわち「快」や「幸福」の観点からは，「互いが個々人としての自己を持ち，組織と適切な距離を保ちながら，共有する目標に向け協働する」職場風土へと変革することが望ましいことを示唆している。しかし，先に第2章で示したように，一方では，日本企業の組織文化の基底には，集団主義もまた存在しており，こうした変革を進めることの難しさも予見される。つまり，一個人としては互いが自立し，協働する組織や職場の風土が望ましいと思いながらも，組織や職場の一員として振る舞うときには集団主義という基層文化に基づくことになるという，アンビバレントな状況を表しており，企業倫理の推進が難しい理由の1つとして，検討すべき点であろう。これは，対置概念である〈同調内圧〉型の職場風土が，大きくネガティブに作用するのではなく，ほとんど影響力を有さないものであったこととも関連があろう。この職場風土の型は，太田（2017）が従来の日本企業に顕著であるとした直接統合型の組織を基にしたものだが，この型にも（従来，そうであったということも含めて）相応の利点があるがゆえに，可もなく不可もない環境要因になっていると思われる。

［2］仕事の有意味感と職務満足の対比

　一方，仕事の有意味感と職務満足を比較すると，仕事の有意味感は，職場風土と個人の倫理性の両方から，同程度の影響を受けるが，職務満足は，職場風土からより大きな影響を受けることが示唆された。この結果は，第5章第1節で見出された，仕事の有意味感は個人の倫理性から，職務満足は上司の倫理的リーダーシップから，各々より強い影響を受けるという結果と整合的である。

　従業員にとって，職場風土は外的・組織的な要因であり，個人の倫理性は内的・個人的な要因と見ることができ，自分に対する欲求の充足に主眼を置く職務満足はより外的な要因に，他者志向性に基づく仕事の有意味感はより個々人の内面の要因に影響されることを示す。従来の人的資源管理（論）では従業員の仕事を通じた肯定的な感覚を職務満足から測定することが一般的であり，経営の実務においても，職場風土という「外的・組織的な要因」は，従業員個々人の内面に比べれば働きかけやすく，コントロールしやすい。し

かし，仕事を通じた肯定的な感覚を有意味感にまで広げたときには，従来とは異なる対象や領域にも働きかけることが望まれていることがあらためて確認された。

［3］個人の倫理性の間接効果

　最後に，個人の倫理性の作用に着目すると，仕事の有意味感への影響においては，直接効果はもちろん，〈自律協働〉型の職場風土からの影響における間接効果も見出されたが，職務満足への影響においては，相対的に小さいことが確認された。このことは，企業倫理の実践において，組織や職場風土に働きかけることで組織の中の人々の倫理的な意思決定を実現するという経営課題のその先に，「仕事の有意味感」という従業員にとっての意義を結びつけることができることを示唆している。

　特にコンプライアンス型の戦略において，従業員は，不祥事リスクとして管理すべき対象とみなされており，そこにおける個人の倫理性は，企業にとっては制御すべきものとして捉えられている。しかし本章での分析結果から，個人の倫理性には，特に仕事の有意味感への媒介者としての役割もあることが見えてきた。しかもその役割は，組織や職場風土が〈自律協働〉型であるときに発揮され，〈同調内圧〉型の職場風土においてはほとんど関連が見出されなかった。このことは，企業倫理の実践において風土の問題を扱う際，個人の倫理性が生かされるような変革が望まれていることを示唆している。

　では，職場風土を包含する企業全体，すなわち組織の風土は，個人の倫理性及び仕事の有意味感にどのように影響するのだろうか。また，その影響関係は，組織の倫理風土の型によって異なってくるのであろうか。第2節では，経営者を起点とした「組織」と個人の関わりを探究し，併せて，財務業績への影響を分析する。

2.　組織の倫理風土と仕事の有意味感

2.1　はじめに

　第2節では，「組織の倫理風土」概念に基づき分析を行う。第2章で示したように，組織の倫理風土に関する研究は，Victor & Cullen（1988）による組織の倫理風土モデル及び測定尺度 ECQ に基づき展開してきた。本書における「職場」は，日本企業固有の文化の影響を色濃く受ける存在として想定したが，企業全体を意味する「組織」は公式的な構造とシステムを基盤とし経営者の影響をより直接反映する「場」として想定している。こうした組織概念は欧米のそれとも共通し，また組織の倫理風土モデル及びその測定尺度は（若干の型の違いは見出されるものの），日本企業にも適用可能であることが明らかにされている。

　こうした点を踏まえ本節の分析では，調査②企業調査によるデータを用いて，日本企業における組織の倫理風土の型を分類する。その上で，経営者の倫理的リーダーシップから組織の倫理風土各々の型への作用，そして組織の倫理風土各々の型から従業員個人への作用を，一連の影響関係として分析し考察する。

2.2　仮説の導出

2.2.1　経営者の倫理的リーダーシップと組織の倫理風土

　組織のレベルであっても，本研究はその倫理「風土」に着目しているが，組織「文化」に関する論考としてよく知られる Schein（2010）は，組織のリーダーがいかに組織文化を生成し定着させ，そしてマネジメントし得るかを「学習」と関連づけながら示している。先に第2章で見たように，組織の倫理風土と倫理文化には強い連関があり，重なる領域のあり得る概念であることが Treviño et al.（1998）により示されており，Schein（2010）の示したリーダー及びリーダーシップと組織文化の関係は，経営者の（倫理的）リーダーシップと倫理風土の関係を考える上でも示唆に富む。

　また，先に第5章で詳細な検討と分析を行った倫理的リーダーシップについて，先行研究のメタ分析を行ったBedi et al.(2016)によれば，倫理的リーダーシップはフォロワーの倫理的行動や組織市民行動などのみならず，組織の風土や文化への知覚にも正の影響を及ぼすことが見出されるという³⁾。さらに，この後の研究成果として，Shin et al.（2015）は韓国企業の従業員を対象とした実証分析を行い，経営者の倫理的リーダーシップが倫理風土を介して財務業績等に正の影響を及ぼすことを示唆している。

　そもそも，先に第2章及び第5章で見たように，倫理的リーダーシップという概念は社会的学習理論を援用している側面があり，フォロワーすなわち組織のメンバーが経営者というリーダーの判断や行動を観察するなどし，その経験から自らの行動を変えていくというプロセスは，経営者個人の価値観のみならず，何がこの組織では倫理的とされるのかという知覚，すなわち倫理風土の形成にも作用することが予見される。

　以上の検討を踏まえ，本節では，倫理的リーダーシップと組織の倫理風土の関係について，以下の仮説を設定する。

　　仮説2-4　経営者の倫理的リーダーシップは，組織の倫理風土に正の影響を及ぼす。

2.2.2　組織の倫理風土と個人の倫理性

　本節では，Victor & Cullen（1988）が提示した組織の倫理風土モデルとその測定尺度ECQを用いて分析を進める。第2章で見たように，このモデルは，縦軸（倫理学に依拠）に，Kohlberg（1969）の道徳性発達理論を援用して3つの基準を段階的に配し，横軸（社会学に依拠）に，意思決定における分析の対象の範囲として「個人／組織・集団／社会・市民」の3つのレベルを配して，3×3のマトリクスによる9つの象限で倫理風土の型を示すものである（図表6-5参照）。

　ここで，このマトリクスの軸を依拠する理論に基づいて解釈すれば，縦軸はKohlberg（1969）のモデルにおける「より発達した段階」の倫理的な判断基準を，横軸は「より広い」倫理的な分析視座を示すものといえる。

　一方，先に第2章第4節で検討したように，本書では個人の倫理性を，帰結主義的な，結果や目標達成を重視する志向と，非帰結主義的な，規範や社

図表6-5　組織の倫理風土の測定尺度（ECQ）の図式化（図表2-4再掲）

分析のレベル（locus of analysis）

倫理の理論 (ethical theory)		個人 (individual)		組織・集団 (local)		社会・市民 (cosmopolitan)	
利己 (egoism)		EI1	EI2	EL3	EL4	EC1	EC2
		EI3	EI4	EL2	EL1	EC3	EC4
博愛・善行 (benevolence)		BI1	BI2	BL1	BL3	BC1	BC2
		BI3	BI4	BL2	BL4	BC3	BC4
原理・原則 (principle)		PI1	PI2	PL1	PL2	PC1	PC2
		PI3	PI4	PL3	PL4	PC3	PC4

出所：Victor & Cullen（1988）及び Cullen et al.（1993）を踏まえ筆者作成。

会（ステークホルダー）を重視する志向とのバランスをとることとし，測定においては特に後者に着目して尺度を作成している。

　こうした個人の倫理性に組織の倫理風土が影響し得ることは，先に本章第1節で概観した先行研究や，職場風土からの影響に関する本書の実証研究の結果から予見される。さらに，本書における個人の倫理性の基盤にある規範や社会を志向する価値基準は，組織の倫理風土モデルではより下側，原理・原則を重視する倫理的判断基準に整合的である。ビジネスの価値基準における帰結主義の「帰結」で意図されるのは「自分あるいは自社にとっての結果」であり，これは倫理風土モデルにおける縦軸の「利己（egoism）」に対応する。個人の倫理性における帰結主義と非帰結主義の対比は，組織の倫理風土モデルにおける縦軸，すなわち発達の段階に対応した倫理的判断基準に対置するものとして位置づけることができる。

　こうした先行研究を踏まえ，組織の倫理風土と個人の倫理性の関係について，仮説を示すと以下のようになる。

　仮説2-5　組織の倫理風土は，個人の倫理性に正の影響を及ぼす。

仮説2-6 組織の倫理風土は，その倫理的判断基準が「より発達した段階の」ものほど，個人の倫理性に強い正の影響を及ぼす。

2.2.3　組織の倫理風土と仕事の有意味感

　組織の倫理風土と仕事の有意味感との関係についても，個人の倫理性と同様，本章第1節における先行研究及び本書の実証研究の結果により，前者から後者への影響関係が予見される。同じく第1節では仕事の有意味感と職務満足との対比についても分析したが，両者をその概念から先験的に対比すれば，第3章で検討したように，職務満足の視座は主観的であり自分に対する欲求の充足に基づくものであるのに対し，仕事の有意味感の視座は客観的であり，天職（感）に通じる超越的なものの存在や，他者志向性／向社会性という自分ではない者への帰結に基づくものといえる。

　この，他者志向性／向社会性について，組織の倫理風土モデルを振り返ると，その横軸，すなわち分析のレベルが想起される。そこでは，倫理的意思決定における分析の対象の範囲を，「個人／組織・集団／社会・市民」の3つのレベルに分け，組織の倫理風土を分類しようとしていた。この広がりは，職務満足と仕事の有意味感の対比に相似している。つまり，組織の倫理風土が仕事の有意味感に影響するならば，分析のレベルがより広い風土ほど，強い関係をもち得ると予見される。

　こうした検討を踏まえ，組織の倫理風土と仕事の有意味感の関係について，仮説を示すと以下のようになる。

仮説2-7 組織の倫理風土は，従業員の仕事の有意味感に正の影響を及ぼす。

仮説2-8 組織の倫理風土は，その分析のレベルが「より広い」ものほど，従業員の仕事の有意味感に強い影響を及ぼす。

2.2.4　組織の倫理風土と財務業績

　本書全体の問いは，「企業倫理は，それを担う従業員にとって，どのような意義があるのか」であり，ここまで，財務業績への帰結について，積極的に触れてはこなかった。それは，財務業績は企業の存続に必要な要素であり，従業員の雇用の維持そして「有意味な」仕事を実現するための前提条件と考えられるからである。

　ただし，Myer et al.（2016）は，組織の倫理風土が企業の財務業績に正の影響を及ぼすことを「サービス風土」概念と共に明らかにしている。またこれに関し，岡本（1996）は，企業評価基準として，従来の収益性・成長性といった経済的な目標に，社会性という社会的な目標を加えたソサイアタル・パフォーマンスを提唱している。岡本（2015）によればこれら三者は「短期的目標としての収益性，中長期的目標としての成長性，超長期的目標としての社会性という関係になっている」[4]。そして，収益性と成長性から成る財務業績と社会性との関係について，両者の高低の掛け合わせにより企業を4つのタイプに分類し経年データを分析した結果，「全体的に見て，社会性は高業績にとっての十分条件とは言えないが，少なくとも必要条件ではある，と考えられる」としている[5]。ここでの社会性は環境保護・社会貢献・地域貢献・ゆとり（対従業員）の4つの要因から測定されているが，企業の社会性と倫理性は極めて近接した概念と考えられる。こうしたことから，組織の倫理風土から財務業績への影響が予見され，またこれを分析する意義もある。

　そこで本節では，財務業績データと紐づけ可能な調査②のデータを用いることを活かし，以下の仮説を設定し，上述の仮説と合わせて検証する。

　仮説2-9　組織の倫理風土は，財務業績に正の影響を及ぼす。

図表6-6　第6章第2節の分析モデル

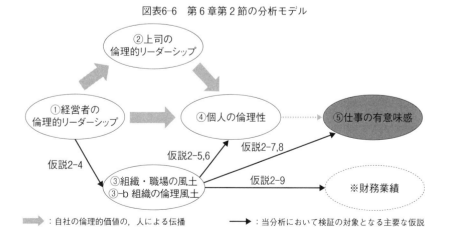

2.2.5　分析モデル

　以上の検討及び仮説を踏まえ，本節における分析モデルを図示すると，図表6-6のようになる。

2.3　実証分析

2.3.1　使用するデータ及び尺度

　以上の仮説を検証するため，調査②企業調査のデータによって作成された尺度（変数），及び，調査②回答企業の業績に関する尺度を作成し，これらを用いて分析を行った。

　調査②回答企業の財務業績に関する尺度は，岡本（1996）に基づき以下の手続きにより作成した。まず，調査②回答企業各々の売上高経常利益率(2019年中に迎えた期末決算の数値に基づく)，及び，4年間移動平均売上高伸び率（2016年-2019年中に迎えた期末決算の数値に基づく）を算出した。続いて，算出した売上高経常利益率と4年間移動平均売上高伸び率の各々について0〜5に評点化した。前者は収益性，後者は成長性を示すものである。そして最後に両者の和を求め，これを「財務業績」として0〜10に評点化した。

図表6-7　当分析で使用する尺度の記述統計量及び変数間の相関係数

尺度（変数）	平均	標準偏差	1.	2.	3.	4.	5.	6.	7.	8.
1．経営者の倫理的リーダーシップ	4.701	0.954	—							
2．組織の倫理風土〈会社の規則〉	4.189	0.930	.290**	—						
3．組織の倫理風土〈規範と意思〉	4.093	0.854	.643**	.458**	—					
4．組織の倫理風土〈他者貢献〉	4.042	0.702	.609**	.389**	.607**	—				
5．組織の倫理風土〈社員の幸福〉	3.540	0.929	.569**	.343**	.552**	.545**	—			
6．組織の倫理風土〈効率重視〉	3.829	0.696	.045	.256**	.070	.095	.138	—		
7．個人の倫理性	4.101	0.774	.605**	.486**	.718**	.739**	.547**	.168	—	
8．仕事の有意味感	4.212	0.697	.620**	.244**	.687**	.675**	.582**	.091	.722**	—
9．財務業績	5.061	1.337	.151	.043	.160	.112	.140	-.056	.068	.053

*p＜0.05．**p＜0.01

図表6-8　組織の倫理風土モデルにおける5つの変数の配置

分析のレベル（locus of analysis）

倫理の理論 (ethical theory)	個人 (individual)		組織・集団 (local)		社会・市民 (cosmopolitan)	
利己 (egoism)	EI1	EI2	EL2	EL1 〈6. 効率重視〉	EC1	EC2
	EI3	EI4	EL3	EL4	EC3	EC4
博愛・善行 (benevolence)	BI3 〈5. 社員の幸福〉	BI4	BL1	BL2	BC1	BC4
	BI1 〈4. 他者貢献〉	BI2	BL3	BL4	BC2*	BC3
原理・原則 (principle)	PI1	PI2	PL1 〈2. 会社の規則〉	PL3	PC3	PC2*
	PI4	PI3	PL2*	PL4*	PC1 〈3. 規範と意思〉	PC4*

注：「×」は，回答の分布の形状が偏っていたため分析から除外した項目。名称に「＊」がついているものは質問文の一部を改変した項目。分布をわかりやすく示すため，一部の項目は，図表2-4（及び6-5）に対し，その象限内で配置を入れ替えている。図表7-1，図表8-2も同様。

　以上を踏まえ，当分析で使用する尺度の記述統計量及び変数間の相関係数を図表6-7に示す。

　なお，「組織の倫理風土」に関し，本研究の調査②により確認された5つの変数を，組織の倫理風土モデルにプロットすると図表6-8のようになる。

2.3.2　分析

Ⓐ重回帰分析

　9つの変数について，「経営者の倫理的リーダーシップ」及び「組織の倫理風土（5変数）」を独立変数，「個人の倫理性」「仕事の有意味感」「財務業績」各々を従属変数とする重回帰分析を行った。その結果（3つの従属変数の各々に対する各独立変数の標準化係数 β の値）を，モデルの有意性を示す指標（R^2 及び F 値）と共に図表6-9に示す。

　この結果から，「組織の倫理風土」に関する変数のうち〈効率重視〉は，従属変数である「個人の倫理性」「仕事の有意味感」のいずれにも有意な相関が見出されなかったため，分析の対象から外すことにした。また，「財務

図表6-9　重回帰分析の結果

独立変数	従属変数		
	7．個人の倫理性	8．仕事の有意味感	9．財務業績
1．経営者の倫理的リーダーシップ	.091	.109	.063
2．組織の倫理風土〈会社の規則〉	.117*	-.172**	-.006
3．組織の倫理風土〈規範と意思〉	.332**	.394**	.101
4．組織の倫理風土〈他者貢献〉	.408**	.338**	-.028
5．組織の倫理風土〈社員の幸福〉	.039	.168*	.081
6．組織の倫理風土〈効率重視〉	.065	.045	-.058
調整済み R²	.685	.628	-.015
F 値	45.292**	35.147**	.71

*p<0.05. **p<0.01

図表6-10　構造方程式モデリング（SEM）によるモデル

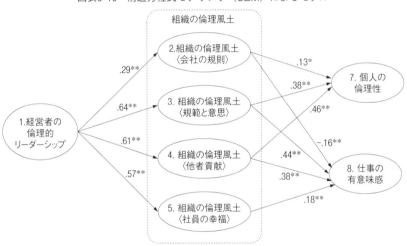

* p<0.05 ,** p<0.01 .
χ² (3, N=132)=0.303, GFI=0.992, AGFI=0.927, NFI=0.993, CFI=0.999, RMSEA=0.040

業績」は有意な関係を示す独立変数が1つも見出されなかったため，相関係
数の値も考慮し，これについても以降の分析の対象から外すことにした。
Ⓑ共分散構造分析（構造方程式モデリングによる分析）
　重回帰分析の結果を踏まえ，仮説に基づいて構造方程式モデリング(SEM)
による分析とモデルの構築を行った。構築したモデルを，パス係数と共に図
表6-10[6]に示す。構築したモデルの主な適合度指標は，χ²（3，N＝132）

＝0.303，GFI＝0.992，AGFI＝0.927，NFI＝0.993，CFI＝0.999，RMSEA
＝0.040であり，当てはまりのよいモデルと判断した。

2.3.3　結果

　構築したモデルから仮説を検証していくと，以下のようになる。

　まず，仮説2-4（経営者の倫理的リーダーシップは，組織の倫理風土に正
の影響を及ぼす。）について検討すると，「経営者の倫理的リーダーシップ」
から「組織の倫理風土」へのパスは，すべての型の倫理風土に対し 5 ％水準
で有意であった。

　これにより，仮説2-4は支持された。

　次に，仮説2-5（組織の倫理風土は，個人の倫理性に正の影響を及ぼす。）
及び仮説2-6（組織の倫理風土は，その倫理的判断基準が「より発達した段
階の」ものほど，個人の倫理性に強い正の影響を及ぼす。）について検討す
ると，「組織の倫理風土」から「個人の倫理性」へのパスは，〈社員の幸福〉
型からのパスは 5 ％水準で有意ではなく，他の 3 つの型からのパスはいずれ
も 5 ％水準で有意であった。また，パス係数が有意であった倫理風土のうち，
倫理的判断基準が「より発達前段階の（図表6-8のモデル図での配置が，よ
り上側の）」〈他者貢献〉型と，「より発達した段階の（図表6-8のモデル図で
の配置が，より下側の）」〈会社の規則〉型及び〈規範と意思〉型の，「個人
の倫理性」へのパス係数を比較すると，前者〈他者貢献〉型では0.46である
のに対し，後の二者は各々0.13，0.38であり，後の二者の方が相対的に小さ
い値だった。

　これにより，仮説2-5は一部で支持されたが，仮説2-6は支持されなかった。

　次に，仮説2-7（組織の倫理風土は，従業員の仕事の有意味感に正の影響
を及ぼす。）及び仮説2-8（組織の倫理風土は，その分析のレベルが「より広
い」ものほど，従業員の仕事の有意味感に強い影響を及ぼす。）について検
討すると，「組織の倫理風土」から「仕事の有意味感」へのパスは，すべて
の型の倫理風土について 5 ％水準で有意であったが，〈会社の規則〉型から
のパスは負の影響を示唆するものであった。また，分析のレベルが「より狭
い（図表6-8のモデル図での配置が，より左側の）」〈会社の規則〉型及び〈社
員の幸福〉型と，分析のレベルが「より広い（図表6-8のモデル図での配置

が，より右側の)」〈規範と意思〉型及び〈他者貢献〉型の，「仕事の有意味感」へのパス係数を比較すると，前の二者が各々−0.16，0.18であるのに対し，後の二者は各々0.44，0.38であり，後の二者の値の方が相対的に大きい値であった。

これにより，仮説2-7及び仮説2-8はいずれも支持された。

最後に，仮説2-9（組織の倫理風土は，財務業績に正の影響を及ぼす。）について検討すると，変数間の相関係数において「財務業績」は他のどの変数とも有意な相関が見出されず，重回帰分析においても「組織の倫理風土」のすべての型の倫理風土との間で有意な標準化係数が見出されなかった。当分析では「組織の倫理風土」と「個人の倫理性」「仕事の有意味感」との間には有意な関係が見出されたが，これに対し「財務業績」との間に有意な関係があるということはいえないということになった。

これにより，仮説2-9は支持されなかった。

2.4　考察

以上の実証分析の結果による，主要な論点は以下の4点である。

[1] 経営者の倫理的リーダーシップと組織の倫理風土

経営者の倫理的リーダーシップから，本研究で最終的に分析の対象としモデルを構築した4つの型の倫理風土に対しては，いずれも有意な正の影響が見出された。ただし，〈会社の規則〉型の倫理風土への影響は相対的に弱いことが示された。これは，〈会社の規則〉型の倫理風土には，経営者の倫理的リーダーシップ以外の要因がより強く作用している可能性を示唆している。

本書において〈会社の規則〉型と命名した倫理風土は，組織の倫理風土モデルにおいては「会社の規則・手続き風土」と概ね同じ質問項目から構成されており，第2章3.3項での考察に基づけば，Paine（1994，1997）のいうコンプライアンス志向の風土である。これに対し，〈規範と意思〉型及び〈他者貢献〉型は，インテグリティ志向の風土といえる。

これを踏まえて上の結果を考察すれば，例えば，経営者はインテグリティ志向の戦略をとろうとしていても，それが現場に展開されるにつれて「倫理とは，規則や手続きを守ること」等の単純化された，上でいうコンプライア

ンス志向により近い理解に変容してしまう状況が考えられる。企業倫理とは何か，組織の「よさ」とはどのように考えるべきものなのかという主題は，経営者のみならず，組織の中のあらゆる人々に向けられている問いでもあるのである。

［２］「会社の規則」ありきのコンプライアンス志向の風土と仕事の有意味感

　モデルを構築した４つの型の倫理風土の中で，〈会社の規則〉型から「仕事の有意味感」へのパス係数は，有意な負の値であった。これは，会社の規則が強調される風土であるほど，従業員は仕事の有意味感を見出し難くなることを示唆している。これについては，仕事の有意味感が，社会やそこにおける他者の幸福に自らの仕事が役立っている感覚に依る概念であることや，自己決定感との関わりから説明することができよう。

　ただし，これは「会社が規則を定める」「規則の遵守を促す／徹底する」ことを否定するものでは決してない。重要なのは，規則の意義を従業員がいかに認知するのか，規則を大切にする風土が何を目指すのかにある。その規則が，企業という組織の存続のみならず，法を含めた社会からの要請に応えるためのものであること，それに主体的に従うことが社会への貢献につながることを，従業員が共感し納得することが肝要なのであり，それができているときには，その組織の風土は，既にこの象限には存在していないであろう。

［３］組織の倫理風土における「横軸」と個人の倫理性

　組織の倫理風土に関し調査②で確認された５つの変数（尺度）の中でも，本研究において〈社員の幸福〉型と〈他者貢献〉型と命名した風土は，いずれも，倫理風土モデルの縦軸である「倫理的判断基準」軸における「博愛・善行」段階に位置する。両者とも，理念形とは異なるものの，ECQ を用いた多くの実証研究で示されてきた「思いやり／チーム・ワーク」風土とは整合性を有するが，倫理風土モデルの横軸である「分析の対象範囲」軸における「個人」「組織・集団」レベルからなる〈社員の幸福〉型と，これに「社会・市民」レベルが加わった（最も包括的な）〈他者貢献〉型とに二分されたといえる。言い換えれば，前者は「他者への博愛や善行」の範囲が組織内に止まっているのに対し，後者はその「他者」として「組織内における"自分以外の"他者」と「組織に対するステークホルダーや社会などの他者」の

両方を含んでいる点で異なり，所属集団への貢献と社会志向性の両方を併せ持った風土といえる。

　そして，個人の倫理性に対し，後者〈他者貢献〉型は比較的強い有意な正の影響を及ぼすことが示唆されたが，前者〈社員の幸福〉型からの影響は有意ではなかった。また，仕事の有意味感に対しては，〈他者貢献〉型と，同じく「社会・市民」を分析の対象範囲に有する〈規範と意思〉型が，比較的強い有意な正の影響を及ぼすことが示されたのに対し，〈社員の幸福〉型からの影響は有意ではあるものの相対的に弱いものであった。

　このことは，2つの点を示唆している。まず，意思決定すなわち日々の判断において，組織の内側に目を向けがちな風土であるのか，組織の外のステークホルダーや社会も含めて検討していこうとする風土であるのかによって，従業員の倫理性も仕事の有意味感を認識する程度も異なり得るという点である。そして，組織の倫理風土モデルにも援用されている，Kohlberg（1969）の道徳性発達理論が前提とする「規範や原則に則ることが，（博愛や善行にと比較しても）より発達した高次の倫理的段階だ」とする考え方とは若干の不整合をきたしている点である。Kohlberg（1969）の道徳性発達理論の考え方に対しては，例えばGilligan（1982）によるケアの倫理からの反論などもあり，また，西洋と東洋では，自己と集団との境界の捉え方に違いがあるともいわれる。本研究においても，そして組織のインテグリティ概念においても，規範への志向性のみならず，（組織の外の）他者や社会への志向性，すなわち向社会性の程度が，重要な鍵を握ると思われる。従って，組織の倫理風土においては〈他者貢献〉型が有する影響について，より探究していくことが望まれる。

［4］企業倫理，特に組織の倫理風土の型と財務業績

　本書における研究は，主たる問い，そして目的に，財務業績を想定するものではないが，従業員の仕事の有意味感の前提として不可欠であるのはいうまでもない。しかし，本実証分析の結果としては，組織の倫理風土のいずれの型とも有意な関係があるということは認められず，他の概念である経営者の倫理的リーダーシップ，個人の倫理性，そして仕事の有意味感のいずれとも有意な関係があるということも示唆はされなかった。

　本章における分析で用いた財務データは，すべて調査②の調査実施期間とほぼ同時期の状況を示すものであった。従って，岡本（2015）がいうように，社会性は超長期的な指標であるとするならば，このようにほぼ同時期でのデータが有意な関係を示さなかったのはむしろ理に適っており，財務業績についてはより後年のデータを用いて分析するなどすれば，異なった結果が得られるかもしれない。しかし，企業経営においては，収益性のような短期的な成果が期待される現実もあることに鑑みれば，この結果は，「短期的な財務業績につながらなくとも，企業が，コストを投じて企業倫理を推進することは正当化されるのか」という問いを引き起こすことにもなる。これは非常に大きな問いであるので，容易に応答できるものではないが，本書における研究全体の問いである「企業倫理は，それを担う従業員にとって，どのような意義を持つのか」を意識しつつ，若干の論点の整理を行うと以下のようになる。

　まず，「従業員にとっての意義」そのものに焦点を置く場合，上の分析結果による問いに応答するためには，「短期的な財務業績は，従業員にとって，どのような意義を持つのか」を議論する必要がある。そのためには少なくともまず，短期的な財務業績は，従業員に関わる現実的な環境要因にどのように作用し影響するのかが明らかにされなければならない。例えば，直接的な報酬の変動，（有形無形の）職場環境の整備，職場における人間関係，内外ステークホルダーによるレピュテーション，これらの結果ともいえる組織コミットメントやロイヤリティ，などが考えられ，これら相互の優先順位についても検討する必要がある。その上で，上の問いは「これらの具現的な環境要因につながらなくても，あるいは(コストを投じることができないために)これらが犠牲になっても，企業倫理を推進することは，従業員にとって，正当化されるのか」を論じなければならない。これにあたっては，具現的な環境要因と企業倫理を推進することとの関係，及び，従業員にとって，働くことの目的は何にあるのか，あるいは，あるべきなのかを明確にし，その目的と，前述の具現的な環境要因，及び企業倫理の推進との三者の関係を，相互の目的―手段関係も含めて議論することが求められる。

　一方，視点を転じて「経営者にとっての意義」に焦点を置くならば，まず

議論しなければならないことの1つに，外部ステークホルダー，特に株主への影響と責任の問題がある。短期的な財務業績が株主の利害に直結することは明らかであるが，その影響は株主以外の外部ステークホルダーの利害にも及び得る。短期的な財務業績の優先順位を検討するということは，例えば，開発コストの問題につながり，顧客，供給業者，さらには地域社会などにも影響が及び得る。その結果，競争力に影響すれば，中長期的な財務業績や納税にも関わる問題になる。そして，こうした外部ステークホルダーへの影響は，これらに対峙する従業員にも及ぶことになる。また，上記で検討した，従業員に関わる具現的な環境要因の問題は，経営者が対ステークホルダーとしての従業員への責任を考える場合には，そのまま，検討すべき影響要因となる。こうした利害を整理した上で，「各ステークホルダーへの具現的な影響要因につながらなくても，あるいは（コストを投じることができないために）これらが犠牲になっても，企業倫理を推進することは，経営者にとって，正当化されるのか」を論じなければならない。そしてここにおいては，経営者にとって，企業を経営することの目的が何であるのか，あるいは，あるべきなのかを明確にすることが求められる。

　本書は，従業員を経営の「手段」としてのみ扱うことへの問題意識から出発し，これを「目的」としても考え得ることを，経験論的なアプローチを用いて明らかにしようとしている。ただしこれは，手段として扱うことを否定しているのではなく，目的と手段は互いに入れ替わり得る関係にあるという考え方と，目的は複数あり得るという多元的な目的観に依っている。従って本書の立場においては，短期的な財務業績もまた複数ある目的の1つであり，唯一の究極的な目的ではないため，企業倫理の推進との関係も単純な手段—目的関係にはない。この立場に立つならば，「短期的な財務業績につながらなくとも，企業が，コストを投じて企業倫理を推進することは正当化されるのか」という問いは，上の若干の論点の整理からも見出されるように，従業員にとっては働くことの，経営者にとっては企業を経営することの，その目的を，いかに考えるのか，ということへの論考を要請するものになるといえよう。

【注】
1） Rosso et al.（2010）pp. 100–101。
2） 当分析に関するデータについて，コモン・メソッド・バイアスが生じる可能性が懸念される。そこで事後措置として，ハーマンの単一因子テストを行った（Harman 1967；Podsakoff et al. 2003）。具体的には，当分析で用いるすべての観測変数を対象として探索的因子分析を行った（最尤法，回転なし）。その結果，固有値が1以上の因子が5つ抽出された。それらの因子によって説明される全観測変数の分散の割合は53.84％であり，かつ，第一因子のみによって説明される全観測変数の分散の割合は35.07％であった。最も大きい固有値を有する単一の第一因子によって説明される全観測変数の分散の割合が50％に満たないほど低かったため，当調査におけるコモン・メソッド・バイアスの問題は深刻ではないと判断した。
3） Bedi et al.（2016）p. 525。
4） 岡本（2015）p. 104。
5） 岡本（2015）p. 110。
6） モデルの構築にあたっては，「組織の倫理風土」の4つのタイプ各々の誤差間，及び「個人の倫理性」「仕事の有意味感」の誤差間の共分散を想定したが，図の煩雑さを避けるためここでは割愛している。

第7章

個人の倫理性の役割

　第Ⅱ部実証研究の最終章となる第7章では，個人の倫理性に焦点を当てる。
　まず第1節では，組織の倫理風土と仕事の有意味感の媒介者としての個人
の倫理性の役割を分析し考察する。先に第6章第1節では，職場風土から仕
事の有意味感への作用における個人の倫理性の間接効果を確認したが，ここ
ではそれを組織の倫理風土というより広いレベルで再度検証する。そして第
2節では，インタビュー調査による質的データの分析を通じて個人の倫理性
と仕事の有意味感の関係に関するここまでの分析を補足すると共に，これら
2つの概念が意味するものへの理解を深耕し今後の研究・実践につなげる。

1. 媒介者としての個人の倫理性

1.1　はじめに

　先の第6章第2節では，組織の倫理風土に着目し，調査②企業調査のデー
タを用いた分析を行った。その結果見出された〈他者貢献〉型，〈規範と意
思〉型，〈会社の規則〉型の3つの倫理風土が，個人の倫理性にも仕事の有
意味感にも有意な影響を及ぼすこと，中でも〈他者貢献〉型の倫理風土につ
いては一層の探究が望まれることが示唆された。この分析では経営者を起点
とし，その倫理的リーダーシップが組織の倫理風土に作用し，そして従業員

の個人の倫理性と仕事の有意味感の各々に影響するというモデルを想定して検証した。

　しかし，第2章で検討したように，また第5章で示唆されたように，個人の倫理性は企業倫理の実践においては末端の，しかしその一部であり，同時に従業員自身にとっては一個人としての自分自身の一部でもあり得る。企業倫理における，組織の一員としての人格と個人としての人格[1]の1つの接点が個人の倫理性であり，インテグリティ志向の倫理マネジメントを通じてこれを涵養していく働きかけが学習を引き起こし，個人の成長と仕事の有意味感につながるのではないかということが，本書における研究を通じて見えつつある。

　第5章のように人を介しての伝播においては，個人の倫理性がこのように位置づくことは比較的想起しやすく，また，分析の結果もそれを示唆していた。では，組織の風土との関わりにおいて，個人の倫理性は仕事の有意味感と組織とを媒介する存在になり得るのだろうか。もしそうであるならば，第6章で見出された日本企業における組織の倫理風土の型の違いは，上記のような影響関係において差異を生じさせるのだろうか。

　本節ではこうした問題意識の下，第6章第2節とは別のデータである，調査③A社従業員調査のデータを用いて，組織の倫理風土の区分について再検証を行う。その上で，個人の倫理性が組織の倫理風土と仕事の有意味感を媒介するモデルを想定し，倫理風土の型の違いによる差異を分析し考察する。

1.2　仮説の導出

1.2.1　組織の倫理風土の3つの「型」

　本節の分析は，第6章第2節において，個人の倫理性及び仕事の有意味感の両者に影響を及ぼすことが見出された型に絞って，追試としての分析を行うことも意図している。その型とは，〈他者貢献〉型，〈規範と意思〉型，〈会社の規則〉型の3つであった。仮説の導出及び分析にあたり，これらの「型」の意味するところをまず先行研究に基づき検討しておきたい。

　日本の主要企業を対象として実施した調査②のデータを用いて行った分析の結果，本書における研究で見出された3つの型を，組織の倫理風土の理論

図表7-1　本章の分析における3つの型の倫理風土の位置づけ

分析のレベル（locus of analysis）

倫理の理論 (ethical theory)	個人 (individual)		組織・集団 (local)		社会・市民 (cosmopolitan)	
利己 (egoism)	EI1	EI2	EL1	EL2	EC1	EC2
	EI3	EI4	EL3	EL4	EC3	EC4
博愛・善行 (benevolence)	BI3	〈社員の幸福〉 BI4	BL1	BL2	〈 〉 BC1	BC4
	BI1	BI2	〈他者貢献〉 BL3	BL4	BC2*	BC3
原理・原則 (principle)	PI1	PI2	〈会社の規則〉 PL1	PL3	PC3	PC2*
	PI4	PI3	PL2*	PL4*	〈規範と意思〉 PC1	PC4*

モデルにプロットすると図表7-1のようになる[2]。

　この図表7-1が示すように，〈他者貢献〉型の倫理風土は，組織の倫理風土モデルの縦軸「倫理の理論」において「博愛・善行（benevolence）」に位置するが，〈会社の規則〉型及び〈規範と意思〉型は「原理・原則（principle）」に位置している。

　組織の倫理風土モデルの初出である Victor & Cullen（1987）では，この縦軸について，まず Kohlberg（1969）の道徳性発達理論を取り上げ，このモデルが倫理的理由づけに着目していること，Piaget（1932）に代表される認知発達的理論の流れを汲むこと，その3つの水準が「自己利益（self-interest）」「ケア（caring）」「原則（principle）」であることを確認している。その上で，Fritzche & Becker（1984）及び Williams（1985）を参照して，道徳性発達理論の3つの水準は，一般的な倫理の理論である「利己主義（egoism）」「功利主義（utitalianism）」「義務論（deontology）」に呼応するとして，後者の3つの次元をモデルの縦軸に用いている[3]。

　しかしその後，Victor & Cullen（1988）において，道徳性発達理論が対象としているのは個人であるため，直線的な段階を考えることができるが，

集団や組織の風土においては分類にとどまること，また，集団や組織は多様な人々により形成されるため，（個人以上に）複数の特徴が混在し得るとした[4]。同時に縦軸の第2次元は「博愛・善行（benevolence）」に改められ，以降の研究ではこの用語が用いられることになる。

　こうした経緯も踏まえ，本節が分析の対象とする3つの型の倫理風土が位置づく「博愛・善行（benevolence）」と「原理・原則（principle）」に絞ると，この両者はさまざまな点で対比的に捉えることができる。例えば，Kohlberg（1969）の道徳性発達理論に対するGilligan（1982）の「ケアの倫理」による批判はよく知られているが，これに拠れば，「博愛・善行」は他者への共感や同情の感情に基づく点で女性の道徳判断を，「原理・原則」は客観的・普遍的な公正さに基づく点で男性の道徳判断を描いたものと考えられるという。また，「博愛・善行」は功利主義・相対主義・東洋的な世界観と，「原理・原則」は義務論・普遍主義・西洋的な世界観と親和性が高いと考えることもできよう。

　本書においては，第2章で整理した2つの倫理戦略と対応させれば，コンプライアンス志向の戦略は〈会社の規則〉型と，インテグリティ志向の戦略は〈規範と意思〉型及び〈他者貢献〉型と親和性が高いことを先に第6章第2節で示した。ただし，上の検討を踏まえれば，〈会社の規則〉型及び〈規範と意思〉型は西洋的な，〈他者貢献〉型は東洋的な価値観や世界観を基盤としていると考えることができる。第6章第2節の分析では，組織の倫理風土モデルの縦軸は元々，Kohlberg（1969）の道徳性発達理論に依拠していたことを踏まえ，下に行くほど「より発達した段階の」という表現を用いて仮説を設定し分析したが，その仮説は支持されなかった。この分析の追試の意味合いも持つ本節の分析では，一旦，同じ表現を用いて仮説を設定し検証するが，分析の対象となる3つの倫理風土が位置する「博愛・善行」と「原理・原則」とに絞れば，この両者は発達段階というよりは東洋的・西洋的という基盤としての文化の対比として捉えるのが適切である可能性がある。

　また，図表7-1が依拠する組織の倫理風土モデルの横軸分析のレベルの広さについては，先に第6章第2節において分析し考察した。本節の分析の対象となる3つの倫理風土の型について確認すれば，〈他者貢献〉型は個人・

組織・社会のすべてのレベルを包含するものであり，〈会社の規則〉型と〈規範と意思〉型は，その視座が自組織なのか社会全体にあるのかという点で違いがある。

　以上の考察及び第 6 章第 2 節での分析を踏まえて，その追試でもある本節の分析では，まず，以下の仮説を設定する。

　[仮説3-1]　組織の倫理風土は，その倫理的判断基準が「より発達した段階の」ものほど，仕事の有意味感に強い正の影響を及ぼす。

　[仮説3-2]　組織の倫理風土は，その分析のレベルが「より広い」ものほど，従業員の仕事の有意味感に強い正の影響を及ぼす。

1.2.2　個人の倫理性の間接効果

　本節の主題である個人の倫理性の役割に関し，組織の倫理風土がもたらす影響に関する先行研究を今一度振り返ると，組織の倫理風土に関する先行研究の成果をレビューした Martin & Cullen（2006）や Newman et al.（2017）によれば，組織の倫理風土は，従業員の道徳的志向性や態度・行動，組織コミットメントや職務満足，そして心理的ウェルビーイングにも作用することが示唆されている。また，企業不祥事や違反行為に関する研究成果からは，組織の風土から従業員の「組織の一員としての判断や行動」への影響が示唆されている（例えば，鎌田ほか，2003）ことも，先に第 6 章で確認した。こうしたことから，第 6 章第 2 節の分析結果から得られた組織の倫理風土は，個人の倫理性及び仕事の有意味感に影響を及ぼすことが予見される。

　一方，これまでに述べたように，仕事の有意味感に影響する（を生み出す）ものを探求する観点からは，文化的規範等の社会的要因，リーダーシップや組織文化等の組織的要因，自律性や内発的動機づけ等の個人的要因が作用することが示されている（Lysova et al., 2019）。組織の倫理風土は組織的要因に，個人の倫理性は個人的要因に含まれ得ることから，これら各々もまた仕事の有意味感に影響すると考えられる。

　そして，第 3 章における Hackman & Oldham（1976）の職務特性モデルへの検討から，「タスク重要性」と訳される他者への影響度（への認知の程度）が，仕事の有意義性への知覚に影響を及ぼすのであれば，その影響度を認知する源泉となる他者志向性は，倫理的な態度と不可分な概念であり，こ

図表7-2　第7章第1節の分析モデル

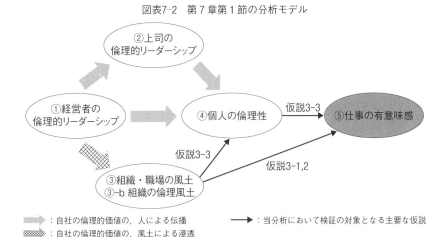

:自社の倫理的価値の，人による伝播　　　　　:当分析において検証の対象となる主要な仮説
:自社の倫理的価値の，風土による浸透

こから，個人の倫理性が仕事の有意味感に影響を与え得ることが予見される。
　以上の検討を踏まえ，個人の倫理性の役割に関し，以下の仮説を設定する。
　仮説3-3　組織の倫理風土は，個人の倫理性を介して，従業員の仕事の有
　　　　　　意味感に正の影響を及ぼす。

1.2.3　分析モデル

　以上の検討及び仮説を踏まえ，本節における分析モデルを図示すると，図
表7-2のようになる。

1.3　実証分析

1.3.1　使用するデータ及び尺度

　以上の仮説を検証するため，調査③A社従業員調査のデータにより作成
された尺度（変数）を用いて分析を行った。まず，当分析で使用する尺度の
記述統計量及び変数間の相関係数を図表7-3に示す[5]

1.3.2　分析

Ⓐ　共分散構造分析

　相関係数を踏まえ，仮説に基づいて構造方程式モデリング（SEM）によ
る分析とモデルの構築を行った。構築したモデルを，パス係数と共に図表7-
4に示す。構築したモデルの主な適合度指標は，χ^2（1，N=796）=0.944，

図表7-3　当分析で使用する変数の記述統計量及び変数間の相関係数

	平均	標準偏差	1.	2.	3.	4.
1．組織の倫理風土〈会社の規則〉	4.037	1.008	—			
2．組織の倫理風土〈規範と意思〉	3.911	0.818	.564**	—		
3．組織の倫理風土〈他者貢献〉	3.947	0.895	.369**	.707**	—	
4．個人の倫理性	4.342	0.795	.251**	.342**	.346**	—
5．仕事の有意味感	4.195	0.938	.270**	.283**	.288**	.505**

*p<0.05，**p<0.01

図表7-4　構造方程式モデリング（SEM）によるモデル

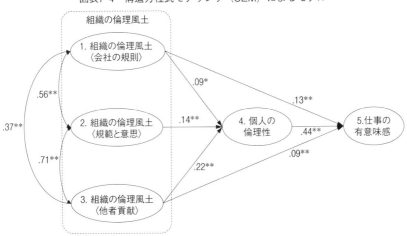

* p<0.05 ,** p<0.01，
χ^2（1, N=796）=0.944, GFI=1.000, AGFI=1.000, NFI=1.000, CFI=1.000, RMSEA=0.000

GFI＝1.000，AGFI＝1.000，NFI＝1.000，CFI＝1.000，RMSEA＝0.000であり，当てはまりのよいモデルと判断した。

⑧　媒介分析

構築したモデルにおける「個人の倫理性」の間接効果を確認するため，共分散構造分析の結果を踏まえて媒介分析を行った。

具体的には，まず，組織の倫理風土の3つの型各々を独立変数，「5．仕事の有意味感」を従属変数とする単回帰分析を行い，各々の結果が5％水準で有意であることを確認した。次に，「4．個人の倫理性」を媒介変数としたモデルにおいて，独立変数から媒介変数，媒介変数から従属変数への各々

図表7-5　媒介分析の結果

（1）組織の倫理風土の3つの型各々から「5．仕事の有意味感（MW）」への単回帰分析の結果

	標準化回帰係数	調整済みR²	F値
1．倫理風土〈会社の規則〉→5．MW	.270**	.072	62.681**
2．倫理風土〈規範と意思〉→5．MW	.263**	.079	69.387**
3．倫理風土〈他者貢献〉→5．MW	.288**	.082	71.669**

*p＜0.05．**p＜0.01

（2）組織の倫理風土の3つの型各々から「5．仕事の有意味感（MW）」への影響における「4．個人の倫理性（倫理性）」の間接効果に関する媒介分析の結果

	総合効果	直接効果			間接効果	
1．倫理風土〈会社の規則〉→4．倫理性→4．MW		1．〈会社の規則〉→5．MW	1．〈会社の規則〉→4．倫理性	4．倫理性→5．MW	95% CIbs	
	.169**	.127**	.094*	.442**	.042 [.002, .083]	
2．倫理風土〈規範と意思〉→4．倫理性→4．MW		2．〈規範と意思〉→5．MW	2．〈規範と意思〉→4．倫理性	4．倫理性→5．MW	95% CIbs	
	.060*	—	.136*	.442**	.060 [.008, .112]	
2．倫理風土〈他者貢献〉→4．倫理性→4．MW		3．〈他者貢献〉→5．MW	3．〈他者貢献〉→4．倫理性	4．倫理性→5．MW	95% CIbs	
	.183**	.088*	.215**	.442**	.095 [.049, .147]	

*p＜0.05．**p＜0.01。総合効果，直接効果，間接効果の値はいずれも標準化回帰係数。

のパスも5％水準で有意であることを確認した。これらの結果を踏まえ，独立変数各々から従属変数への標準化総合効果，標準化直接効果，標準化間接効果の値を計算し，媒介変数の間接効果の有意性をブートストラップ法（サンプリング：2,000回）により検定した。これらの値を図表7-5に示す。

　以上の分析の結果，「4．個人の倫理性」は間接効果を有し，「2．組織の倫理風土〈規範と意思〉」に対しては完全媒介，「1．組織の倫理風土〈会社の規則〉」「3．組織の倫理風土〈他者貢献〉」に対しては部分媒介であることが示唆された。

1.3.3　結果

　上述の分析の結果から，導出した仮説を検討していくと，以下のようになる。

まず，仮説3-1（組織の倫理風土は，その倫理的判断基準が「より発達した段階の」ものほど，仕事の有意味感に強い正の影響を及ぼす。）について，SEM により構築されたモデル及び媒介分析の結果に基づいて検討すると，「より発達した段階」すなわち組織の倫理風土モデル（図表7-1）の縦軸のより下に位置づく〈会社の規則〉型及び〈規範と意思〉型から仕事の有意味感へのパス係数及び総合効果の数値はいずれも5％水準で有意であるが，これらよりも，組織の倫理風土モデルでは上，すなわち発達段階としては前段階を示すところに位置づく〈他者貢献〉型からのパス係数及び総合効果の数値の方が，5％水準で有意かつ大きい値であった。

これにより，仮説3-1は支持されなかった。

一方，仮説3-2（組織の倫理風土は，その分析のレベルが「より広い」ものほど，従業員の仕事の有意味感に強い正の影響を及ぼす。）については，〈会社の規則〉型よりも〈規範と意思〉型及び〈他者貢献〉型の方が，分析レベルは「より広い」が，SEM により構築したモデル及び媒介分析の結果によれば，〈規範と意思〉型，〈会社の規則〉型，〈他者貢献〉型の順で後者に行くほどその値が大きくなった。

これにより，仮説3-2は一部で支持された。

次に，仮説3-3（組織の倫理風土は，個人の倫理性を介して，従業員の仕事の有意味感に正の影響を及ぼす。）について媒介分析の結果を検討すると，組織の倫理風土の各々の型から「個人の倫理性」を媒介しての「仕事の有意味感」への間接効果は，前述のようにブートストラップ法で検定した結果，3つの型すべてにおいて5％水準で有意であった。

これにより，仮説3-3は支持された。

1.4　考察

以上の実証分析の結果による，主要な論点は以下の3点である。

[1]〈他者貢献〉型の倫理風土からの影響とその大きさ

第6章第2節で，〈他者貢献〉型の風土の分析の対象範囲には，「組織内のメンバー」と「組織外のステークホルダー及び社会」の両者が含まれることを指摘した。また，本章では，組織の倫理風土モデルの縦軸においてこの型

の風土が位置づく次元である「博愛・善行（benevolence）」は，当初は「功利主義（utilitarianism）」と名付けられ，ケアの倫理をも意図した，「原理・原則（principle）」と対置された概念であることを確認した。

　Kohlberg（1969）の道徳性発達理論は国や文化的な差異を超えて広く参照されているが，第3水準（慣習的水準以降）が第2水準（慣習的水準）よりも「発達している」「優れている」と見なすことについては，特に日本の従業員を対象とする場合には，慎重であるべきだろう。まず，これは，功利主義と義務論のどちらが優れているのかを論じることに通底しており，しかも，日本を含む東洋の文化圏においては，そもそも，自己と他者との区別が西洋の文化圏よりも曖昧であり，物事を判断する際は状況やコンテクストを重んじる傾向があることがさまざまに指摘されているからである。

　本章の分析において，〈他者貢献〉型の倫理風土が，個人の倫理性にも仕事の有意味感にも相対的に大きな影響を与えることが見出されたのは，日本における道徳性が文脈依存的であり，功利主義と親和性が高く，ケアの倫理に相通じることを説明すると考える。日本の従業員は，自社の倫理風土が自社の規則や職業倫理を優先するよりも組織内外の他者への貢献を大切にすると知覚するとき，その倫理性はもちろん，自らの仕事を意味のあるものと感じる可能性が高くなるのである。言い換えれば，組織のインテグリティを目指す経営，さらには企業倫理の実践において，規範や原則そのものよりも人間や社会をより志向することが，従業員にとっては，個人の倫理性と仕事の有意味感の両方において，より大きな意義を持つことになるといえ，いわば日本型のインテグリティ志向を示唆するともいえるだろう。

［2］個人の倫理性の間接効果

　概念的には，個人の倫理性は，組織のインテグリティの実現においては，経営の意図するところに制御していくべき対象であり，その点で，従業員を目的というよりは手段として扱うことから免れない。

　しかし，その変化を促すために，マネジメントの変革を行ったり，さらには教育・研修などにより働きかけを行ったりすることで，卓越性や完全性に向けての個人レベルでの学習や成長が促されるとき，それが同時に，ユーダイモニアに関わるものとしての仕事の有意味感につながるならば，その学習

は組織のためのものだけではなく，従業員自身のためのものという意味を同時に持ち，従業員を目的として扱うことにつながることになる。

　そもそも，人の成長はそれ自体が有意義であり，企業における従業員の学習は，単に組織のアウトプットを高めること以上の意味を持っている。企業倫理の推進により，個人がその倫理性を高めるという学習を実現することは，それが企業の社会性の実現と同時に個人の仕事の有意味感という幸福にもつながる点で，組織と個人とをつなぐ要としての役割と意義を有するといえよう。

［３］個人の倫理性から仕事の有意味感への影響

　最後に，これは前の２項目に比べれば付加的な事柄ではあるが，本節の分析で構築したモデルにおいて，個人の倫理性から仕事の有意味感へのパス係数が，組織の倫理風土のいずれの型（の総合効果）と対比しても，相対的にやや強い値（0.44）を示していたことを指摘しておきたい。ここまでの分析における結果でも，仕事の有意味感に対しては，上司の倫理的リーダーシップ（第５章第１節）や職場風土（第６章第１節）よりも，個人の倫理性がより強い正の影響を及ぼすことが示唆されてきたが，本節の分析でもこれを支持する結果となった。つまり，仕事の有意味感は，周囲の環境的な要因よりも，本人の内面からの影響をより受けると考えることができ，この点で，職務満足とは対照的であると考えられる。

　本節の分析と考察は，これまでの企業倫理（学）において，要因あるいは手段とも見なされてきた個人の倫理性が，組織のインテグリティという概念において，組織の倫理風土と従業員の仕事の有意味感を媒介する存在であることをあらためて示した。こうした，本書における研究の概念全体における扇の要（かなめ）ともいえる「個人の倫理性」そのものについて，ここまで，第Ⅰ部の理論分析に基づき量的な分析を行ってきたが，最後の分析として，個人の倫理性と仕事の有意味感のみに絞った質的な分析を行い，「個人の倫理性」をどのように考えればよいのか，それは何であったのかを考察する。これにより，さらなる探究への手がかりを得ることで，実証研究の締めくくりとしたい。

2. 個人の倫理性と仕事の有意味感

2.1　はじめに

　本節では，個人の倫理性と仕事の有意味感の関係に焦点を絞り，その影響関係と共に「個人の倫理性」という概念への考察を深めることを意図している。そこで，本節の分析にあたっては，調査④ A 社内インタビュー調査によるデータを用いた質的分析を行い，ここまでの量的分析と収斂させながら考察していく。また，ここでの分析の対象は中間管理者とする。これには次のような理由がある。

　まず，本書における研究は日本企業を対象としているが，先に第 2 章で確認したように，日本型の経営においては中間管理者が重要な存在であることが指摘されてきた点である。これを踏まえ本書では，中間管理者（上司）の倫理的リーダーシップを倫理マネジメントの要素の 1 つとして位置づけ，人による伝播を分析した第 5 章を中心に影響関係を分析した。

　ただし，中間管理者は同時に従業員でもあり，自らが仕事の有意味感を求める存在でもあり得る。その日々の業務に関し Mintzberg（1973）は，管理者（マネジャー）には公式権限と地位から生まれる10の役割があり，それらは「対人関係」「情報関係」「意思決定」の 3 つに大別できるとした[6]。日本では，西村・西岡（2016）が，Mintzberg 等の整理と日本の先行研究を踏まえ，組織管理，部下育成，情報伝達，例外対応の 4 つに類型化している。

　こうした，管理者の役割として指摘されている事柄を企業倫理の文脈で捉えれば，本書が着目する日本の中間管理者は，経営者が構築した倫理的価値という情報を伝達し，組織内部の人々を方向づけ，組織内外への非定型的な対応を最前線で，しかも責任者として，担う人々といえる。その役割遂行過程では多くの，そして難しい倫理的な意思決定が求められ，その経験が本人自身の個人の倫理性や仕事の有意味感という内面のあり様に作用し，一般層以上にその関係を際立ったものにすると考えられる。こうした点も，本節において中間管理者を対象とする理由である。

2.2　仮説の導出

2.2.1　リーダーシップ・スタイルと個人の倫理性

　中間管理者を対象として分析し，個人の倫理性を検討していくにあたり，ここではまず，Turner et al.（2002）及び Simola et al.（2010）による，管理者のリーダーシップ・スタイルと道徳性（個人の倫理性）に関する先行研究を見ておきたい。

　これらの研究で着目されているリーダーシップ・スタイルは，主に変革型（transformational）リーダーシップである。変革型リーダーシップは，Burns（1978）及び Bass（1985, 1998）により提示された概念であり，端的にいえば，フォロワーの価値観に働きかけて影響を及ぼすリーダーシップ・スタイルとされ，何らかの報酬と引き換えに影響を及ぼす交換型（transactional）リーダーシップと対比される。本書における倫理マネジメント戦略を想起すれば，変革型リーダーシップは価値観の共有を基盤とする点でインテグリティ志向の戦略に，交換型リーダーシップは賞罰によりフォロワーの行動に働きかける点でコンプライアンス型の戦略に，各々親和性が高いと考えられる。

　Turner et al.（2002）は，量的調査によるデータを用いた分析を行い，Kohlberg（1969）の道徳性発達理論に依拠した中間管理者の道徳的発達段階と，変革型リーダーシップ行動を対比した。本書の第2章及び本章の第1節でも確認したように，Kohlberg（1969）の道徳性発達理論では道徳性の発達段階を低次のものから順に，慣習的水準以前（第1水準），慣習的水準（第2水準）），慣習的水準以降（第3水準）と段階づけており，その直線的な段階は道徳性の程度を示すものとして参照され，後述する DIT などの測定尺度や組織の倫理風土モデルなどの理論的根拠として援用されてきた。しかし Turner et al.（2002）による分析の結果は，道徳性の段階が第1水準の（道徳性の低い）管理者に対し，第3水準の（道徳性の高い）管理者の方が，より変革型リーダーシップを発揮する傾向があることが認められたものの，第2水準の管理者と第3水準の管理者の間では差異が認められなかったというものであった。

　この研究を発展させたのがSimola et al. (2010) であるが，これによれば，Kohlberg (1969) の道徳性発達理論は（カント的）正義を基盤とし，普遍的な原則に基づく理由づけを道徳的に最高次の段階と想定するものであり，Turner et al. (2002) の分析も道徳性へのそうした見方を前提としたものであることを指摘した上で，変革型リーダーシップはむしろ，Gilligan (1982) によるケアの倫理に基づく道徳性との間に正の関係が見出されることを，量的調査によるデータを用いた分析により示した。ただし，交換型リーダーシップにはこうした関係は認められなかったという。

　Kohlberg (1969) の道徳性発達理論が示す道徳性の段階は，本書でこれまで見てきた組織の倫理風土モデルの縦軸にも援用されている。先に第1節でも確認したように，高次の段階とされる慣習的水準以降（第3水準）は組織の倫理風土モデルでは「原理・原則」，これより一段階下とされる慣習的水準（第2水準）は（当初は「功利主義」，後に）「博愛・善行」と名付けられ，Gilligan (1982) によるケアの倫理に通じるのは後者であった。組織の倫理風土に関する本書の分析ではこの縦軸について「より発達した段階の」という表現を用いたが，結果として，「博愛・善行」に位置する〈他者貢献〉型の倫理風土が日本型のインテグリティ志向の倫理マネジメントの鍵と考えられることが示唆された。上述のリーダーシップ・スタイルと道徳性に関する研究の結果も踏まえれば，（カント的）正義に基づく「原則志向」と功利主義・ケアの倫理に基づく「博愛志向」は，倫理的な優劣（段階の関係）があるというよりは，倫理的志向性の種類として把握するのが適切であるといえる。

2.2.2　個人の倫理性の測定と多元的な倫理性

　上記のような検討を踏まえた上で，本節で行う質的分析における個人の倫理性の測定について整理しておきたい。これに関する先行研究としては，Colby & Kohlberg (1987) による，道徳的ジレンマ状況を提示しての半構造化インタビューが挙げられる。これは，提示された状況における判断の理由づけに着目し，その背後にある倫理的価値観を把握しようとするものと理解される。しかしこの方法は安定的な実施が難しい等の問題があり，これを解決すべくRest et al. (1974) が客観的な質問紙法であるDIT（Defining Is-

sues Test）を開発し，後には改訂版の DIT-2 が提示された。これらは多く
の実証研究で用いられており，先の Turner et al.（2002）においても DIT
が使用されている。

　ただし，直近約30年の研究を中心にレビューした Marti-Vilar et al.（2021）
によれば，道徳性の測定について21の手法が見出され，大きくは，DIT な
ど Kohlberg（1969）の道徳性発達理論に依拠する潮流によるもの，社会志
向性に基づくことを志向するもの（例えば，Gibbs et al.（1992）による Socio-
moral Reflection Measure Short Form；SRM-SF など），さらには，道徳性
発達理論からは離れたところで既存のジレンマ問題を用いるもの，といった
３つの流派に分類できるという。

　個人の倫理性をいかに考え，測定するかという問題について，本書では，
第２章で検討したように違反の有無からではなく，規則の遵守の程度のみか
らでもなく，Paine（1997）が「目的」「原則」「人間」のバランスという言
葉で象徴的に示したように，さまざまな倫理的価値を有して多元的に統合し，
より「よい」ビジネスを行っていこうとする志向性を「個人の倫理性」と呼
んできた。ルールを守り違反をしないという態度は Paine（1997）でいえば
「原則」に該当し，１つの重要な要素ではあるが，すべてではないという考
え方に立っている。量的調査でもこれを踏まえ，複数の視座，すなわち複数
の倫理原則を有していることを測ることを念頭において尺度の開発を試み，
これを用いて分析を進めてきた。

　本節で行う質的分析においても，個人の倫理性に対するこうした考え方は
踏襲し，かつ，質的調査だからこその，量的調査における試行を補うことを
意図した測定を志向していく。具体的には，Colby & Kohlberg（1987）の
方法をビジネスに応用した面接調査を実施してデータを収集し，分析してい
く。すなわち，道徳的ジレンマを知覚するようなビジネス状況を提示し，そ
こにおける判断の理由づけに着目して，その理由づけの態様から個人の倫理
性を把握する，という方法である。ただし，着目するのは判断の背後にある
倫理的価値の多様さであり，これが多様であるほど（意思決定においてどれ
をも意識されているほど）強いジレンマを知覚するであろうと想定し，その
ジレンマの程度と内容が個人の倫理性を示すと考える。ここで把握しようと

図表7-6　第7章第2節の分析モデル

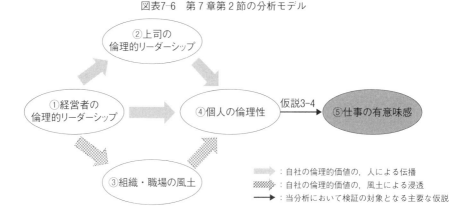

するのは多元的な倫理性であり，これと仕事の有意味感との関係について，本書におけるここまでの研究を踏まえて以下の仮説を設定し，分析していく。

　仮説3-4　中間管理者の個人の倫理性（多元的な倫理性）は，仕事の有意味感に正の影響を及ぼす。

2.2.3　分析モデル

以上の検討及び仮説を踏まえ，本節における分析モデルを図示すると，図表7-6のようになる。

2.3　実証分析

2.3.1　調査の概要

本節の分析では，調査④ A 社内インタビュー調査のデータを用いる。その調査概要は以下のとおりである。

東証一部上場企業[7] A 社の協力を得て，同社正規従業員の中間管理者（部長，課長）を対象に，面接調査を行った。調査は2019年11月から12月にかけて，A 社内の会議室にて個別面談方式で1名につき約45分間行った。調査にあたっては A 社の担当者及び対象者各々に対し書面及び口頭で，調査の趣旨，確認プロセス，録音の実施について事前に説明し同意を得た。

調査は半構造化インタビューにより実施した。まずキャリア等を伺ってラポールを形成し，その後，「仕事の有意味感」に関する経験をたずねた。こ

れにあたっては「これまでの仕事の中で，自分にとって非常に意味深く，重要な出来事だったと感じられる経験，例えばリタイアした後，若い人や子供たちに自分はこんな仕事をしたと語りたくなるような経験」を語るよう教示した。続いて，独自に作成した倫理的ジレンマケース（第4章参照）を提示して大きめのラベル2枚を渡し，ケースを読み，自分が主人公だったらとるであろう行動をラベルの1枚目に，その理由を2枚目に記述するよう教示した。対象者がケースを読み回答を記述している間は様子を観察して記録し，回答終了後はその記述内容を基に問いかけ，理由づけの内容がより具体的に語られるよう努めた。ケースとラベルは回収し分析の補助資料とした。

2.3.2　データの分析

　調査は24名を対象に実施したが，一部の話題のみで終始した対象者や録音の不具合等があり，分析に必要なデータが揃ったのは14名であった。14名の役職は，部長クラス5名，課長クラス9名であり，担当部門は，企画開発系4名，生産管理系2名，営業系5名，スタッフ系（業務推進系を含む）3名であったことから，A社の組織及び事業内容に鑑みて偏りはないと判断し，この14名のデータについて以下の分析を行った。

　まず，調査実施後，録音データをトランスクリプトに起こした上で読み込み，コード化を行った。具体的には，①倫理的ジレンマケースにおける「理由」及び「（観察された）姿勢」に関する情報，②「有意味な仕事に関する経験談（物語）」経験の「内容」に関する情報を各々コード化した。②「仕事の意味深さ」については，経験に基づく個別的な表現を抽象化する2段階のコード化を行った。

　その上で，帰納的に分析を進めた結果，①については「理由の多元性」「ジレンマの知覚度」「より優れた解決策を探すタフネス」の3項目が，②については「内容の豊かさ」「描写の生々しさ」の2項目が，①②各々における分析の指標となり得ることが見出された。そこで，これらを評価項目として追加し，再度，各事例について分析し「○：顕著に認められる」「△：やや認められる」「×：全く認められない」の3段階で評価して追記して，総合的に分析した。以上の分析結果を，図表7-7に示す。

図表7-7　面接調査によるデータの分析結果

事例	「倫理的ジレンマケース」への回答のコード　理由と《観察された》姿勢	帰納的に見出された評価項目※ 理由の多元性	ジレンマネス	「仕事の有意味感」経験への回答のコード①	経験への回答のコード② ①の抽象化	帰納的に見出された評価項目※ 濃かさ	生々しさ
01	信用失墜のリスク / 後々の事象長期志向 《限られた想像範囲》	△	△	社内の知見が多い中での仕事 / 社内の多様な部署との連動と成果 / 他ではできないハイアイデアを出す	挑戦 / 優良顧客 / 一流承認 / 社内連携 / 今後のアイデア	○	○
02	怪我が最優先 / 役割分担	×	×	撤退作業を一人で全部	独力 / 大変	×	△
03	既存顧客優先 / 信頼信用関係 《リスクヘッジ》 / 後々の事象長期志向	○	○	顧客と協働して成果 / 自分のアイデアで成果が出た / 相手先社長からの信頼	外部協働 / 一流承認 / 開拓者 / 今後の礎	○	○
04	トラブルリスク / 対応の順番 / 後々の事象長期志向 / 利益との両立	○	△	顧客と協働して成果 / 自分のアイデアで成果が出た / 新しい、挑戦的なこと / フロー状態	外部協働 / アイデア / 挑戦 / フロー	○	○
05	対応の順番 / 役割 《姿勢》約束を守る	△	△	密な人間関係作り / 逆境に負けずにやってきた	不屈 / 人間関係	×	△
06	人間関係優先 / グレーム優先 《粘り強さ》どうにか両立	○	○	初めての取引先を開拓 / 不信な相手から信頼を得る / 苦言を言われても負けない / 道を作った	開拓者 / 両成果 / 信頼構築 / 不屈 / 今後の礎	○	○
07	怪我が最優先 / 原因究明 / 状況次第	×	×	新商品を開発、育てた / 社内変革期に活躍 / 大変だった	新商品 / 活躍 / 大変	△	△
08	他者危機 / 《限られた想像範囲》顧客志向	△	△	大失敗をして大事なことを学べた / 社内の知見がないことへの挑戦 / 環境変化に立ち向かう	一皮経験 / 挑戦 / 変革	△	△
09	予定優先 / 《限られた想像範囲》	×	×	海外経験 / 社内ポジション	自己社内立場向上	×	△
10	製造物責任 / 信用低下 / 専門性	○	○	定番商品の開発 / 市場の中で存在価値のあるもの / 日本一で完結	開拓者 / 愛国心 / 存在価値	△	○
11	製品のリスク / 相手の心情 / 状況次第 《楽観的な見通し》環境変化への対応	△	△	環境変化への対応 / 一人で全部 / バディとの連携	挑戦 / 独力 / バディ	△	△
12	利益優先 / 《問題対応》失敗経験	△	×	失敗経験 / 会社に大きな損害	失敗 / 会社大損	×	△
13	両立 / あらゆる可能性	○	○	大規模・新規性の高い業務改善 / 試行錯誤	開拓者 / 業務改善 / 試行錯誤	○	○
14	合理性 / 利益優先	×	△	逆張りで売り上げ大幅増 / 顧客、販売員との信頼関係	不屈 / 成果 / 信頼関係	△	△

※「帰納的に見出された評価項目」の記号　○：顕著に認められる　△：やや認められる　×：全く認められない

2.3.3　結果

　以上の分析から，倫理的ジレンマケースへの回答の理由づけを通じて，ジレンマをより強く自覚し，より多元的な倫理性を有すると判断される事例（インタビュイー）は，有意味な仕事に関する経験についても豊かに，具体的に記憶し，生き生きと語ることができることが示唆された。

　例えばある事例では，倫理的ジレンマケースにおける判断の理由として，顧客からの信用という原則を重視すると共に，風評等のリスク，後々のビジネスの展開等の帰結主義的思考も巡らせており，多元的な倫理性を有すること，それゆえジレンマも強く感じている様子が観察されたが，「有意味な仕事に関する経験」についても，顧客との信頼関係と双方の長期的な維持発展に関する体験が豊かに生々しく語られた。

　また別の事例でも，倫理的ジレンマケースにおける判断では顧客との人間関係をまずは重視しつつも，「大口の契約」という利益，すなわち自らの目的や帰結と，クレームへの誠実な対応を「どうにかして両立」できないか逡巡し検討しており，多元的な倫理性の発露が見出されたが，その「有意味な仕事に関する経験」も，当初はネガティブな対応をされていた取引先と信頼関係を築いて得意先とし，後輩への道を開いたというものであり，これもまた鮮明な記憶として語られていた。

　逆に，倫理的ジレンマケースに対し単一の理由（予定が最優先，利益が大きいものが最優先）のみで判断し，他の理由への広がりが乏しい，すなわち多元的な倫理性の弱さが察せられた事例では，「有意味な仕事に関する経験」も業務上の海外経験や失敗経験を短く語るにとどまる傾向が見られた。

　こうしたことから，個人の倫理性（倫理的な多元性）と仕事の有意味感の間には関係が見出され，仮説3-4は支持されたと判断した。また，倫理的ジレンマケースへの反応においては，予見された「倫理的理由づけの多元性」や「ジレンマへの知覚」の他に，「より優れた解決策を探すタフネス」を示す事例が，仕事の有意味感経験も豊かに有する傾向が見出された。

2.4　考察

　以上の分析の結果による，主要な論点は以下の2点である。

［1］多元的な倫理性は，仕事の有意味感に影響を与える

　面接調査のデータ，特に倫理的ジレンマケースへの対応に関する反応の分析から，その理由づけに見出される倫理的価値観が多元的であるほど，有意味な仕事に関する経験を豊かに有し語り得る傾向が見出された。

　このことは，個人の倫理性という概念を探究するにあたり示唆に富む。企業倫理において，特に違反や不祥事の防止に焦点が当たる文脈では，法令等の遵守が強調されやすい。これも1つの倫理的価値であり，決して否定されるものではない。しかし，従業員の仕事の有意味感や，組織における優れた意思決定という観点からは，多元的な倫理性を持つことの重要性もまた，着目に値するのである。

　これは，水谷（1995）のいう「ジレンマの知覚」[8]に通じ，心理的な困難も伴い得るが，単一の価値観だけに基づいたり，自動的に情報を処理したりしていくような思考様式では得られない，仕事における人間らしい幸福や徳のある，優れた職業人生を従業員が獲得していくことに寄与するといえよう。

［2］ジレンマ状況の中でより優れた解決策を考え抜く，「思考のタフネス」
　　　の重要性

　本節の分析の結果，ジレンマの知覚や多元的な倫理性だけではなく，より優れた解決策を探し考え抜こうとする，思考のタフネス（頑強さ）が有意味な仕事に関する経験と関係する可能性が見出された。

　ビジネスの現場では，問題を発見して課題を形成し，解決策を創出することが，判断と同等か，時にはそれ以上に重要である。倫理的ジレンマ状況においても判断の理由と共に優れた策が求められ，これは卓越した判断には不可欠な要素である。

　こうした「策」の創出から逃げない意思の強さ，創造性の豊かさと，個人の倫理性との関係，そして仕事の有意味感への作用は，新たな探究の対象に値すると思われる。

【注】
1）　Barnard（1938）が示唆した「組織人格と個人人格」（山本安二郎・田杉競・飯野春樹訳（1968）『新訳　経営者の役割』p. 91）を念頭に置いている。
2）　本節での分析の対象とはしないが，第6章第2節で分析の対象とした〈社員の幸福〉

　型についても参考として提示している。

3)　Victor & Cullen（1987）p. 54。

4)　Victor & Cullen（1988）p. 105。

5)　当分析で用いる調査③のデータは，すべての変数について，単一のサンプルから収集されたものであるため，コモン・メソッド・バイアスが生じる可能性が懸念される。そこで本研究では，コモン・メソッド・バイアスに対する事後措置として，Harman の単一因子テストを行った（Harman 1967 ; Podsakoff et al. 2003）。具体的には，すべての観測変数を対象として，探索的因子分析を行った（主因子法，回転なし）。その結果，固有値が 1 以上の 4 つの因子が抽出された。それら 4 つの因子によって説明される全観測変数の分散の割合は58. 26％であり，かつ，第一因子のみによって説明される全観測変数の分散の割合は31. 09％であった。最も大きい固有値を有する単一の第一因子によって説明される全観測変数の分散の割合が50％に満たないほど低かったため，本研究におけるコモン・メソッド・バイアスの問題は深刻ではないと判断した。

6)　ただし，Mintzberg はその後，管理者の仕事を「情報の次元」「人間の次元」「行動の次元」に区分しモデル化した上で，各々における役割を再整理している（Mintzberg, 2009）。

7)　調査実施時。

8)　水谷（1995）p. 95

第Ⅲ部　考察と結論

第8章

企業倫理と仕事の有意味感

　本書では，第Ⅰ部で理論研究を行い，分析の対象となる概念を定めてその相互関係を概念図として整理し，これを受けた第Ⅱ部では，「人」と「風土」各々における分析モデルを構築して実証研究を行った。本章では，これらを総括した考察，及び，本書における研究全体の結論を提示する。これにあたり以下ではまず，第Ⅰ部における議論を要約し，第Ⅱ部における結果を集約した上で，本書を総括する。

1. 理論研究における議論と要約

　理論研究を主たる目的とした第Ⅰ部では，まず第1章において，実務における企業倫理導入の経緯と企業倫理学の学問的性格を概観した。その上で，本書が着目する「従業員と企業倫理との関わり」について，実務における潮流と企業倫理学におけるステークホルダー理論の2つの側面から検討し，本書における研究全体の問いを提示した。それは，「企業倫理は，それを担う従業員にとって，どのような意義があるのか」であった。

　これを受け第2章では，本書における「企業倫理」の考え方を明確にし，実証研究の分析対象を整理した上で，それらの概念について先行研究を概観すると共に日本型の経営に関する知見を掛け合わせて議論し，本書におけるインテグリティ志向の倫理マネジメントとしてその概念図を提示した。

177

　具体的にはまず，Paine（1994）が提示した「インテグリティ志向の倫理戦略」を起点とし，これが目指す「組織のインテグリティ」について規範倫理学の知見も踏まえて考察した。これにより，本書における「企業倫理」はアリストテレスの徳倫理が示唆する徳の実現を意味し，企業が優れた活動をし続けることを通じて善さや卓越性を獲得すること，究極価値としての「幸福」を探求し体現している状態と定めた。こうした，組織の「よさ」という概念が「組織のインテグリティ」であり，これを実現しようとし続ける経営の戦略がインテグリティ志向の戦略であった。

　インテグリティ志向の戦略では，経営者による倫理的価値の構築とその共有が基盤となる。ここにおける倫理的価値は，日本型の経営において重視されてきた経営理念に共通する部分もあるが，経営理念の内容や機能は変化し続けており，その内容は必ずしも倫理的価値のみには限定されないこと，インテグリティ志向の戦略では従業員の意思決定への作用がより期待されることなどの点で両者は区別しておくのが適切であった。そして，倫理的価値の共有には，経営者・管理者の行動による模範の提示とリーダーシップの発揮，及び，組織や職場のあり方そのものからの影響が重要になることから，前者を人による伝播，後者を風土による浸透とし，これら及び従業員の倫理的意思決定に関する先行研究を日本型の経営に関する知見と共に検討し，分析の対象となる概念を明確にしていった。具体的には，人による伝播については経営者及び上司（中間管理者）の倫理的リーダーシップ，風土による浸透については職場風土及び組織の倫理風土，従業員の意思決定については「個人の倫理性」に着目することが示された。従業員の視点でこれを再整理すると，経営者の倫理的リーダーシップを起点として，上司（中間管理者）の倫理的リーダーシップの醸成とその発揮（人による伝播），及び職場風土と組織の倫理風土の醸成とその作用（風土による浸透）が促進され，これらにより従業員の「個人の倫理性」が涵養されて倫理的な意思決定が習慣化し，組織のインテグリティが実現し続ける，ということになる。そして本書では，こうした理念に基づき各要素とその関係を管理していくことをインテグリティ志向の倫理マネジメントと呼ぶことにした。

　そして第3章では，本書における研究の問いに立ち戻り，こうした企業倫

理の実践，すなわちインテグリティ志向の倫理マネジメントが「従業員にとって，どのような意義があるのか」を把握するために，アリストテレスが究極善とした「幸福」概念に着目した。この概念は，今日の心理学の知見も交えれば，肯定的な感情や欲求の充足により得られる「快」を示すヘドニアからのみならず，自己実現や人間的成長により得られる「幸福」であるユーダイモニアとして捉えるのが適切であること，仕事を通じた幸福を把握するにあたりミーニングフル・ワークに着目する必要があることを検討し，本書ではこれを「仕事の有意味感」として探究していくことにした。その上で，これに隣接する概念として職務満足，天職（感），ジョブ・クラフティングを取り上げて各々との異同を検討し，特に職務満足については，重なり合う部分があることも想定されるものの一旦は対比するものとして考え，実証研究を通じて両者の差異を探求していくことにした。さらに，「仕事の有意味感」に作用する要因について，先行研究を概観した。

　そして，第Ⅰ部における考察と主要な概念を整理し，第Ⅱ部における実証研究のための概念図（図表8-1；図表4-11の再掲）としてまとめ，これらの概念間の影響関係を明らかにしていくことを示した。

　つまり，本書における研究のデザインは，企業倫理の実践，すなわちインテグリティ志向の倫理マネジメントにおける経営課題が，いかに「仕事の有意味感」に影響するのかを明らかにすること，及び，この概念間の関係にお

図表8-1　第Ⅱ部の実証研究における分析全体の概念図（図表4-11の再掲）

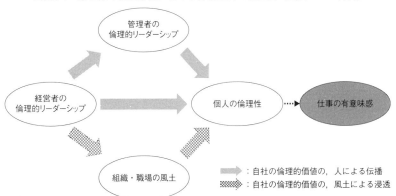

いて企業と従業員をつなぎ得る「個人の倫理性」の役割を見出すこと，この両者を意図した実証分析を行い，その結果を用いて，本書の「問い」に応答する，というものであった。

2.　実証研究における成果の集約

こうした理論研究による整理と分析のための概念図を踏まえ，第Ⅱ部では実証研究を行った。分析においては，独自の4つの調査によるデータを用いた[1]。具体的には，人による伝播，風土による浸透，各々について，先行研究に基づき仮説を導出して各々の分析モデルを提示し，上述の4つの調査によるデータを用いて概念間の関係を分析し考察していった。以下では，これにより得られた結果を集約し，その各々から得られた示唆を整理する。

まず，第5章では，人を介した伝播に着目し，上司の倫理的リーダーシップ，そして経営者の倫理的リーダーシップが及ぼす影響とその経路を分析した。

第1節では，従業員にとって身近な「上司の倫理的リーダーシップ」に着目し，これ及び「個人の倫理性」の2つを説明変数，「仕事の有意味感」「職務満足」の2つを被説明変数として，各々の直接の影響を分析した。

これにより，確認された主な結果は以下のとおりであった。

結果1a　上司の倫理的リーダーシップ及び個人の倫理性は，仕事の有意味感及び職務満足のいずれに対しても，正の影響を及ぼす。

結果1b　仕事の有意味感に対しては個人の倫理性からの影響が，職務満足に対しては上司の倫理的リーダーシップからの影響力が，各々より強い。

続く第2節では，倫理的リーダーシップの発揮主体を上司から経営者に広げ，経営者の倫理的リーダーシップ，上司の倫理的リーダーシップ，個人の倫理性の3つの説明変数が，仕事の有意味感に及ぼす影響を，その経路に着目して分析した。

これにより，確認された主な結果は以下のとおりであった。

結果1c　経営者の倫理的リーダーシップから仕事の有意味感に対する，直接の影響は認められない。

　<u>結果1d</u>　経営者の倫理的リーダーシップは，上司の倫理的リーダーシップ，及び，個人の倫理性の各々を介して，仕事の有意味感に正の影響を及ぼす。

　<u>結果1e</u>　上司の倫理的リーダーシップは，個人の倫理性を介して，仕事の有意味感に正の影響を及ぼす。

　これらと第1節の結果を総ずると，企業における経営者，及び上司（中間管理者）という「人」が発揮する倫理的リーダーシップの作用においては，経営者の倫理的リーダーシップは，本書がカスケード型の伝播と呼ぶ影響の連鎖の起点であり，相応の影響力を有するものの，それが従業員個々人の仕事の有意味感に及ぶまでには，上司の倫理的リーダーシップ，及び，個人の倫理性の介在が必要であることが示唆された。

　第6章では風土による浸透に着目し，従業員にとって身近な「職場」の風土と，企業全体を想定した「組織」の風土を説明変数として想定し，これらから従業員の個人の倫理性及び仕事の有意味感への影響関係を分析した。

　まず第1節では，職場風土に着目し，これを，日本企業の基層文化である集団主義からの影響や，個人と組織の分化に関する議論に基づき〈自律協働〉〈同調内圧〉の2つの型に区分した。その上で，これら及び「個人の倫理性」の3つを説明変数，「仕事の有意味感」「職務満足」の2つを被説明変数として，直接及び間接の影響を分析した。これにより，確認された主な結果は以下のとおりであった。

　<u>結果2a</u>　〈自律協働〉型の職場風土は，仕事の有意味感にも職務満足にも正の影響を及ぼすが，〈同調内圧〉型の職場風土は，仕事の有意味感には影響を及ぼさず，職務満足にはごく弱い負の影響を及ぼす。

　<u>結果2b</u>　仕事の有意味感は，〈自律協働〉型の職場風土からも個人の倫理性からも同程度の正の影響を受けるが，職務満足は，職場風土から比較的大きな正の影響を受ける。

　<u>結果2c</u>　〈自律協働〉型の職場風土は，個人の倫理性を介して，仕事の有意味感に正の影響を及ぼす。

　これらと第5章第1節の結果を総ずると，企業における「職場」という集団レベルの範囲内では，〈自律協働〉型の職場風土，上司の倫理的リーダー

シップ，個人の倫理性の３つの要素は，いずれも仕事の有意味感及び職務満足に正の影響を及ぼすが，〈自律協働〉型の職場風土，及び，上司の倫理的リーダーシップといった，個人にとっての外的環境要因は職務満足に，内的要因である個人の倫理性は仕事の有意味感に，各々より強く影響を及ぼす関係にあることが見出された。

　続く第２節では，想定する範囲を職場から組織全体に広げ，組織の倫理風土に着目して分析を行った。具体的には，第５章第２節と同じく経営者の倫理的リーダーシップを起点としつつ，これと従業員個々人との間に介在する組織の倫理風土の型の違いが，「個人の倫理性」「仕事の有意味感」そして「財務業績」の３つの被説明変数に及ぼす影響を分析した。

　これにより，確認された主な結果は以下のとおりであった。

　結果２d　組織の倫理風土は，理論モデルでは９つの型に区分され得るが，本書における研究では５つの型が見出され，それらのうち，個人の倫理性または仕事の有意味感に有意な影響を及ぼすのは，〈会社の規則〉〈規範と意思〉〈他者貢献〉〈社員の幸福〉の４つの型である。

　結果２e　経営者の倫理的リーダーシップは，組織の倫理風土に対し，総じて比較的強い正の影響を及ぼすが，〈会社の規則〉型に対しては相対的に弱い。

　結果２f　組織の倫理風土のうち，〈会社の規則〉型は，個人の倫理性に対しては弱い正の，仕事の有意味感に対しては弱い負の影響を及ぼす。

　結果２g　組織の倫理風土のうち，〈規範と意思〉型及び〈他者貢献〉型は，個人の倫理性，及び，仕事の有意味感の両者に比較的強い正の影響を及ぼすが，〈社員の幸福〉型は，個人の倫理性への影響は認められず，仕事の有意味感に対しては弱い正の影響を及ぼす。

　結果２h　組織の倫理風土は，いずれの型においても，企業の財務業績に対する影響は認められない。

　これらの結果から，インテグリティ志向の戦略と対比されるコンプライアンス志向の戦略と親和性が高い〈会社の規則〉型の倫理風土は，他の型とは異なった影響関係を有することが確認された。同時に，いずれも他者志向性に関連する〈他者貢献〉型，及び〈社員の幸福〉型であっても，その視座が

組織の内側止まりか，組織の外側まで広がるのかによって，個人の倫理性，及び仕事の有意味感への影響の仕方が異なる（後者の方が有意であり，強い）ことが示唆された。そして，組織の倫理風土のうち上記の型のものは個人の倫理性及び仕事の有意味感には有意な影響関係が見出されたのに対し，企業の財務業績との間には有意な影響関係があるとはいえなかった。

　第7章では，第5章及び第6章の分析を踏まえつつ，本書の研究のモデルにおいて扇の要の存在ともいえる個人の倫理性に着目し，その役割とこれが意味するものについて分析し探究した。

　まず，第1節では，第6章第2節で見出された組織の倫理風土の型を〈会社の規則〉〈規範と意思〉〈他者貢献〉の3つに絞り，これらと「仕事の有意味感」を介在する「個人の倫理性」に着目し分析を行った。これにより，確認された主な結果は以下のとおりであった。

　結果3a　組織の倫理風土のうち，〈他者貢献〉型は，個人の倫理性，及び仕事の有意味感の両者に対し，相対的により強い影響を及ぼす。

　結果3b　個人の倫理性は，仕事の有意味感に正の影響を及ぼし，かつ，組織の倫理風土からの影響を媒介する存在でもある。

　これらと第6章第2節の結果を総ずると，規則あるいは規範そのものよりも，組織外の社会や人々をも含めた他者に貢献することを志向する組織風土，そして，そうした価値観に基づく組織のインテグリティの実現が，従業員の仕事の有意味感により強く影響することが示唆された。

　また，第5章第1節及び第2節の結果と共に考察すると，個人の倫理性は，経営者を起点としたインテグリティ志向の倫理マネジメントにおいて，上司の倫理的リーダーシップという「人」と，職場及び組織の「風土」の両者からの影響を受け，その結果仕事の有意味感に作用するという，扇の要ともいえる存在であることが改めて明確になった。

　これを受け第2節では，質的分析により，「個人の倫理性」という概念そのものと仕事の有意味感の関係を探究した。その結果，この概念においては，複数の倫理的価値をいずれも尊重する多元性が重要であること，こうした多元的な倫理性は倫理的ジレンマを引き起こすが，多元的な倫理性と，妥当解を考え抜く思考のタフネスを有することが，仕事の有意味感に関わり得るこ

とが示唆された。

　これら第Ⅱ部の実証研究により得られた結果を踏まえて，以下では，本書の問題意識に照らした論点についての包括的な考察を行う。これにより，第Ⅰ部で提示した問いに応答し，本書における研究全体の総括とする。

3.　考察

3.1　インテグリティ志向の倫理マネジメントにおける「人」

　本書では，企業倫理を組織のインテグリティの問題として捉え，その実現に向けた要素として，人による伝播，風土による浸透，従業員の意思決定に着目し，これらの管理と実践をインテグリティ志向の倫理マネジメントとした。

　このうち「人」については，具体的には，経営者及び上司（中間管理者）の倫理的リーダーシップに着目して分析を進めた。倫理的リーダーシップという概念の導出に Bandura（1977）の社会的学習理論が援用されていることは第2章で確認したが，これは本書の研究と考察においても重要な意味を持つ。

　本書の研究では，最終的な被説明変数とする仕事の有意味感をユーダイモニアとしての幸福に関わる概念として捉えている。Huta & Waterman（2014）によれば，近年の幸福研究では，ユーダイモニアという概念を定義づける際には総じて，（個人の潜在能力を発揮させる）成長，発達や自己実現が指摘されているという[2]。これを踏まえれば，仕事の有意味感と，人の成長や発達，そして学習は，緊密な関係にあることになる。本書における企業倫理でいえば，その組織の倫理的な理想を示す倫理的価値の共有を促すリーダーシップが倫理的リーダーシップであり，その結果，従業員において涵養されるのが個人の倫理性である。インテグリティ志向の倫理マネジメントは，倫理的リーダーシップを通じて，従業員一人ひとりの個人の倫理性を成長させる。これが，本書が描くインテグリティ志向の倫理マネジメントにおける，人を介した影響の伝播の真意である。

　こうした考え方に基づき行った実証研究により明らかになった結果のうち，特に着目すべきは結果1c，経営者の倫理的リーダーシップから仕事の有意味感への，直接の影響は見出されなかった，という分析結果である。ただし結果1a，結果1dが示すように，上司の倫理的リーダーシップ及び個人の倫理性がその間に介在すること，さらには結果1eが示す上司の倫理的リーダーシップもまた，個人の倫理性を介して仕事の有意味感に影響を及ぼすという，いわば入れ子構造にあるという分析結果は示唆に富む。経営者の倫理的リーダーシップは，従業員個人の仕事の有意味感に対し関わりがないのではなく，これが影響力を発揮するためには上司（中間管理者）や従業員自身の介在，言い換えればそれらにおける「学習」が必要なのである。

　第1章において実務における企業倫理の導入と展開を概観した際，特に2000年代に入って以降，企業倫理・コンプライアンスの導入・推進に関する制度化が急速に進められたと述べた。この制度化の構成内容の1つに倫理教育・訓練体系の設定・実施が指摘されており[3]，また実務においてこれがなされてきたことを示す調査結果もある[4]。ただし，何を，いかに学習するかには，多くの可能性がある。教育心理学においては，学習は，比較的永続的な認識と行動の変化として捉えられるのが一般的とされるが，その主語を本書における上司（中間管理者）及び従業員とすれば，こうした人々が，経営者の倫理的リーダーシップによって組織の理想を学習し，倫理的な意思決定という行動に反映し続けている状態，と捉えることができる。

　そして，これらが仕事の有意味感に作用するという結果は，先に述べた，ユーダイモニアという概念が人の成長や発達と関連づけられるものとして捉えられていることとも整合的である。本書における企業倫理の実践，すなわちインテグリティ志向の倫理マネジメントにおいて，従業員が学習することは，企業が外部ステークホルダーに対する社会的責任を果たすためのみならず，従業員自身の成長や幸福にもつながり得る。そこでの学習は，いわゆるOff-JTのような研修にとどまらず，日々の事業活動における経営者と上司（中間管理者）の倫理的リーダーシップによっても引き起こされる。このことは，日々の，あらゆる階層におけるインテグリティ志向の行動の重要性と意義を示唆するものといえよう。

3.2　インテグリティ志向の倫理マネジメントにおける「風土」

　本書では，こうした人による伝播と共に，風土による浸透にも着目し，分析を行った。特に，組織の倫理風土に関しては，日本の企業を対象とした実証研究は限られており，Victor & Cullen（1987, 1988）の理念モデルに基づきつつ，日本企業ならではの型を見出し検証した点は，本書の研究が有する独自性の１つである。その型の中で分析の対象となったのは〈会社の規則〉〈規範と意思〉〈他者貢献〉〈社員の幸福〉の４つであった。

　本書における研究で見出されたこれら４つの型のうち，〈会社の規則〉型及び〈規範と意思〉型は比較的，理念モデルに近いが，〈他者貢献〉型及び〈社員の幸福〉型は，いずれも理念モデルのマトリクスにおいて，縦軸「倫理の理論」における「Benevolence：博愛・善行」の次元に位置するものの，横軸「分析のレベル」において，最も広い「社会・市民」を含むか否かによって区分された（図表8-2）。

　この区分は言い換えれば，博愛や善行の対象が社会や市民といった，自社の外部のステークホルダーにまで広がるのか，組織内に止まるのかという違いである。日本人が集団主義であるというとき，その「集団」は比較的身近な狭い範囲を意味し，その外部との境界は強く意識されるといわれる。企業倫理及び企業の社会的責任という概念や，そこで掲げられる企業市民という考え方は，日本においては特に，このウチとソトの境界をなくしていこうとする意味合いを有している。これが反映された〈他者貢献〉型は個人の倫理性にも仕事の有意味感にも正の影響を及ぼすが，あくまでも内向きの〈社員の幸福〉型ではこうした影響関係が見出されなかったという結果2ｇは理論の面からも整合的な結果であった。

　組織のインテグリティのintegrity は，完全性や卓越性を意味する概念であることを第２章で確認したが，Paine（1997）はその説明において wholeness という言葉を用いている（その訳語が「完全性」である）。wholeness には「全てが揃っていて，欠けたものがないこと」「全体性」といった意味合いがある。これは，企業とその外部という関係においては「一市民としての，全体の一部としての企業」という見方に通じ，本書の研究で見出された〈他者

図表8-2　本書における研究で見出され探究した組織の倫理風土

分析のレベル（locus of analysis）

倫理の理論 (ethical theory)		個人 (individual)		組織・集団 (local)		社会・市民 (cosmopolitan)	
利己 (egoism)		EI1	EI2	EL1	EL2	EC1	EC2
		EI3	EI4	EL3	EL4	EC3	EC4
博愛・善行 (benevolence)		〈社員の幸福〉					BC4
		BI3	BI4	BL1	BL2	BC1	
		〈他者貢献〉					
		BI1	BI2	BL3	BL4	BC2*	BC3
原理・原則 (principle)				〈会社の規則〉			PC2*
		PI1	PI2	PL1	PL3	PC3	
						〈規範と意思〉	
		PI4	PI3	PL2*	PL4*	PC1	PC4*

貢献〉型の倫理風土を有する組織は，こうした価値観が浸透している組織と考えることができる。

　ただし，第2章で検討した，コンプライアンス志向の戦略とインテグリティ志向の戦略との対比を念頭に，本書の研究で見出された組織の倫理風土の4つの型を検討すると，コンプライアンス志向の戦略には〈会社の規則〉型が，インテグリティ志向の戦略には〈規範と意思〉型が，各々，理念的には整合的であり親和性が高い。そして，結果2fはコンプライアンス志向の企業組織に予見される結果であったと言える。ただし，第7章第1節の分析結果からは，〈会社の規則〉型の倫理風土は仕事の有意味感に正の影響を及ぼすことが示唆されており，第6章第2節の分析に基づく結果2fと整合的ではない。この相反する結果については，第7章第1節の分析に用いたデータを得たA社においては，会社の規則に則ることが自社や社会への責任や貢献につながると理解されているなどA社固有の状況が考えられ，この風土に関する一層の探究が必要であることを示している。

　そして，結果3aからは，本書における研究が最終的な被説明変数とする仕事の有意味感に，直接的にも間接的にも，より影響を及ぼすのは〈他者貢

献〉型の倫理風土であることが示された。このことは，規範や原理・原則に則ること以上に，より広い他者である社会を志向すること，すなわち向社会性が，仕事の有意味感においては重要な意味を持つことを示唆している。倫理学の観点でいえば，カント的義務論に基づく原則重視の企業倫理というよりは，功利主義的な，そしてケアの倫理にも通じ得る「より広い，誰かの役に立っているという感覚」が，少なくとも日本企業の，従業員にとってはより重要なのである。これを実現するような組織のあり様は，組織の理想という原則に「向社会性」を融合させた，日本型の組織のインテグリティとも呼べるものであろう。

3.3　被説明変数としての「仕事の有意味感」

　本書の独自性の1つは，最終的な被説明変数を仕事の有意味感にしている点にある。本書が依拠する学問領域は企業倫理学であるが，第1章で述べたように，企業倫理学には規範論的な方法と経験論的な方法の2つのアプローチがあり，後者は社会科学や経営学に重なるものである。本書における研究，特に第Ⅱ部は，経験論的アプローチに基づくものであるため，参照する先行研究及び実証の方法の多くは，主に経営学の知見に依っている。経営学では従来，従業員にとっての「よさ」は職務満足によって説明するのが一般的であったが，本書ではこの点については職務満足を対比する被説明変数として扱うことで，これと仕事の有意味感との差異を明らかにすることを試みた。

　また，第3章において Hackman & Oldham（1976）の職務特性モデルを取り上げた際には，本書の仕事の有意味感に該当する，仕事の有意義性の知覚に影響するものとして「タスク重要性」を中心に検討したが，職務特性モデルは，「仕事の有意義性の知覚」が職務満足に影響することも示唆している。職務特性モデルは経営学のみならず経営の実務においても少なからぬ影響を与えてきた古典だが，こうした評価が得られてきた魅力の1つは，成果を得るための従業員への働きかけを仕事の与え方と，これにより変化し得る従業員の心理状態の連鎖により説明している点にある。ただしこの連鎖においては，「仕事の有意義性の知覚」は職務満足の手段であり，職務満足もまた，成果のための手段となり得るものとして想定されている。

　より明示的に，従業員の職務満足を企業が得られる成果の要因として位置づけ，これを含む連鎖により説明することを意図した理論に，Heskett et al.（1994）による「サービス・プロフィット・チェーン」の考え方がある。これによれば，職務設計を含む企業の内部サービスの質の向上は，従業員の職務満足を生み出し，企業の外部へのサービスの質を高めるので，顧客の満足とロイヤリティ，これによる増収と利益につながり，再び企業の内部サービスの質の向上が可能になるという。この理論が描いているのは循環型のモデルであり，それゆえ，すべての要素が手段でありかつ目的でもあり得る。Hackman & Oldham（1976）や，他の先行研究によって示されている，仕事の有意味感は職務満足に影響を及ぼすとする知見を踏まえて，サービス・プロフィット・チェーンの考え方を本研究に援用すれば，企業の内部サービス品質をインテグリティ志向の戦略とし，これと職務満足との間に仕事の有意味感を置くモデルを描くこともできたかもしれない。しかし本書においてそれを行わなかったのは，主に2つの理由による。

　1つは，本書は従業員を，そのステークホルダーとしての二面性に着目して捉え，企業倫理の手段かつ目的として扱うことを基盤としており，手段の側面は個人の倫理性に，目的の側面は仕事の有意味感に担わせていることによる。それでも，上述のような考え方を援用して，顧客をはじめとする多様なステークホルダーを仕事の有意味感あるいは職務満足の先に置いて，その影響の連鎖を把握し，実証することができたならば，本研究のモデルも違った形になり得たかもしれない。しかしそれは，本書の問いとその想定範囲を大きく超えるものである。

　もう1つは，主に第3章で整理したように，近年の幸福研究及びポジティブ心理学の知見，そしてその基となったアリストテレスの理論を援用し，仕事の有意味感はユーダイモニアとされる幸福に，職務満足はヘドニアあるいは快に，各々，より親和性が高いと位置づけたことによる。ユーダイモニアとヘドニアは互いに手段―目的関係とはいうよりは対概念に近い関係と考えられることから，本書も仕事の有意味感を探求すべき主な概念，たとえていえば「紋」とし，その特徴をより明らかにするための「地」として職務満足を配し，両者の差異を明らかにすることにした。

　こうしたことを念頭に置いた実証研究の結果1b及び結果2bにより，「職務満足」は上司の倫理的リーダーシップや職場風土といった，従業員個人にとっての外部環境要因に，仕事の有意味感は個人の倫理性という内面的要因に，各々，より強く影響を受けるという差異が見出された。これについて，職務満足が身近な職場環境や上司からの影響を受けるという関係は，特段に新しい知見とは思われない。このことは言い換えれば，従業員の仕事を通じて得られるよさを測定する概念として職務満足のみに着目していたならば，新たな影響関係を見出すことが困難であった可能性も意味する。

　もちろん，仕事の有意味感もまた，職場風土や上司の倫理的リーダーシップといった，個人にとっての外部環境要因からの影響も受ける。これは本研究でも明らかにしたことであり，先行研究からはこれらの要因の他にも，例えば倫理的リーダーシップとは異なるリーダーシップ・スタイルからの影響や，企業を超えた社会レベルの文化からの影響なども指摘されている（例えば，Lysova et al. 2019）。しかし本研究では，職務満足との対比において，仕事の有意味感が内面的要因すなわち個人の倫理性からの影響を相対的に強く受けるという示唆は，非常に重要である。それはこの結果が，企業にとってのインテグリティ志向の戦略と，仕事の有意味感という個人にとっての幸福との両者に重なり，これらを繋ぐ，個人の倫理性の役割と意義を明示することになるからである。

4. 結論：企業倫理は，働く人々にとって，どのような意義があるのか

4.1　企業倫理と仕事の有意味感

　本書は，「企業倫理は，それを担う従業員にとって，どのような意義があるのか」という問いを立て，これに応答するため，企業倫理の実践，すなわちインテグリティ志向の倫理マネジメントを構成する概念を説明変数，ミーニングフル・ワークを仕事の有意味感として最終的な被説明変数すなわち目的とし，実証研究を行った。その結果，上で集約して考察したように，インテグリティ志向の倫理マネジメントを構成する概念，具体的には「（経営者

及び上司の）倫理的リーダーシップ」と「組織の倫理風土」は，従業員の「個人の倫理性」に影響を及ぼし，これを介して，「仕事の有意味感」に影響することが明らかにされた。

　ここにおいて特に重要なのは，「個人の倫理性を介して」ということ，この要素の存在が意味しているものである。個人の倫理性は，企業倫理の実践，すなわちインテグリティ志向の戦略においては最も末端に，つまり企業が外部ステークホルダーと接するところにある。従って，個人の倫理性に危ういことがあれば，外部ステークホルダーからの信頼を失ったり，場合によっては，いわゆる企業不祥事となったりして，経営に悪影響を及ぼすことになる。そのため，「組織のための企業倫理」においては，個人の倫理性は制御し統制すべき対象とみなされる傾向にあった。

　しかし，結果1d，結果1e，結果2c そして結果3b によって示されたように，個人の倫理性は，仕事の有意味感への「経営者」「上司」「組織の倫理風土」からの影響を介する。この点で個人の倫理性はインテグリティ志向の戦略の一部であり，かつ，従業員個人の仕事の有意味感をつなぐ役割を果たしている。さらに，結果1b，結果2b が示唆するように，その影響力は，職務満足へのものと比べて仕事の有意味感へのものの方が強い。

　一方，結果2h により，組織の倫理風土は，いずれの型においても，短期的な財務業績への影響があるとはいえなかった。これは換言すれば，インテグリティ志向の戦略，これにより組織の倫理風土を何らかの型にしようとする努力は，企業の財務業績に，少なくとも短期的には関係が見出せるとはいえない，ということを意味する。中長期的な影響を考察するには新たなデータによる分析が必要になるが，短期的な営利を期待した場合には，企業倫理は，取り組むべき経営課題としての正当性を持ち得るのかという疑問も生じ得る。

　これに反論するには，2つの可能性が考えられる。1つは，このように短期的な営利には結びつきにくい組織の倫理風土という「風土」によるのではなく，倫理的リーダーシップという「人」を介した影響関係の結果，涵養された個人の倫理性と仕事の有意味感が，外部ステークホルダーにポジティブに作用するので，企業への信頼というロイヤリティが高まり，財務業績につ

ながる，というサービス・プロフィット・チェーンに倣った説明を求めることである。もう1つは，個人の倫理性が涵養され仕事の有意味感がより得られることは，それ自体が，経営課題としての価値を持ち得ると認めることである。

　先の考察において，インテグリティ志向の戦略が個人の倫理性を涵養し，仕事の有意味感を高めるという一連の影響関係の真髄にあるのは，「学習」と「向社会性」であることを指摘した。そして，個人の倫理性が仕事の有意味感に大きな影響を与えるということの重要性を示唆した。インテグリティ志向の戦略は，学習と向社会性を内包し，個人の倫理性を介して仕事の有意味感を高める。こうした影響関係の価値を認めることが，従業員を目的としても扱うことを意味することになる。

　つまり企業倫理は，従業員にとって，その成長と幸福に寄与し得るという意義を有しているのである。経営者を起点とする企業倫理の実践により，従業員の倫理性を涵養するということは，その個人が成長するということであり，そうした成長により幸福を得られるような仕事をする人を，そしてその起点となる人のことを，「徳のある人」というのだろう。

4.2　「個人の倫理性」に働きかけるということ

　では，こうした複数の倫理的価値に基づく個人の倫理性を有していれば，ビジネスの場における倫理的な判断や意思決定をスムースに行うことができるのだろうか。

　本書の研究の対象は営利企業である。その究極の目的については，学術的にも実務においてもさまざまな考え方があるが，営利企業の究極目的を「利益の追求」とする立場は現在も一定の支持を得ていると思われる。この立場では，企業倫理も手段に位置づくので，企業不祥事は利益に影響するため防止されねばならず，「倫理は得になるか」という問いが生じることになる。企業倫理を問うことは企業の究極目的を問うことにも重なるが，利益追求の目的が株主のためであっても企業自体の存続のためであっても，利益という帰結や成果を重視する点は共通している。Greenbaum et al. (2012) が提示したボトム—ライン・メンタリティは，こうした志向を指摘したものとして

も理解でき，それが組織的な違反や非倫理的行動に結びつきやすいことは，
Greenbaum et al.（2012）及び Greenbaum et al.（2020）などの先行研究や
現実の不祥事事例からも示唆される。

　ただし，営利企業の倫理を問題にしている本書においては，帰結主義的な
志向そのものに問題があるとするのは非現実的である。むしろ，それだけが
重視された，バランスを欠いた状態に真因があると考えるのが適切であろう。
それゆえ，バランスをとるためには，対の極にある非帰結主義的な規範や原
則を重視し，かつステークホルダーへの影響を考慮する倫理性の程度が問題
になる。こうした倫理的な原則は互いに補い合う関係にあり，いずれかに偏っ
た判断では健全さを欠くことになろう。そして，こうした構造は，現実のビ
ジネスにおいて倫理的な意思決定を困難なものにする，いわゆる倫理的ジレ
ンマを生じさせる要因でもある。各々の倫理原則，そして価値の，どれを，
どうやって優先させるのか，あるいは，どれをも優先させることは可能なの
かという問題が生じることによる。

　こうした多様に存在する倫理原則について，管理者の意思決定を実践的に
論じている Badaracco（1997 金井壽宏監訳，2004）は，「正しい行為の領域
を，その周りの誤った行為の領域から隔絶する」役割を果たすものとしては
評価しながらも，現実の，そこから先の意思決定の指針としては「期待はず
れの成果しかもたらさないことが多い」とし，懐疑的である[5]。しかし企業
倫理，すなわち経営に倫理を持ち込むということは，正しい選択肢どうしの
間からの選択，複数の原則の中からの選択，すなわち，価値の判断を意思決
定者に要求するという事態に向き合うことでもある。この事態を解決するた
めには，価値の優先順位づけをするか，優先順位づけではなくどれをも満た
し得る選択肢を創出するか，そのいずれかしかない。価値が単一であっても
難しい意思決定に，さらに困難な要求をしているのが企業倫理なのである。
それは理想であるが，人間の現実として，その要求に適う知恵がなかなか生
み出せないために，倫理を綺麗事と見なしたり，ビジネスとは相容れないも
のだとする考え方が生じたりすることになる。

　倫理に対するこうした態度は，ビジネスの現場においては，より大きな責
任を負う上の階層に行くほど強くなりやすいといえる。株主の影響力に強弱

はあるとしても，利益と結果への責任は，上位階層に行くほど重くなるからである。

　そのため，複数の価値を提示することと同時に，複数の価値の中での選択を志向することにより生じる新たな困難を解決するための方途が必要である。

　インテグリティ志向の戦略において，経営者は倫理的価値を構築するにあたり，複数の倫理原則を参照し，これを共有しようとする。従業員は，経営者が構築した倫理的価値で意思決定を行うので，自ずとそれは，複数の倫理原則に適ったものになる。インテグリティ志向の戦略について，経営者が構築した倫理の枠組み，すなわち価値の共有に焦点があてられるときには，経営者を起点とする上位階層から下位の階層に価値を共有させること，そうした伝播が想定されている。そこでは組織の中の人々は受け身の存在であり，人々の行動や組織のあり様はあくまでも経営者の働きかけや行動に起因するのであって，組織の中の人々は，組織のインテグリティを実現する主体者とは，本質的には考えられていない。

　しかし，従業員の「個人の倫理性」に着目すると，倫理的な意思決定が定常的になされるような組織を実現するにあたっての，もう１つの可能性が見出せる。それは，経営者が構築する倫理的価値と共に，多様な倫理的価値そのものを個々人が持ち，これに適った行動や判断を行えるようになることによっても，企業内の個人や集団は倫理的な意思決定を行い得る，ということである。そうした多様な倫理的価値を有していることを，本書では多元的な倫理性と呼んだ。

　前述のような，上位階層になるほど営利への志向性が強まらざるを得なくなるような現実があるならば，倫理的な意思決定においては，人々の多様さが，営利や目標達成のみならず，さまざまな倫理原則をも取り込んだ判断をもたらす可能性を秘めている。こうした倫理原則は，規範倫理学の難解な用語を用いなくとも，成人であれば一個人としてはすでにもっている規範と考えられる。問題は，「ビジネスにおいては，単一の価値にのみ基づいて判断せねばならない」という思い込みやプレッシャーをいかに払拭し，複数の価値を想起させるかであり，そうしようとする人々をいかに守るかである。

　インテグリティ志向の倫理マネジメントにおいては，これを実現するのが経営者の役割であり，自社の「倫理的価値」を構築して共有することの真の目的であるといえる。倫理的価値の役割は，経営者の思っている向きに方向づけることだけではなく，大切な価値は複数あることを想起させることに，むしろ重きがある。その上で，経営者が自らも，組織としても，それら複数ある価値のど・れ・を・も・大切にすると示し続け，結果として困難になる選択肢の創出に立ち向かおうとすることが，心理的な困難さを抱えながらも倫理的葛藤に立ち向かう動機づけを人々に与えることになる。

　さらにいえば，複数の価値のどれをも満たす解決策の創出が困難であることも，意思決定者が個人ではなく人・々・になることで，新たな創造の可能性が見出しやすくなる。倫理的な意思決定に限らず，新たな価値を創造しイノベーションを生み出すという行為は，多様な人々による集団で，真摯な話し合いと相互刺激をする方が，より高い成果に結びつくことが知られている。倫理的な意思決定に関していえば，成人であり各々がそれぞれの人生という経験を負った上で集った場であればこそ，「複数の価値」はより気づきやすくなり，さまざまな見方や考え方が可能になる。そして，複数の価値の「どれをも」満たすことを目指すタフな思考や，そのための現実的な具体策を創出するための情報と知恵も，現場に近い人々は有している。インテグリティ志向の戦略においては，経営者には，組織としての理想という一定の価値に人々を方向づけながらも，企業内における個人の倫理性の役割を認め，引き出すようなあり方が求められるのである。

　もちろん，企業においてはより上位者，最終的には経営者の姿勢や方策が，従業員の態度や行動に大きな影響を与える。そして，経営者自身が常に，倫理的な意思決定を行うことが重要であることは言を俟たない。しかし経営者もまた，限界のある「人」である。従業員を影響を与えて動かす対象としてのみならず，その潜在的な可能性を理解し尊重して，個人の倫理性を涵養し発揮できるようにする働きかけが，その限界を補い得る。

　そして，組織のインテグリティという概念が徳倫理に基づくことから，そこにおける個人の倫理性もまた徳の概念に通じ，その涵養は個人における卓越性につながる。Paine（1997）が倫理の目的を「人の資質を高める」とし

ているのはこうした考え方に基づくものであり，組織のインテグリティを志
向することは，組織のインテグリティの実現だけではなく，それを担う組織
の中の人々自体を「人として，より優れた」存在に向かわせるものである。
これを日々追求し実現するような人のあり方が，（筆者の理解における）ア
リストテレスに依るならば，幸福と呼ばれることになるといえよう。

5.　本書における研究の意義と限界，今後に向けて

5.1　学術における意義

　本書における研究は，これまで別々の学問領域として扱われてきた企業倫
理学と経営学を，従業員の「仕事の有意味感」という比較的新しい概念によ
り結びつけ，独自の４つの調査によるデータを用いた実証研究により分析し
考察した。その対象は，経営者を起点とし，「人」と「風土」そして「従業
員」という，組織の内部を面で捉えた広範なものであり，本章の第２節でま
とめたように，複数の新たな結果を明らかにし，学術的なインプリケーショ
ンとして提示した。これを今一度要約して示すと，以下のようになる。
　まず，「人」に関しては，上司の倫理的リーダーシップと個人の倫理性と
いう２つの説明変数の各々が，仕事の有意味感と職務満足という２つの被説
明変数の各々に有意な正の影響を及ぼすこと，上司の倫理的リーダーシップ
という身近で外的な要因は職務満足に，個人の倫理性という内的な資質は仕
事の有意味感に，より強い影響を及ぼすという影響関係が示唆された点が挙
げられる。また，経営者の倫理的リーダーシップが従業員の仕事の有意味感
に寄与すること，及びその経路には上司の倫理的リーダーシップと個人の倫
理性が存在し媒介することも示した。
　「風土」に関しては，職場風土と組織の倫理風土という２つのレイヤーに
おける示唆を得た。特に組織の倫理風土について，コンプライアンス志向の
戦略と親和性が高い〈会社の規則〉型の倫理風土は，他の型とは異なった影
響関係を有する一方で，いずれも他者志向性に関連する〈他者貢献〉型及び
〈社員の幸福〉型は，その視座が組織の内側止まりか組織の外側まで広がる

のかによって，個人の倫理性及び仕事の有意味感への影響の仕方が異なる（後者の方が有意であり，強い）こと，組織の倫理風土（の形成）と，短期的な財務業績との間には直接の影響は見出されないこと，そして，規則や規範そのものよりも，組織外の社会や人々をも含めた他者に貢献することを志向する組織風土は，個人の倫理性を介して，従業員の仕事の有意味感に強く影響することを示した。

　さらに，仕事の有意味感と職務満足との差異について，〈自律協働〉型の職場風土及び上司の倫理的リーダーシップといった個人にとっての身近な外的環境要因は職務満足に，内面的要因である個人の倫理性は仕事の有意味感に，各々，より強く影響を及ぼすことが認められ，これらの概念を区分していく上での貢献が期待できよう。

　本書は，こうした実証研究に依る結果を基にして，企業倫理を実践すること，それを組織の一員として担うこと自体が，従業員にとって自らの幸福にも寄与するという，新たな意義を提示した。この点と上に再掲した実証研究の結果により，企業倫理学はもとより経営学に対しても，一定の貢献を成し得るものと考える。

5.2　実務への貢献

　また，これらの学術的な知見は同時に，現実をより「よい」ものにしていくための，実務的なインプリケーションとなり得るものである。

　まず，経営者に対しては企業倫理と従業員をいかに考えるかについて，企業倫理は，企業の外部のステークホルダーへの責任を果たすということと共に，内部のステークホルダーである従業員にとっても，これを担うこと自体が，自らの成長と仕事の有意味感という「幸福」につながり得るということを示し，経営における企業倫理の意義を示した。

　これは，経営者の指示を受けて企業倫理の実務を担う企業倫理・コンプライアンス・CSR 部門の長や，担当者に向けても，その活動は，従業員を制御し統制することだけではない，むしろ，組織と人の成長を促し，「この会社で働いて，幸せだった」と振り返ってもらえる，そういう業務になり得るのだというメッセージを，実証研究に基づいて示すものである。

　また，管理者すなわち上司に対しても，日々の自身のマネジメント行動が，経営者の倫理的リーダーシップと従業員の個人の倫理性を媒介する重要な役割を果たしていることを示すと共に，自らの意思決定や行動によって示される倫理的リーダーシップが，フォロワーであるメンバーに影響を及ぼすこと，また，管理者がコントロールし得る（特に〈自律協働〉型）職場風土もまた，影響力を有することを示した。企業倫理においては，倫理的価値の構築と共有も含め経営者の影響力は非常に大きく，上司は中間管理者としてさまざまな板挟みに合い，倫理的ジレンマに直面することが多々あり得る。これは厳しい状況ではあるが，しかし，そうした中での上司の振る舞いをもメンバーは観察し，モデリングして学習しているのである。

　そして，特にインテグリティ志向の倫理マネジメントにおいては，組織の中のすべての人々が倫理的な意思決定の主体であり，これを習慣化していること自体が「よく在る」ことに至ることを，規範論のみならず経験論的に提示した。人生のうちの多くを占める職業人生における振る舞いをよりよくすることは，最終的に，その人自身がよりよく在ることにつながるのである。

5.3　本書における研究の限界と今後への課題

　ただし本書における研究には，次のような限界と今後の課題もある。

　まず，理論研究において，企業倫理に関するより広範な議論を網羅していく必要があることである。本書は，さまざまな捉え方がある「企業倫理」という概念を，Paine（1994）による「組織のインテグリティ」という概念，及びこれを目指すインテグリティ志向の戦略に基づいて定義し，実証研究の前提としているが，この概念と戦略そのものについての考察は丁寧に行ったものの，これらが企業倫理学及び経営学においてどのように位置づけられるのかを俯瞰した，客観的な議論も深めていく必要がある。同時に，倫理学に関する議論においては，規範倫理学全体はもちろん，特にアリストテレスの徳倫理への理解と考察をより深め，さらに，日本の企業との連関が見出されたケアの倫理に関してはより優先的に探究し，両者の関係を検討していく余地がある。そして，仕事の有意味感に関しても，確認すべき先行研究がさまざまな国々に存在している。

　実証研究においても，調査①，調査②，調査③各々のデータからは，本研究で行った分析に加え，業種別の分析なども行うことが可能である。ただし，これらの調査はいわゆるコロナ禍以前に行ったものであり，その後の劇的ともいえる社会・ビジネス環境の変化から，本書で分析した事象も影響を受け変化している可能性がある。また，調査において用いた尺度や手法には試行的な部分があり，更なる理論研究や分析方法の探求と合わせて，精緻化させていく必要がある。

　こうした限界と課題，そして未熟さを意識し，一層の理論研究を進めつつ，新たなデータを収集して分析して今日の状況に向き合っていくことが，結果として，本書の研究における調査に協力してくださったすべての方々への恩返しにつながると考える。そして，経年変化を加味した分析を行ったり，調査や分析の対象を日本国内に留めることなく海外にも広げていったりすることで，日本型の倫理マネジメントにつながる，そしてそれをよりよいものに高めていくことに寄与し得る研究を続けていきたいと思う。

5.4　実務における展開に向けて

　「理論」における筆者の研究の課題は上述のようになるが，最後に，「実践」すなわち実務における展開に向けての課題について，本書の研究で得られた示唆に基づき述べておきたい。

　本書では「ステークホルダーとしての従業員の二面性」に着目し，従業員を「目的」として扱うことを重視してきた。その立場でいえば，従業員の「仕事を通じた幸福」である仕事の有意味感を実現することもまた企業経営に期待される責任であり，企業倫理の実践を彼ら／彼女らが担うことそれ自体がこれに寄与することを本書の研究は提示した。

　これを実現するための第1のポイントは，「学習を引き起こす」という考え方である。筆者の経験から，企業倫理に関する行動変容を従業員に促す施策として，実務の場では「教育」という言葉が多用されがちである。例えばコンプライアンス教育といった用法であり，その手法は何かを教え授けるもの，例えば講演会や集合研修，e-ラーニング等が想起されやすい。もちろん，これらの手法にも有益な点はあるが，これら「教育」と，本書で述べてきた

「学習」は異なる概念である。教育の主語は教える側であり，知っている者が知らない者に知識・技術・意識を付与するというニュアンスがある。これに対し学習の主語は学ぶ側，ここでは従業員であり，彼ら／彼女らに学び，すなわち認識と行動の比較的継続的な変化が生じるならば，その方法は教え授けるものだけに限られない，という考え方を含む。成人学習という領域の知見によれば（そして筆者の経験からも），従業員という大人の学習は10代の子供のそれとはさまざま点で異なっており，学校教育とは異なったアプローチが有用である場合が少なくない。例えば，大人は適切に動機づけられることで自ら学ぶことができ，自らの経験からの学びが重要であるといわれる[6]。

　こうした考え方を本書が示唆する学習に適用すれば，従業員の上司，さらには経営者が，「企業倫理を実践することの大切さ」を日々の業務の中で従業員が実感できるようにし，これを担い，自ら倫理的な意思決定をしていくことについて内発的に動機づけられるよう，働きかけをしていくならば，従業員は自身の日々の判断や周囲（上司や経営者を含む）の行動から多くを学ぶことができる。これは本書の研究でいう倫理的リーダーシップの姿でもあり，効果でもある。違反に対するペナルティを教え込む方法でも短期的・表面的な効果は得られるが，内心からの共感と動機づけに基づく学びの方が，持続性，効果性，そして楽しさの点で優っている。このように考えれば，学習を引き起こすきっかけは，日常業務の中に，日々のマネジメントの中に，実は多様に存在している。

　そのきっかけの1つとして着目したいのが「風土」の存在であり，これが第2のポイントに大きく関わる。企業倫理やコンプライアンスの実践において組織や職場の風土が重視されてきたのは既に見てきたとおりだが，本書の研究では，特に日本の企業においては，〈自律協働〉型及び〈他者貢献〉型の風土の重要性が示唆された。このことを実務への課題に落とし込めば，「社内や職場内といった狭い集団による拘束から解かれ，社会へのより広い視座を持つこと」，すなわち「向社会性」を促すマネジメントの実現，ということになる。

　これも筆者の経験からの話になるが，企業倫理コンサルティングの仕事を

していた頃，さまざまな企業の現場の方々と接していて実感していたことがある。それは，規範へのコミットは難易度が高いがステークホルダーという概念は共感されやすい，ということである。「倫理とは，決まりを守り，正しいことをすることだ」という捉え方をされていると崇高な理想論となってしまうが，「倫理とは，広くさまざまな人々とのつながりを大切にしていくことだ」ということを経由して「そのために，規範を守り責任ある判断や行動をしていく必要があるのだ」とつなげていくと，内心からの動機づけを引き出すことにつながりやすい。集団主義を基層文化に持つ日本企業の従業員は，そもそも，他者あっての自分，仕事を通じて誰かに貢献したいという志向をもっているが，これまではその「他者」が自社内，職場内という狭い集団にとどまっていた。これを意図的により広い社会，さまざまなステークホルダーに広げていくということであり，そのような広い視野に基づく意思決定を促すことが，上にあげたような風土をつくり，個人の倫理性を涵養し，仕事の有意味感につながる。

　そして最後の，3つ目のポイントは，従業員，あるいはメンバーは，適切な働きかけをすることで変わり得る存在であり，それによって徳のある，すなわち，いい仕事をして，自らも幸福になれる存在であるという人間観を持ち続ける，ということである。本書では「企業倫理」を「インテグリティ志向の倫理マネジメント」として捉え，これが従業員にいかに作用するかを探究したが，その結果見えてきたことは，「組織のインテグリティ」は「個人のインテグリティ」に波及し得る，ということである。そして，その実現は，あらゆる人々を，あらゆる人々が，互いに，手段としてではなく目的として考えることから始まるのではないかと思われる。

【注】
1）　第6章第2節の分析における財務データは除く。
2）　Huta & Waterman（2014）p. 1448.
3）　中村（2003）p. 9。
4）　岡本ほか（2013）の調査結果に基づく。
5）　Badaracco（1997 金井壽宏監訳，2004）p. 74。
6）　こうした成人学習についての知見は，例えば中原ほか（2006）『企業内人材育成入門』

（ダイヤモンド社）等に詳しい。こうした知見は，企業倫理の浸透に非常に有用であり大いに応用されることが望まれる。

おわりに

　本書の執筆が大詰めを迎えていた2022年の暮れ，十数年前の仕事でご縁のあった，Ｓ社CSR推進室長（当時）Ａ氏と再会する機会を得た。

　当時，Ａ氏もＳ社の"変化"を実感されていて，取り組みを通じて徐々に「企業の根幹の部分に触れるような」感覚になったという。実は社内の一部の方々との間に軋轢もあったものの，取り組みを進めることができたのは，当時の社長のリーダーシップによるところが大きかったとも教えてくださった。「ステークホルダーとの関係に敏感だった一方で，とにかく社内のいろいろな人々と話をしていた。Ｓ社の一員として"どうすべきか"を体現されていて，社員はそれを真似て判断をしていた」。やはり，起点は経営者なのだろうか。考えながら話をお聞きしていると，Ａ氏はこう続けた。「自分の仕事人生の中で，あの取り組みは3年程のことだったが，とても印象に残っている。苦労も多かったけれど，いい仕事だった」。

　ここでＳ社のエピソードに，本書で見てきた術語を当てはめていくのは野暮というものだろう。ただ，1つ申し上げたいのは，本書で描いてきた企業像の出発点は，現実の企業Ｓ社にあったということだ。

　筆者の研究のきっかけは，Ｓ社でのコンサルティングの仕事と，そこで目にした，現場で働く方々の変化だった。「企業倫理は，従業員にとって，どのような意義があるのか」。本書における研究ですべての謎が解き明かされたわけではなく，むしろ深まった謎もある。しかし，ひとまず提示することのできた幾つかの事柄が，「理論」すなわち研究の展開にはもちろん，「実践」すなわち企業の現場をよりよくすることに役立ってほしい。企業倫理における従業員は，制御されるだけの対象ではなく，「人」と「風土」からの働きかけによって，自ら倫理的に判断できる存在であり，その積み重ねが本人に「仕事の有意味感」をもたらす。起点は経営者だが，組織の中の人々の誰もが，それぞれに，担うべき役割を持っている。本書での学びが，理論と実践と何かを変える力となることを願っている。

　最後に，本書のタイトルと「仕事の有意味感」という用語について，若干の補足をしておきたい。

　本書のタイトルは当初，『企業倫理とミーニングフル・ワーク』とすることを想定していた。しかし，「企業倫理」という言葉は一般的にはいささか重苦しく，「ミーニングフル・ワーク」という用語は今のところ，日本では限られた学術研究者以外あまり馴染みがない。本書は，実務の方々を含めより多くの皆様にお手にとっていただきたかったので，当初案は諦めることにした。

　では，どのようなタイトルにすればよいか。ここまでお読みくださった皆様にはおわかりのように，本書が着目しているのは，倫理によって人と組織がいかにすぐれた存在になり幸福になるかであり，その核心はマネジメントにあるというのが主たる主張である。本書では研究の問いとして「企業倫理は，従業員にとって，どのような意義があるのか」という表現がしばしば現れるが，企業倫理を従業員の視点で考えるというのは，本書の独自性の１つである。従業員に向き合う経営者，管理者も含めて，組織の中の人々が倫理のマネジメントによって生き，活かされてほしいという願いから，タイトルが決まった。

　しかし，研究者であることも目指す筆者としては，鍵概念である「ミーニングフル・ワーク」にあたる用語も入れておきたい。これが副題にある「仕事の有意味感」である。筆者が meaningful work という言葉を初めて聞いたのは約８年前に参加した米国経営倫理学会の大会であり，この言葉とその可能性を教えてくださった Christopher Michaelson 教授との出会いがなければ，この本は生まれなかったであろう。Michaelson 教授には後に多くの研究上のサポートをいただくことになるのだが，それでも解決が難しい問題があった。日本語訳をどうするか，である。

　筆者はこれまで，「ミーニングフル・ワーク」の日本語訳として，古田（2017）に依拠し，「仕事の意味深さ」という用語を用いてきた。しかし，本書でも参照している Hackman & Oldham （1975）の職務特性モデルに向き合ううちに，このモデルの meaningfulness に関わる訳語として（例えば，金井（1982）などで）用いられている「（作業の）有意義性（の知覚）」という表現に近づける方が適切なのではないかと考えるようになった。「作業」を「仕事」に，「〜の知覚」を「〜感」とすれば，「仕事の有意義感」である。

　　──仕事の有意義感。

　たしかに，日本語には「有意義」という表現があり，「有意味」よりも自然である。「意義」という単語からはミーニングフル・ワークの定義が包含する「重要さ」という意味合いを感じとることもできる。しかし筆者は，訳語に「意味」という単語を用いることにこだわった。それは，本書における研究のきっかけの１つに，オーストリアの著名な精神科医であった V. E. フランクルによる幾つかの著作と，「意味への意志」という言葉があったからである。

　　──仕事の有意味感。

　日本語に「無意味」という表現はあるものの，「有意味」には若干造語めいたところがある。しかし本書の副題として，そして研究の用語として，私はこちらの言葉を用いることにした。仕事の意味を考えることは人生の意味を考えることにつながり，意味が有るという感覚は人としての存在を実感することにつながる。このようなことを考えるときには，やはり「意味」の方がしっくりくる。その理由はまだまだ，探し続けていかなければならないだろう。

謝辞

　本書の研究を完成させ，書籍として刊行するまでには，多くの方々のご指導とご支援，ご協力を賜りました。

　筆者が社会人大学院生として学んだ慶應義塾大学大学院商学研究科において，博士課程の指導教授である慶應義塾大学商学部教授　佐藤和先生には，実証研究の基礎から経営学の考え方まで，時に議論を交えながら多くを学ばせていただき，そして育てていただきました。深く感謝申し上げます。また，慶應義塾大学商学部教授　岡本大輔先生には，大学院の授業や研究報告会において，論文の構成や用語の定義から実証の具体的な方法に至るまで，多くの具体的なアドバイスを賜りました。いつも見守り励ましてくださりましたこと，感謝しております。そして，修士課程の指導教授であった慶應義塾大学商学部教授　梅津光弘先生には，私の仕事に関するご縁で初めてお目にかかって以来，20年以上の長きにわたりご指導を賜りましたこと，心より御礼申し上げます。

　慶應義塾大学大学院商学研究科では，慶應義塾大学商学部教授　榊原研互先生，菊澤研宗先生，八代充史先生，神戸和雄先生，王英燕先生をはじめとして，多くの先生方からご指導を賜りました。産業能率大学名誉教授　城戸康彰先生には，そもそも大学院で学ぶきっかけと，本書の原稿への親身なご意見を賜りました。大学院入学時よりお世話になってきた南山大学経営学部准教授　髙田一樹先生には，研究の作法と心得について，初歩的なことから教えていただきました。あらためて，感謝申し上げます。

　また，実証研究を進めていくにあたっては，多くの方々のご協力をいただきました。

　日本経営倫理学会常任理事の河口洋徳氏，一般社団法人経営倫理実践研究センター会員企業の皆様には，「企業調査」の実施にあたりご支援を賜りました。「製造業A社」の皆様，特に，経営企画室室長代行兼サスティナビリティ推進・CSR課課長（当時）S氏には，「A社従業員調査」及び「A社内インタビュー調査」の実施にあたり，多大なるご協力を賜りました。この場を借りて心より御礼申し上げます。学校法人産業能率大学の堀内勝夫氏には，

統計分析のアドバイザーとして，論文執筆のメンターとして，助けていただきました。そのご助言の数々が，研究の具体的なアイデアとなり，やり遂げる力になりましたことをここに記して，感謝の気持ちとしたく思います。

　そして，本書の研究のきっかけをくださった「大手製造業X社の子会社S社」にいらした元CSR推進室長A氏には，当時からお世話になったばかりでなく，今，あらためてインタビューに応じてくださりましたこと御礼申し上げます。また，出版の機会をくださりました白桃書房様，特に，代表取締役社長 大矢栄一郎氏には貴重なご縁とご支援を賜り，編集部の金子歓子氏には多くの的確なご助言とサポートを賜りました。厚く御礼申し上げます。

　最後に，本書の出版をずっと待ち続けてくれた両親と義母，そして献身的に支えてくれた夫に，心より感謝しています。

＊

　本書は，2017年度慶應義塾大学学事振興資金及び2018年度慶應義塾大学学事振興資金の補助，並びにJSPS科研費（22K13485）の助成による成果の一部です。記して御礼申し上げます。

2023年3月
著　　者

付録

（1）調査①個人調査：因子分析の結果

因子名	Q. No	質問文	1.	2.	3.	4.	5.	6.	7.
上司の倫理的リーダーシップ	MEL4	私の上司は、信用できる人物だ。	0.96	−0.034	−0.035	0.036	−0.09	0.06	−0.042
	MEL2	私の上司は、部下を大切にしている。	0.938	−0.025	−0.011	0.059	−0.067	0.002	−0.008
	MEL3	私の上司は、公正でバランスのとれた意思決定をしている。	0.91	−0.036	−0.005	0.041	−0.043	0.033	0.006
	MEL6	私の上司は、倫理的に物事を行うとはどういうことか、手本を示してくれている。	0.849	0.05	0.037	−0.046	0.048	−0.048	0.033
	MEL5	私の上司は、企業の誠実さや理念・価値観について、部下と話し合っている。	0.836	0.075	0.057	−0.064	0.047	−0.072	0.018
	MEL1	私の上司は、部下の声をよく聴いている。	0.836	−0.021	−0.015	0.054	0.008	−0.001	−0.029
	MEL7	私の上司は、結果の成否だけでなく、そこまでの過程も含めて評価をしている。	0.812	0.019	0.015	0.013	0.073	−0.021	0.003
	MEL8	私の上司は、意思決定をする際に、「何を行うのが正しいか」を問題にする。	0.798	0.046	0.037	−0.075	0.072	0.02	0.05
仕事の有意味感	PMW3	私は、自分の仕事を通じて、自分が生きている世界への理解を深めている。	0.043	0.928	−0.027	−0.131	0.019	−0.065	0.021
	PMW6	私は、自分の仕事を通じて、自分自身への理解を深めている。	0.036	0.885	−0.02	−0.055	−0.036	−0.021	0.022
	PMW5	私は、どういうときに自分の仕事が意味のあるものになるか、よくわかっている。	0.018	0.808	−0.002	−0.1	−0.026	0.056	−0.013
	PMW8	私は、満足のいく目的をもった仕事を、既に見出している。	−0.011	0.766	0.01	0.173	−0.048	−0.111	0.024
	PMW2	私は、仕事を通じて成長していると思う。	−0.009	0.748	0.006	0.058	−0.043	0.076	−0.024
	PMW4	私の仕事は、大きな意味をもっている。	−0.024	0.726	0.001	−0.018	0.06	0.066	−0.038
	PMW7	私の仕事は、私の人生を意味のあるものにしていると思う。	−0.009	0.697	0.002	0.063	0.062	−0.003	−0.025
	PMW1	私は、意味のあるキャリアを歩んできたと思う。	−0.014	0.674	0.003	0.092	−0.023	−0.011	0.014
	PMW9	私の仕事は、世の中に何らかのいい影響をもたらしていると思う。	0.023	0.621	0.001	−0.014	0.024	0.117	−0.004
経営者の倫理的リーダーシップ	TEL6	当社の経営トップは、倫理的に物事を行うとはどういうことか、手本を示してくれている。	−0.026	0.031	0.899	−0.05	0.032	−0.034	0.048
	TEL4	当社の経営トップは、信用できる人物だ。	0.016	−0.034	0.899	0.02	−0.096	0.085	−0.033
	TEL2	当社の経営トップは、社員を大切にしている。	0.022	−0.008	0.875	0.043	−0.082	0.024	−0.01
	YEL5	当社の経営トップは、企業の誠実さや理念・価値観について、社員と話し合っている。	−0.009	0.002	0.871	−0.016	0.02	−0.017	0.026
	TEL3	当社の経営トップは、公正でバランスのとれた意思決定をしている。	0.022	−0.056	0.863	0.04	−0.039	0.057	−0.043
	TEL7	当社の経営トップは、結果の成否だけでなくそこまでの過程も含めて評価をしている。	0.024	−0.007	0.791	0.026	0.079	−0.093	0.023
	TEL1	当社の経営トップは、社員の声をよく聴いている。	−0.038	0.044	0.791	−0.009	0.05	−0.036	−0.004

	TEL8	当社の経営トップは，意思決定をする際に，「何を行うのが正しいか」を問題にする。	0.072	0.018	0.756	-0.025	0.00	0.044	0.016
職務満足	PJS3**	私は，自分の仕事に満足している。	-0.028	0.189	-0.035	0.796	-0.042	-0.056	-0.025
	PJS8**	私は，自分の能力を発揮して働くことができている。	-0.047	0.236	-0.008	0.723	-0.035	-0.031	-0.001
	PJS7**	私は，仕事を通じて達成感を味わうことができている。	-0.027	0.205	0.014	0.703	-0.023	-0.014	-0.022
	PJS6**	私は，自分の仕事の量は適切だと思っている。	0.057	-0.145	-0.024	0.700	0.047	0.026	0.065
	PJS9**	私は，自分の意思で現在の仕事をしていると思う。	-0.029	0.2	-0.026	0.682	-0.05	-0.004	-0.002
	PJS2**	私は，仕事と生活のバランスをとることができている。	0.009	-0.105	0.017	0.645	-0.044	0.138	0.019
	PJS1**	私は，職場の人間関係に満足している。	0.101	-0.049	-0.046	0.552	0.27	-0.006	-0.06
	PJS4**	私は，自分に対する勤め先からの評価や処遇に満足している。	0.158	0.018	0.179	0.504	-0.014	-0.151	0.028
	PJS5**	私は，職場の作業環境の安全や快適さに満足している。	0.052	-0.019	0.134	0.497	0.082	0.035	-0.023
職場風土〈自律協働〉	WCI1**	私の職場では，チームの一員としての和が大切にされている。	0.046	-0.044	-0.032	0.044	0.776	0.023	0.06
	WCI3**	私の職場では，物事を決めるときに皆の合意を重視している。	0.079	0.056	-0.029	-0.044	0.753	-0.038	0.03
	WCI2**	私の職場では，個人の事情をお互いに尊重しあう雰囲気がある。	0.041	-0.025	-0.019	0.075	0.72	0.065	-0.023
	WCI4**	私の職場では，仕事の責任をチーム全体で負う。	0.086	0.007	0.101	-0.045	0.63	-0.012	-0.024
	WCI5**	私の職場では，個々人の職務範囲と権限が明確である。	0.113	0.031	0.062	0.127	0.411	0.07	-0.075
個人の倫理性	PEO1**	私は，いかなるときでも，世間や社会の常識に従うことを大切にしている。	-0.023	-0.047	-0.011	0.057	0.023	0.788	-0.031
	PEO2**	私は，いかなるときでも，法律や社内規則を遵守することを大切にしている。	0.022	0.046	0.002	-0.013	-0.034	0.788	-0.05
	PEO3**	私は，いかなるときでも，自社の理念やバリューに則ることを大切にしている。	-0.019	0.193	0.133	-0.024	0.088	0.44	0.059
	PEO4**	私は，自分の判断や行動の結果，誰にどのような影響が生じるかをよく考える。	-0.006	0.221	0.003	-0.021	0.092	0.353	0.085
職場風土〈同調内圧〉	WCP5**	私の職場では，部下を相手にする際，上司は権威や権力を持って従わせる場合が多い。	-0.135	0.009	-0.024	0.044	-0.02	-0.003	0.706
	WCP3*	私の職場では，「社内の誰が言っているか」によって物事が判断されやすい。	0.063	-0.061	-0.065	0.106	-0.104	0.153	0.691
	WCP2**	私の職場では，社外からの要請よりも社内の事情の方が優先されやすい。	0.08	-0.009	-0.02	0.091	0.059	0.012	0.581
	WCP1**	私の職場では，誰の担当なのか明確でない仕事が多い。	0.068	0.031	0.064	-0.114	-0.036	-0.045	0.485
	WCP4**	私の職場では，上司がいると帰りにくい雰囲気がある。	-0.066	0.023	0.076	-0.094	0.169	-0.187	0.464

※先行研究による質問文を一部改変した質問文には*を，本研究オリジナルの質問文には**を付している。

（２）調査②企業調査：「組織の倫理風土」因子分析の結果

因子名	Q. No.	質問文	1.	2.	3.	4.	5.	6.	7.
組織の倫理風土〈他者貢献〉	OBI2	当社の社員は、互いにとって何がベストになるかということにいつも留意している。	0.935	− 0.064	− 0.007	− 0.065	0.041	0.042	0.03
	OBI1	当社の社員は、互いのためになることを常に気遣っている。	0.783	− 0.039	0.053	0.03	0.046	− 0.096	− 0.122
	OBL3	当社の社員は、チームワークの精神を重要なものとして捉えている。	0.674	− 0.12	0.073	0.172	− 0.013	− 0.045	− 0.262
	OBL4	当社の社員は、何が従業員のベストになるかについて大きな関心を持っている。	0.667	0.234	− 0.257	− 0.012	− 0.085	0.082	0.162
	OBC3	当社の社員は、顧客や社会の利益について進んで関心を持つ。	0.503	0.073	0.305	− 0.064	0.083	0.065	0.007
	OBC2*	当社の社員は、社外のステークホルダーに対して強い責任感を持っている。	0.397	0.071	0.376	0.013	− 0.178	0.020	0.109
組織の倫理風土〈社員の幸福〉	OBL1	当社では、社員の幸福が第一とされている。	0.049	0.7	0.096	0.089	0.029	− 0.117	− 0.009
	OBI3	当社では、何が個々の社員にとってベストになるかについて大きな関心を持っている。	− 0.052	0.677	0.098	0.045	0.161	− 0.014	− 0.056
	OBL2	我々の主な関心事は、何が全社員のベストになるかということである。	0.121	0.616	0.047	0.09	− 0.123	0.072	0.101
	OBI4	当社では、個々の社員に配慮して意思決定が行われる。	− 0.019	0.514	0.218	− 0.183	0.158	− 0.062	− 0.148
組織の倫理風土〈規範と意思〉	OPC2*	当社では、他の何よりもまず職業上の倫理基準に従うことが期待されている。	− 0.046	0.083	0.649	0.257	− 0.235	− 0.047	0.064
	OPI3	当社では、個々の社員が自らの道徳観を大切にすることが最も重視されている。	0.037	0.228	0.572	− 0.06	0.011	0.082	− 0.134
	OPC1	当社の社員は、意思決定を行うに当たり、まず法律を犯していないかを考慮する。	0.06	− 0.002	0.532	0.107	− 0.05	− 0.049	0.218
	OBC4	当社では、意思決定が顧客や社会にどのような影響を与えるかが主な関心事となっている。	0.056	0.083	0.484	− 0.02	0.016	0.051	0.039
	OPC4*	当社の社員は、上司や同僚の気分を害しても法律や職業上の倫理規範に則って行動する。	0.316	0.157	0.321	− 0.137	− 0.013	− 0.020	0.197
組織の倫理風土〈会社の規則〉	OPL4*	当社では、社内のルールに従っている者が評価される。	0.01	0.107	− 0.123	0.955	0.061	0.069	− 0.027
	OPL3	当社では、規則通りに行動した社員が評価される。	− 0.089	0.095	0.188	0.672	0.045	− 0.055	− 0.006
	OPL1	当社では、社員が会社の規則や手続きを忠実に守ることが非常に重視される。	0.069	− 0.143	0.128	0.599	0.036	0.071	− 0.061
組織の倫理風土〈効率重視〉	OEC1	当社では、まず効率性を優先することが社員の主な責務とされている。	− 0.066	0.173	− 0.122	0.03	0.727	− 0.044	0.014
	OEC4	当社では、効率的に問題を解決することが常に求められている。	0.267	0.035	0.036	0.014	0.574	− 0.05	0.012
	OEC2	当社では、最も効率的なやり方が常に「正しい」やり方とされている。	− 0.098	− 0.102	− 0.096	− 0.045	0.548	0.1	0.101
	OEC3	当社では、社員一人ひとりが効率的に仕事をすることが何よりも期待されている。	0.023	0.229	− 0.138	0.13	0.513	0.053	0.015
	OEL1	当社の社員は、会社の利益向上に結び付くような行動をすることが期待されている。	− 0.045	− 0.201	0.237	0.091	0.411	− 0.027	0.281
組織の倫理風土〈個別主義〉	OEI4	当社の社員は、何が自分にとってのベストになるかについての関心が高い。	0.05	− 0.046	− 0.028	0.064	− 0.018	0.995	0.098
	OPI4	当社の社員は、自分自身の個人的な倫理観に基づいて行動している。	− 0.206	− 0.041	0.429	0.033	0.043	0.432	− 0.139
	OPI2	当社の謝意は、それぞれ自分で善悪の判断を行っている。	0.154	− 0.081	0.232	− 0.047	0.111	0.282	− 0.201

組織の倫理風土 〈自社利益〉	OEL3	当社の社員は，他の何よりも会社の利益を気に している。	−0.075	0.099	0.102	−0.13	0.069	0.092	0.834
	OEL4	当社の社員は，まず会社の利益を第一に考えて 意思決定を行っている。	0.076	−0.28	0.049	0.117	0.13	−0.123	0.562

※先行研究による質問文を一部改変した質問文には*を付している。

参考文献

蘭千壽・河野哲也（編著）（2007）．『組織不正の心理学』慶應義塾大学出版会．

アリストテレス（著）高田三郎（訳）（1971）．『アリストテレス　ニコマコス倫理学（上)』岩波書店．

アリストテレス（著）高田三郎（訳）（1973）．『アリストテレス　ニコマコス倫理学（下)』岩波書店．

石田英夫（1985）．『日本企業の国際人事管理』日本労働協会．

伊丹敬之（1989）．「経営組織における個と全体：個の自由とホロニックインターアクション」『一橋論叢』*102*（5），602-619．

伊丹敬之（1992）．「企業という存在」『一橋論叢』*107*（4），455-469．

伊丹敬之（2000）．『日本型コーポレートガバナンス：従業員主権企業の論理と改革』日本経済新聞社．

一條和生・徳岡晃一郎・野中郁次郎（2010）．『MBB：「思い」のマネジメント：知識創造経営の実践フレームワーク』東洋経済新報社．

一般社団法人日本経済団体連合会ホームページ「Policy（提言・報告書）企業行動憲章」https://www.keidanren.or.jp/policy/cgcb/charter2022.html（2023.9.15.参照）．

印南一路（1997）．『すぐれた意思決定：判断と選択の心理学』中央公論社．

印南一路（1999）．『すぐれた組織の意思決定：組織をいかす戦略と政策』中央公論新社．

上野山達哉（2019）．「コーリングによる職務行動志向への影響の両義性：自動車販売職における定量的分析をもとに」『日本労働研究雑誌』*61*（12），77-88．

上原衛・山下洋史・大野高裕（2009）．「ワーク・モチベーションとCSR評価：ハーズバーグの動機付け衛生理論とCSR評価の関係性構築モデル」『日本経営工学会論文誌』*60*（2），104-112．

植村省三（1976）．「『日本的経営』に関する基本的諸問題」『桃山学院大学経済経営論集』*18*（1），1-19．

梅津光弘（1995）．「国際的共同主義と倫理的合意形成手続」『日本経営倫理学会誌』*2*，21-32．

梅津光弘（1997）．「経営倫理学と企業社会責任論：その方法論的差異と統合の可能性をめぐって」『日本経営倫理学会誌』*4*，21-31．

梅津光弘（2001）．「企業倫理の促進・支援制度をめぐる諸問題：概念枠設定の試み」『明大商学論叢』*83*（2），89-102．

梅津光弘（2002）．『ビジネスの倫理学』［現代社会の倫理を考える：第3巻］丸善．

梅津光弘（2007a）．「経営判断における道徳的構想力の理論：その認識論的基礎と企業倫理学的含意」『三田商学研究』*50*（3），229-237．

梅津光弘（2007b）．「企業経営をめぐる価値転換」企業倫理研究グループ『日本の

214

企業倫理：企業倫理の研究と実践』白桃書房，1–20.

浦上昌則（2016）．「職業観と個人志向性・他者志向性，社会的被受容感の関連」南山大学紀要『アカデミア 人文・自然科学編』*11*，91–104.

大芦治（2016）．「教育心理学における学習の概念：教職課程で用いられるテキストにおける概念定義」『千葉大学教育学部研究紀要』*64*，25–34.

大竹文雄（2010）．『競争と公平感：市場経済の本当のメリット』［中公新書；2045］中央公論新社.

太田肇（1993）．『プロフェッショナルと組織：組織と個人の「間接的統合」』同文舘出版.

太田肇（1994）．『日本企業と個人：統合のパラダイム転換』白桃書房.

太田肇（1996）．『個人尊重の組織論：企業と人の新しい関係』［中公新書；1286］中央公論社.

太田肇（1999）．『仕事人と組織：インフラ型への企業革新』有斐閣.

太田肇（2008）．「企業環境の変化と日本型人的資源管理の近代化：『個人尊重』の視点から」『經濟論叢』*181*（1），1–13.

太田肇（2017）．『なぜ日本企業は勝てなくなったのか：個を活かす『分化』の組織論』新潮社.

大藪毅（2009）．『長期雇用制組織の研究：日本的人材マネジメントの構造』中央経済社.

岡本英嗣（2012）．「中堅企業・正社員の職務満足からみた人材マネジメントの課題：都内を中心にした正社員の実態調査から」『日本経営学会誌』*29*，68–80.

岡本浩一（2001）．『無責任の構造：モラル・ハザードへの知的戦略』［PHP新書；141］PHP研究所.

岡本浩一（2003）．「組織における安全と倫理についての社会心理学的視点」『組織科学』*37*（1），4–9.

岡本浩一・今野裕之（2006）．『組織健全化のための社会心理学：違反・事故・不祥事を防ぐ社会技術』［組織の社会技術；1］新曜社.

岡本浩一・鎌田晶子（2006）．『属人思考の心理学：組織風土改善の社会技術』［組織の社会技術；3］新曜社.

岡本大輔（1984）．「経営学研究における統計的有意性検定」『三田商学研究』*27*（5），1–12.

岡本大輔（1996）．『企業評価の視点と手法』中央経済社.

岡本大輔（2015）．「企業評価基準としての社会性：20年後の再々々検討・実証編」『三田商学研究』*57*（6），103–110.

岡本大輔（2018）．『社会的責任とCSRは違う！』千倉書房.

岡本大輔・梅津光弘（2006）．『企業評価＋企業倫理：CSRへのアプローチ』［慶應経営学叢書；第2巻］慶應義塾大学出版会.

岡本大輔・古川靖洋・佐藤和・梅津光弘・山田敏之・大柳康司（2005）．「続・総

合経営力指標：コーポレートガバナンス・マネジメント全般と企業業績2004
（2）」『三田商学研究』 48（2）, 157-175.

岡本大輔・古川靖洋・佐藤和・梅津光弘・安國煥・山田敏之・大柳康司（2006）.
「続・総合経営力指標：コーポレートガバナンス・マネジメント全般と企業業
績2005（2）」『三田商学研究』 49（3）, 99-114.

岡本大輔・古川靖洋・佐藤和・梅津光弘・安國煥・山田敏之・大柳康司（2008）.
「続・総合経営力指標：コーポレートガバナンス・マネジメント全般と企業業
績2007」『三田商学研究』 51（3）, 91-121.

岡本大輔・古川靖洋・佐藤和・安國煥・山田敏之（2009）.「続・総合経営力指標：
コーポレートガバナンス・マネジメント全般と企業業績2008」『三田商学研究』
52（4）, 77-98.

岡本大輔・古川靖洋・佐藤和・梅津光弘・安國煥・山田敏之（2010）.「続・総合
経営力指標：コーポレートガバナンス・マネジメント全般と企業業績2009」
『三田商学研究』 53（5）, 43-63.

岡本大輔・古川靖洋・佐藤和・梅津光弘・山田敏之・篠原欣貴（2012a）.「続・総
合経営力指標：コーポレートガバナンス・マネジメント全般と企業業績2010」
『三田商学研究』 54（6）, 87-113.

岡本大輔・古川靖洋・佐藤和・梅津光弘・山田敏之・篠原欣貴（2012b）.「続・総
合経営力指標：コーポレートガバナンス・マネジメント全般と企業業績2011」
『三田商学研究』 55（4）, 65-92.

岡本大輔・古川靖洋・佐藤和・梅津光弘・山田敏之・篠原欣貴（2013）.「続・総
合経営力指標：コーポレートガバナンス・マネジメント全般と企業業績2012」
『三田商学研究』 56（4）, 57-90.

岡本大輔・古川靖洋・佐藤和・馬場杉夫（2012）.『深化する日本の経営：社会・
トップ・戦略・組織』千倉書房.

岡本英嗣（2012）.「中堅企業・正社員の職務満足からみた人材マネジメントの課
題：都内を中心にした正社員の実態調査から」『日本経営学会誌』 29, 68-80.

奥林康司（1996）.「日本的経営の研究動向」『国民経済雑誌』 174（1）, 85-97.

小塩真司（2014）.『はじめての共分散構造分析：Amos によるパス解析』[第2版]
東京図書.

小塩真司（2015）.『研究をブラッシュアップする SPSS と Amos による心理・調
査データ解析』東京図書.

小塩真司（2018）.『SPSS と Amos による心理・調査データ解析：因子分析・共分
散構造分析まで』[第3版]東京図書.

越智貢・金井淑子・川本隆史・高橋久一郎・中岡成文・丸山徳次・水谷雅彦（編
集）（2005）.『岩波　応用倫理学講義　4経済』岩波書店.

小野公一（2007）.「働く人々の生きがい感の構造について：看護師のデータに拠
る分析の試み」『経営論集』 42（1・2）, 亜細亜大学経営学会, 3-19.

小野公一（2011）.『働く人々の well-being と人的資源管理』白桃書房.

小野公一（2013）.「働く人々の生きがい感に関する再検討」『人材育成研究』8（1），3-19.

小野寺孝義・山本嘉一郎（編）（2004）.『SPSS 事典：BASE 編』ナカニシヤ出版.

小野善生（2013）.「フォロワーシップ論の展開」『關西大學商學論集』58（1），73-91.

小野善生（2016）.『フォロワーが語るリーダーシップ：認められるリーダーの研究』有斐閣.

加藤尚武（1997）.『現代倫理学入門』［講談社学術文庫；1267］講談社.

加藤尚武（2001）.『応用倫理学入門：正しい合意形成の仕方』晃洋書房.

金井壽宏（1982）.「職務再設計の動機的効果についての組織論的考察」『研究年報.経營學・會計學・商學』28，103-245.

金井壽宏（1996）.「経営の視点：経営理念の浸透と参照モデリング」『関西経協』50（11），146-148.

金井壽宏・松岡久美・藤本哲（1997）.「コープこうべにおける『愛と協同』の理念の浸透：組織の基本価値が末端にまで浸透するメカニズムの探求」『組織科学』31（2），29-39.

金井壽宏・高橋潔（2004）.『組織行動の考え方：ひとを活かし組織力を高める 9 つのキーコンセプト』東洋経済新報社.

鎌田晶子・上瀬由美子・宮本聡介・今野裕之・岡本浩一（2003）.「組織風土による違反防止：「属人思考」の概念の有効性と活用」『社会技術研究論文集』1，239-247.

唐沢穣（2013）.「社会心理学における道徳判断研究の現状」『社会と倫理』28，85-99.

川本隆史（1995）.『現代倫理学の冒険：社会理論のネットワーキングへ』［現代自由学芸叢書］創文社.

川本隆史（2005）.「『陰鬱な科学』と『陽気な学問』とのキャッチボール」越智貢・金井淑子・川本隆史・高橋久一郎・中岡成文・丸山徳次・水谷雅彦（編集）『岩波 応用倫理学講義 4 経済』岩波書店，1-75.

川本隆史・高橋久一郎（編）（2000）.『応用倫理学の転換：二正面作戦のためのガイドライン』［叢書倫理学のフロンティア；2］ナカニシヤ出版.

上林憲雄（2011）.「人的資源管理パラダイムと日本型人事システム」『国民経済雑誌』203（2），21-30.

企業倫理研究グループ（2007）.『日本の企業倫理：企業倫理の研究と実践』白桃書房.

岸野早希・平野光俊（2016）.「上司行動が部下のワーク・ライフ・バランスに及ぼす影響」『国民経済雑誌』213（2），45-61.

北居明（1999）.「経営理念研究の新たな傾向」『大阪学院大学流通・経営科学論集』

24（4），27-52.

北居明（2014）.『学習を促す組織文化：マルチレベル・アプローチによる実証分析』有斐閣.

北居明・鈴木竜太・上野山達哉・松本雄一（2018）.「『組織のため』の罠：非倫理的向組織行動研究の展開と課題」『組織科学』*52*（2），18-32.

厚生労働省「令和元年賃金構造基本統計調査　結果の概況」厚生労働省ホームページ https://www.mhlw.go.jp/toukei/itiran/roudou/chingin/kouzou/z2019/index.html（2023. 9. 15. 参照）.

河野哲也（2011）.『道徳を問いなおす：リベラリズムと教育のゆくえ』［ちくま新書；893］筑摩書房.

小林俊治・百田義治（2004）.『社会から信頼される企業：企業倫理の確立に向けて』中央経済社.

小山嚴也（2011）.『CSR のマネジメント：イシューマイオピアに陥る企業』白桃書房.

小山嚴也・谷口勇仁（2010）.「企業におけるソーシャルイシューの認識：雪印はなぜ2回目の不祥事を防げなかったのか」『日本経営学会誌』*26*，15-26.

佐伯胖（1980）.『「きめ方」の論理：社会的決定理論への招待』東京大学出版会.

櫻井育夫（2011）.「Defining Issues Test を用いた道徳判断の発達分析」『教育心理学研究』*59*（2），155-167.

櫻井雅充（2014）.「HRM の特質に関する批判的考察」『広島経済大学経済研究論集』*37*（3），139-154.

櫻木晃裕（2006）.「職務満足概念の構造と機能」『豊橋創造大学紀要』*10*，37-47.

佐藤郁哉（2008）.『質的データ分析法：原理・方法・実践』新曜社.

佐藤郁哉・山田真茂留（2004）.『制度と文化：組織を動かす見えない力』日本経済新聞社.

佐藤和（2002）.「ハイブリッドとしての日本文化：『日本的経営』の将来を考えるために」『三田商学研究』*45*（5），113-134.

佐藤和（2007）.「信頼と共同体の復権：水平的集団主義と日本型経営の将来」『三田商学研究』*50*（3），199-217.

佐藤和（2009）.『日本型企業文化論：水平的集団主義の理論と実証』［慶應経営学叢書；第5巻］慶應義塾大学出版会.

佐藤和（2018）.「ダイバーシティとコンプライアンス：組織文化の視点から」『同志社商学』*69*（6），1087-1104.

佐藤和・妹尾剛好・横田絵理・米山茂美（2015）.「家父長型リーダーシップと成果に関する実証分析」『三田商学研究』*58*（4），51-67.

産業能率大学総合研究所企業倫理研究プロジェクト（編著）（2008）.『実践「企業倫理・コンプライアンス」：CSR に基づく組織づくりの考え方と手法』産業能率大学出版部.

島弘（2000）.「人的資源管理論の本質とその問題点」『同志社商学』51（5・6），70–89.

清水裕士・荘島宏二郎（2017）.『社会心理学のための統計学：心理尺度の構成と分析』［心理学のための統計学；3］誠信書房.

清水龍瑩（1983）.『経営者能力論』千倉書房.

清水龍瑩（1999）.『社長のための経営学：優れた経営者，優れた企業の条件を求めて』千倉書房.

清水龍瑩（2000）.「社長のリーダーシップ：他人に任せられない経営者機能」『三田商学研究』43（1），107–129.

社団法人日本経済団体連合会（2003）.「『企業倫理・企業行動に関するアンケート』担当者向けアンケート集計結果（中間取りまとめ）」一般社団法人日本経済団体連合会ホームページ https://www.keidanren.or.jp/japanese/policy/2003/034.pdf（2023.9.15.参照）.

社団法人日本経済団体連合会（2005）.「企業倫理・企業行動に関するアンケート集計結果（概要）」一般社団法人日本経済団体連合会ホームページ https://www.keidanren.or.jp/japanese/policy/2005/100/gaiyo.pdf（2023.9.15.参照）.

社団法人日本経済団体連合会企業行動委員会（2008）.「企業倫理への取組みに関するアンケート調査結果」一般社団法人日本経済団体連合会ホームページ https://www.keidanren.or.jp/japanese/policy/2008/006.pdf（2023.9.15.参照）.

杉本泰治・高城重厚（2005）.『大学講義　技術者の倫理入門』［第3版］丸善.

鈴木辰治・角野信夫（編著）（2000）.『企業倫理の経営学』［叢書現代経営学；16］ミネルヴァ書房.

鈴木竜太（2013）.『関わりあう職場のマネジメント』有斐閣.

瀬戸正則（2009）.「経営理念の組織内浸透に係る先行研究の理論的考察」『マネジメント研究』9，広島大学マネジメント学会，25–35.

潜道文子（2014）.「CSRとフロー体験：ソーシャル・エンタープライズから学ぶ企業の戦略的社会性」『拓殖大学　経営経理研究』102，1–31.

総務省統計局「日本の統計　2021」総務省統計局ホームページ https://www.stat.go.jp/data/nihon/index1.html（2021.3.5.参照）.

十川廣國（2002）.『新戦略経営・変わるミドルの役割』文眞堂.

十川廣國（2005）.『CSRの本質：企業と市場・社会』中央経済社.

髙巌（2010）.「経営理念はパフォーマンスに影響を及ぼすか：経営理念の浸透に関する調査結果をもとに」『麗澤経済研究』18（1），57–66.

髙巌・T. ドナルドソン（1999）.『ビジネス・エシックス：企業の市場競争力と倫理法令遵守マネジメント・システム』文眞堂.

高浦康有（2000）.「管理者の道徳的コンピタンスとパフォーマンスの比較：日本における企業倫理の解明に向けて」『一橋論叢』124（5），617–631.

高尾義明（2019）.「ジョブ・クラフティング研究の展開に向けて：概念の独自性

の明確化と先行研究レビュー」『経済経営研究』*1*，東京都立大学経営学研究科経済経営学会，81-105.

高尾義明（2020）．「ジョブ・クラフティングの思想：Wrzesniewski and Dutton（2001）再訪に基づいた今後のジョブ・クラフティング研究への示唆」『経営哲学』17（2），2-16.

高尾義明・王英燕（2011）．「経営理念の浸透次元と影響要因：組織ルーティン論からのアプローチ」『組織科学』44（4），52-66.

高尾義明・王英燕（2012）．『経営理念の浸透：アイデンティティ・プロセスからの実証分析』有斐閣.

高橋伸夫（1997）．『日本企業の意思決定原理』東京大学出版会.

高橋浩夫（編著）（2009）．『トップ・マネジメントの経営倫理』白桃書房.

竹田陽子（2018）．「イノベーション創出のワークショップにおけるマルチモダリティと多様性の影響」『組織学会大会論文集』7（2），440-446.

竹田陽子（2019）．「視点置換と多様性がチームの創造的な成果に与える影響」『組織学会大会論文集』8（1），128-133.

竹田陽子（2020）．「創造的な行為における他者の視点」『組織学会大会論文集』9（1），69-75.

橘木俊詔（編著）（2009）．『働くことの意味』［叢書・働くということ：第1巻］ミネルヴァ書房.

田中朋弘（2002）．『職業の倫理学』［現代社会の倫理を考える：第5巻］丸善.

田中朋弘・柘植尚則（2004）．『ビジネス倫理学：哲学的アプローチ』［叢書　倫理学のフロンティア；13］ナカニシヤ出版.

谷口勇仁（2001）．「ステイクホルダー理論再考」『經濟學研究』51（1），北海道大学大学院経済学研究科，83-93.

谷口勇仁・小山嚴也（2007）．「雪印乳業集団食中毒事件の新たな解釈：汚染脱脂粉乳製造・出荷プロセスの分析」『組織科学』41（1），77-88.

谷俊子（2010）．「日本的経営の普遍的道徳観と問題点：ケアの倫理・共同体主義による検討」『日本経営倫理学会誌』17，159-169.

谷本寛治（2006）．『CSR：企業と社会を考える』［NTT出版ライブラリーレゾナント：025］NTT出版.

寺澤朝子（2008）．『個人と組織変化：意味充実人の視点から』文眞堂.

鳥羽欽一郎・浅野俊光（1984）．「戦後日本の経営理念とその変化：経営理念調査を手がかりとして」『組織科学』18（2），37-51.

豊田秀樹（編著）（2007）．『共分散構造分析［Amos編］：構造方程式モデリング』東京図書.

中澤潤・大野木裕明・伊藤秀子・坂野雄二・鎌原雅彦（1988）．「社会的学習理論から社会的認知理論へ：Bandura理論の新展開をめぐる最近の動向」『心理学評論』31（2），229-251.

中野千秋（1995）．「実証研究：企業管理者の倫理観に関する日米比較」『麗澤学際ジャーナル』 *3* （1），29–50.

中野千秋（2002）．「職場の倫理問題に関する管理者の認識：倫理的組織環境の構築に向けて」『日本経営倫理学会誌』 *9*，159–168.

中野千秋（2004）．「組織における個人の倫理的意思決定：組織倫理に関する実証研究の可能性を探る」『組織科学』 *37* （4），14–23.

中野千秋・山田敏之（2006）．「日本企業における倫理確立に向けての取り組みと管理者の倫理観：10年前との比較」『日本経営倫理学会誌』 *13*，105–115.

中野千秋・山田敏之（2016）．「日本企業における倫理確立に向けての取り組みと管理者の倫理観：1994年，2004年，2014年の調査結果の比較をふまえて」『日本経営倫理学会誌』 *23*，123–139.

中野千秋・山田敏之・福永晶彦・野村千佳子（2009）．「第5回・日本における企業倫理制度化に関する定期実態調査報告」『日本経営倫理学会誌』 *16*，151–163.

中村瑞穂（1994）．「『企業と社会』の理論と企業倫理」『明大商学論叢』 *77* （1），103–118.

中村瑞穂（編著）（2003）．『企業倫理と企業統治：国際比較』文眞堂.

中谷常二（編著）（2007）．『ビジネス倫理学』［公益ビジネス研究叢書］晃洋書房.

西村孝史・西岡由美（2016）．「ミドルマネジャーの戦略的役割：階層性と時間差効果」『一橋ビジネスレビュー』 *64* （1），62–73.

日本経営倫理学会（編）（2008）．『経営倫理用語辞典』白桃書房.

貫井陵雄（2002）．『企業経営と倫理監査：企業評価3つのアプローチ』同文舘出版.

沼上幹・軽部大・加藤俊彦・田中一弘・島本実（2007）．『組織の〈重さ〉：日本的企業組織の再点検』日本経済新聞出版社.

野城智也・札野順・板倉周一郎・大場恭子（2005）．『実践のための技術倫理：責任あるコーポレート・ガバナンスのために』東京大学出版会.

野中郁次郎・竹内弘高（著），梅本勝博（訳）（1996）．『知識創造企業』東洋経済新報社.

野村千佳子（1999）．「90年代における日本企業の経営理念の状況：環境の変化と経営理念の見直しと変更」『早稲田商學』 *380*，47–73.

早瀬賢一・岡部幸徳・大場恭子・大来雄二・本木あや子・札野順（2009）．「技術系従業員の倫理意識と行動：企業倫理・技術倫理アンケートに基づく分類とその特徴」『日本経営倫理学会誌』 *16*，79–92.

平野仁彦・亀本洋・服部高宏（2002）．『法哲学』［有斐閣アルマ］有斐閣.

福井直人（2013）．「日本的経営が人的資源管理の生成に及ぼした影響：リサーチ・アジェンダ」『商経論集』 *48* （3・4），北九州市立大学経済学会，137–167.

福永昌彦・山田敏之（2003）．「組織の倫理学習と失敗：分析枠組と視点」『東海学園大学研究紀要：経営・経済学研究編』 *8*，71–96.

福永昌彦・山田敏之（2005）．「雪印乳業における組織風土の変容と企業倫理」『東

海学園大学研究紀要：経営・経済学研究編』*10*，113-136.

福永晶彦・山田敏之・中野千秋（2006）．「第4回・日本における企業倫理制度化に関する定期実態調査報告」『日本経営倫理学会誌』*13*，91-103.

二村敏子（編）（2004）．『現代ミクロ組織論：その発展と課題』有斐閣.

古田克利（2017）．「職業観、仕事の意味深さおよび組織適応感の関係：組織で働くプロフェッショナルを対象にした定量分析」『関西外国語大学　研究論集』*106*，119-137.

濱口桂一郎（2013）．『若者と労働：「入社」の仕組みから解きほぐす』［中公新書ラクレ；465］中央公論新社.

働き方改革実現会議（2017）．「働き方改革実行計画」首相官邸ホームページ https://www.kantei.go.jp/jp/headline/pdf/20170328/01.pdf（2023. 9. 15. 参照）.

松井賚夫（1982）．『モチベーション』ダイヤモンド社.

水谷雅一（1995）．『経営倫理学の実践と課題：経営価値四原理システムの導入と展開』白桃書房.

水谷雅一（1998）．『経営倫理学のすすめ』［丸善ライブラリー；270］丸善.

水谷雅一（編著）（2003）．『経営倫理』同文舘出版.

水村典弘（2008）．『ビジネスと倫理：ステークホルダー・マネジメントと価値創造』文眞堂.

三井泉（編著）（2013）．『アジア企業の経営理念：生成・伝播・継承のダイナミズム』文眞堂.

三井泉・根村直美・櫻井研司・高尾義明（2017）．「企業組織の倫理風土の測定基準に関する研究：測定尺度の開発に向けて」『産業経営プロジェクト報告書』*40*（1），日本大学経済学部産業経営研究所.

三戸公（1991）．『家の論理1　日本的経営論序説』文眞堂.

三戸公（1994）．『「家」としての日本社会』有斐閣.

三戸公（2004）．「人的資源管理論の位相」『立教経済學研究』*58*（1），19-34.

宮坂純一（1996）．「ビジネス倫理学とステイクホルダー概念：ビジネス倫理学は企業の目的をいかに把握するのか」『産業と経済』*11*（2），奈良産業大学経済経営学会，139-153.

宮坂純一（1999）．『ビジネス倫理学の展開』晃洋書房.

宮坂純一（2000）．『ステイクホルダー・マネジメント：現代企業とビジネス・エシックス』晃洋書房.

宮坂純一（2003）．『企業は倫理的になれるのか』晃洋書房.

宮坂純一（2009）．『道徳的主体としての現代企業：何故に，企業不祥事が繰り返されるのか』晃洋書房.

宮坂純一（2010）．「人的資源管理（HRM）と倫理：人的資源管理をビジネス・エシックスの視点から考える」『産業と経済』*24*（3・4），奈良産業大学経済経営学会，1-18.

三輪哲・林雄亮（編著）（2014）．『SPSS による応用多変量解析』オーム社．

村上宣寛（2006）．『心理尺度のつくり方』北大路書房．

本橋潤子（2010）．「『組織の中の人々』にとっての経営倫理教育」『日本経営倫理学会誌』*17*，189–196．

本橋潤子（2019）．「経営倫理と『働きがい』：目的的人間観の文脈で考える」『日本経営倫理学会誌』*26*，53–68．

本橋潤子（2020）．「日本企業における組織の倫理風土と仕事の意味深さ：組織の視点からの実証と考察」『日本経営倫理学会誌』*27*，61–74．

本橋潤子（2021a）．「上司の倫理的リーダーシップと仕事の意味深さ：個人の視点からの実証と考察」『日本経営倫理学会誌』*28*，65–77．

本橋潤子（2021b）．「経営トップの倫理的リーダーシップと仕事の意味深さ：その経路についての分析と考察」『三田商学研究』*64*（1），45–65．

本橋潤子（2022）．「中間管理者の倫理的志向性と仕事の意味深さ：混合研究法によるアプローチ」『日本経営倫理学会誌』*29*，27–40．

本橋潤子（2023）．「個人の倫理性と仕事の意味深さへの影響要因についての階層間比較」『日本経営倫理学会誌』*30*，143–156．

森口千晶（2013）．「日本型人事管理モデルと高度成長」『日本労働研究雑誌』*634*，52–63．

安井絢子（2010）．「『ケア』とは何か：メイヤロフ，ギリガン，ノディングスにとっての『ケア』」『哲学論叢』*37*（別冊），119–130．

山岸明子（1976）．「道徳判断の発達」『教育心理学研究』*24*（2），97–106．

山岸明子（1980）．「青年期における道徳判断の発達測定のための質問紙の作成とその検討」『心理学研究』*51*（2），92–95．

山岸明子（1990）．「二つの道徳性と対人関係」『順天堂医療短期大学紀要』*1*，48–56．

山崎由香里（2011）．『組織における意思決定の心理：組織の記述的意思決定論』同文舘出版．

山田敏之・中野千秋・福永晶彦（2015）．「組織の倫理風土の定量的測定：Ethical Climate Questionnaire の日本企業への適用可能性の検討」『日本経営倫理学会誌』*22*，237–251．

山田敏之・中野千秋・福永晶彦（2020）．「組織の倫理風土と非倫理的行為：日本企業における実証研究」『日本経営倫理学会誌』*27*，187–203．

山田敏之・野村千佳子・中野千秋（1998）．「第1回・日本における企業倫理制度化に関する定期実態調査報告」『日本経営倫理学会誌』*5*，145–159．

山田敏之・福永晶彦・中野千秋（2000）．「第2回・日本における企業倫理制度化に関する定期実態調査報告」『日本経営倫理学会誌』*7*，211–232．

山田敏之・福永晶彦・野村千佳子・長塚晧右・中野千秋（2003）．「第3回・日本における企業倫理制度化に関する定期実態調査報告」『日本経営倫理学会誌』

10，39–57.

山田敏之・福永晶彦・中野千秋（2005）.「個人の倫理的意思決定に及ぼす組織風
　土の影響」『麗澤経済研究』13（1），105–126.

横川雅人（2009）.「経営理念：その機能的側面と制度的側面」『経営戦略研究』3，
　5–20.

横川雅人（2010a）.「現代日本企業の経営理念：『経営理念の上場企業実態調査』
　を踏まえて」『産研論集』37，関西学院大学産業研究所，125–137.

横川雅人（2010b）.「（続）現代日本企業の経営理念：未上場企業への『経営理念実
　態調査アンケート』をもとにして」『経営戦略研究』4，5–27.

横川絵理・佐藤和・米山茂美・妹尾剛好（2012）.「日本企業におけるリーダーシッ
　プ・スタイルに関する実態調査」『三田商学研究』54（6），115–136.

吉田和男（1995）.「日本型経営システムにおける労働管理」『經濟論叢』156（5），
　1–16.

若林満・松原敏浩（1988）.『組織心理学』福村出版.

渡部博志（2018）.「リーダーシップ論における中間管理職の二側面」『武蔵野大学
　政治経済研究所年報』17，49–66.

Abegglen, J. C.（1958）. *The Japanese factory : Aspects of its social organization.*
　Free Press（占部都美監訳『日本の経営』ダイヤモンド社，1958年）.

Abegglen, J. C.（2004）. *21 st century Japanese management : New systems, lasting
　values.* Palgrave Macmillan（山岡洋一訳『新・日本の経営』日本経済新聞社，
　2004年）.

Afsar, B., Badir, Y., & Kiani, U. S.（2016）. Linking spiritual leadership and em-
　ployee pro-environmental behavior : The influence of workplace spirituality,
　intrinsic motivation, and environmental passion. *Journal of Environmental
　Psychology, 45*, 79–88.

Ajzen, I., & Fishbein, M.（1977）. Attitude-behavior relations : Theoretical analysis
　and review of empirical research. *Psychological Bulletin, 84*（5），888–918.

Allan, B. A.（2017）. Task significance and meaningful work : A longitudinal study.
　Journal of Vocational Behavior, 102, 174–182.

Allan, B. A., Autin, K. L., & Duffy, R. D.（2014）. Examining social class and work
　meaning within the psychology of working framework. *Journal of Career As-
　sessment, 22*（4），543–561.

Allan, B. A., Autin, K. L., & Duffy, R. D.（2016）. Self-determination and meaningful
　work : Exploring socioeconomic constraints. *Frontiers in Psychology, 7*.

Allan, B. A., Batz-Barbarich, C., Sterling, H. M., & Tay, L.（2019）. Outcomes of
　meaningful work : A meta-analysis. *Journal of Management Studies, 56*（3），
　500–528.

Allan, B. A., Duffy, R. D., & Collisson, B.（2018）. Helping others increases meaningful work : Evidence from three experiments. *Journal of Counseling Psychology, 65*（2）, 155–165.

Ambrose, M. L., Arnaud, A., & Schminke, M.（2008）. Individual moral development and ethical climate : The influence of person-organization fit on job attitudes. *Journal of Business Ethics, 77*（3）, 323–333.

Arnaud, A.（2010）. Conceptualizing and measuring ethical work climate : Development and validation of the ethical climate index. *Business & Society, 49*（2）, 345–358.

Arnold, K. A.（2017）. Transformational leadership and employee psychological well-being : A review and directions for future research. *Journal of Occupational Health Psychology, 22*（3）, 381–393.

Arnold, K. A., Turner, N., Barling, J., Kelloway, E. K., & McKee, M. C.（2007）. Transformational leadership and psychological well-being : The mediating role of meaningful work. *Journal of Occupational Health Psychology, 12*（3）, 193–203.

Audi, R., & Murphy, P. E.（2006）. The many faces of integrity. *Business Ethics Quarterly, 16*（1）, 3–21.

Avey, J. B., Wernsing, T. S., & Palanski, M. E.（2012）. Exploring the process of ethical leadership : The mediating role of employee voice and psychological Ownership. *Journal of Business Ethics, 107*（1）, 21–34.

Avolio, B. J., & Gardner, W. L.（2005）. Authentic leadership development : Getting to the root of positive forms of leadership. *Leadership Quarterly, 16*（3）, 315–338.

Avolio, B. J., Walumbwa, F. O., & Weber, T. J.（2009）. Leadership : Current theories, research, and future directions. *Annual Review of Psychology, 60*（1）, 421–449.

Babalola, M. T., Greenbaum, R. L., Amarnani, R. K., Shoss, M. K., Deng, Y. L., Garba, O. A., & Guo, L.（2020）. A business frame perspective on why perceptions of top management's bottom-line mentality result in employees' good and bad behaviors. *Personnel Psychology, 73*（1）, 19–41.

Babalola, M. T., Mawritz, M. B., Greenbaum, R. L., Ren, S., & Garba, O. A. Whatever it takes : How and when supervisor bottom-line mentality motivates employee contributions in the workplace. *Journal of Management.*

Badaracco, J. L.（1992）. Business ethics : Four spheres of executive responsibility. *California Management Review, 34*（3）, 64–79.

Badaracco, J. L.（1997）. *Defining moment : When managers must choose between right and right.* Harvard Business School Press（金井壽宏監訳『「決定的瞬間」

の思考法：キャリアとリーダーシップを磨くために』東洋経済新報社，2004
年）．

Bailey, C., & Madden, A. (2016). What makes work meaningful - or meaningless. *Mit Sloan Management Review, 57*（4）, 53–61.

Bailey, C., Lips-Wiersma, M., Madden, A., Yeoman, R., Thompson, M., & Chalofsky, N. (2019). The five paradoxes of meaningful work : Introduction to the special issue 'meaningful work : prospects for the 21st century. *Journal of Management Studies, 56*（3）, 481–499.

Bailey, C., Yeoman, R., Madden, A., Thompson, M., & Kerridge, G. (2019). A review of the empirical literature on meaningful work : Progress and research agenda. *Human Resource Development Review, 18*（1）, 83–113.

Bandura, A. (1977). *Social learning theory.* Prentice Hall（原野広太郎監訳『社会的学習理論』金子書房，1979年）．

Bandura, A. (2001). Social cognitive theory : An agentic perspective. *Annual Review of Psychology, 52*, 1–26.

Barnard, C. I. (1938). *The functions of the executive.* Harvard University Press.（山本安二郎・田杉競・飯野春樹訳『新訳　経営者の役割』ダイヤモンド社，1968年）．

Barnett, T., & Vaicys, C. (2000). The moderating effect of individuals' perceptions of ethical work climate on ethical judgments and behavioral intentions. *Journal of Business Ethics, 27*（4）, 351–362.

Baron, R. M., & Kenny, D. A. (1986). The moderator-mediator variable distinction in social psychological research : Conceptual, strategic, and statistical considerations. *Journal of Personality and Social Psychology, 51*（6）, 1173–1182.

Barrett, R. (1998). *Liberating the corporate soul : Building a visionary organization.* Butterworth-Heinemann（斎藤彰悟監訳・駒澤康子訳『バリュー・マネジメント：価値観と組織文化の経営革新』春秋社，2005年）．

Barrick, M. R., Mount, M. K., & Li, N. (2013). The theory of purposeful work behavior : The role of personality, higher-order goals, and job characteristics. *Academy of Management Review, 38*（1）, 132–153.

Bass, B. M. (1985). *Leadership and performance beyond expectation.* Free Press.

Bass, B. M. (1990). From transactional to transformational leadership : Learning to share the vision. *Organizational Dynamics, 18*（3）, 19–31.

Bass, B. M. (1998). *Transformational leadership : Industrial, military, and educational impact.* Lawrence Erlbaum Associates.

Bass, B. M., Waldman, D. A., Avolio, B. J., & Bebb, M. (1987). Transformational leadership and the falling dominoes effect. *Group & Organization Studies, 12*（1）, 73–87.

Bauer, J. J., McAdams, D. P., & Pals, J. L. (2008). Narrative identity and eudai-monic well-being. *Journal of Happiness Studies, 9* (1), 81–104.

Bauman, C. W., & Skitka, L. J. (2012). Corporate social responsibility as a source of employee satisfaction. In A. P. Brief & B. M. Staw (Reds.), *Research in Or-ganizational Behavior : An Annual Series of Analytical Essays and Critical Reviews, 32*, 63–86.

Beadle, R., & Knight, K. (2012). Virtue and meaningful work. *Business Ethics Quarterly, 22* (2), 433–450.

Beauchamp, T. L., & Bowie, N. E. (1997). *Ethical theory and business* (5th ed.). Prentice Hall (加藤尚武監訳『企業倫理学 1 ：倫理的原理と企業の社会的責任』晃洋書房，2005年).

Bedi, A., Alpaslan, C. M., & Green, S. (2016). A meta-analytic review of ethical leadership outcomes and moderators. *Journal of Business Ethics, 139* (3), 517–536.

Berman, S. L., Wicks, A. C., Kotha, S., & Jones, T. M. (1999). Does stakeholder ori-entation matter? The relationship between stakeholder management models and firm financial performance. *Academy of Management Journal, 42* (5), 488–506.

Blau, P. M. (1964). *Exchange and power in social life.* Wiley. (間場寿一・居安正・塩原勉共訳『交換と権力：社会過程の弁証法社会学』新曜社，1974年).

Bonner, J. M., Greenbaum, R. L., & Quade, M. J. (2017). Employee unethical be-havior to shame as an indicator of self-image threat and exemplification as a form of self-image protection : The exacerbating role of supervisor bottom-line mentality. *Journal of Applied Psychology, 102* (8), 1203–1221.

Both-Nwabuwe, J. M. C., Dijkstra, M. T. M., & Beersma, B. (2017). Sweeping the floor or putting a man on the moon : How to define and measure meaningful work. *Frontiers in Psychology, 8*, 14.

Bowie, N. E. (1998). A Kantian theory of meaningful work. *Journal of Business Ethics, 17* (9 –10), 1083–1092.

Bowie, N. E. (1999). *Business ethics : A Kantian perspective.* Blackwell Publishers (中谷常二・勝西良典監訳『利益につながるビジネス倫理：カントと経営学の架け橋』［公益ビジネス研究叢書：2 ］晃洋書房，2009年).

Bowie, N. E., & Werhane, P. H. (2005). *Management ethics.* Blackwell.

Brown, M. E., & Mitchell, M. S. (2010). Ethical and unethical leadership : Explor-ing new avenues for future research. *Business Ethics Quarterly, 20* (4), 583–616.

Brown, M. E., & Treviño, L. K. (2006). Ethical leadership : A review and future directions. *Leadership Quarterly, 17* (6), 595–616.

Brown, M. E., Treviño, L. K., & Harrison, D. A. (2005). Ethical leadership : A social learning perspective for construct development and testing. *Organizational Behavior and Human Decision Processes, 97* (2), 117–134.

Butterfield, K. D., Treviño, L. K., & Weaver, G. R. (2000). Moral awareness in business organizations : Influences of issue-related and social context factors. *Human Relations, 53* (7), 981–1018.

Burns, J. M. (1978). *Leadership.* Harper & Row.

Calderon, R., Pinero, R., & Redin, D. M. (2018). Can compliance restart integrity? Toward a harmonized approach. The example of the audit committee. *Business Ethics-A European Review, 27* (2), 195–206.

Carmeli, A., Ben-Hador, B., Waldman, D. A., & Rupp, D. E. (2009). How leaders cultivate social capital and nurture employee vigor : Implications for job performance. *Journal of Applied Psychology, 94* (6), 1553–1561.

Carsten, M. K., & Uhl-Bien, M. (2013). Ethical followership : An examination of followership beliefs and crimes of obedience. *Journal of Leadership & Organizational Studies, 20* (1), 49–61.

Chalofsky, N. (2003). An emerging construct for meaningful work. *Human Resource Development International, 6* (1), 69–83.

Chang, M. K. (1998). Predicting unethical behavior : A comparison of the theory of reasoned action and the theory of planned behavior. *Journal of Business Ethics, 17* (16), 1825–1834.

Chaolertseree, S., & Taephant, N. (2020). Outcomes of meaningful work with a focus on Asia : A systematic review. *Journal of Behavioral Science, 15* (3), 101–116.

Chen, H. C., Lee, A. Y. P., Chen, I. H., & Wu, H. L. (2016). The meaningfulness of managerial work : Case of Taiwanese employees. *Chinese Management Studies, 10* (1), 138–154.

Chughtai, A., Byrne, M., & Flood, B. (2015). Linking ethical leadership to employee well-being : The role of trust in supervisor. *Journal of Business Ethics, 128* (3), 653–663.

Ciulla, J. B., Uhl-Bien, M., & Werhane, P. H. (2013). *Leadership ethics.* SAGE.

Clegg, S., Kornberger, M., & Rhodes, C. (2007). Business ethics as practice. *British Journal of Management, 18* (2), 107–122.

Colbert, A. E., Bono, J. E., & Purvanova, R. K. (2016). Flourishing via workplace relationships : Moving beyond instrumental support. *Academy of Management Journal, 59* (4), 1199–1223.

Colby, A., & Kohlberg, L. (1987). *The measurement of moral judgment.* Cambridge University Press

Craft, J. L. (2013). A review of the empirical ethical decision-making literature : 2004–2011. *Journal of Business Ethics, 117* (2), 221–259.

Crossman, B., & Crossman, J. (2011). Conceptualising followership : A review of the literature. *Leadership, 7* (4), 481–497.

Csikszentmihalyi, M. (1975). *Beyond boredom and anxiety.* Jossey-Bass Publishers (今村浩明訳『楽しみの社会学』[改題新装版] 新思索社, 2000年).

Cullen, J. B., Parboteeah, K. P., & Victor, B. (2003). The effects of ethical climates on organizational commitment : A two-study analysis. *Journal of Business Ethics, 46* (2), 127–141.

Cullen, J. B., Victor, B., & Bronson, J. W. (1993). The ethical climate questionnaire : An assessment of its development and validity. *Psychological Reports, 73* (2), 667–674.

Daft, R. L. (2001). *Essentials of organization theory & design* (2nd ed.). South-Western College Pub (髙木晴夫訳『組織の経営学：戦略と意思決定を支える』ダイヤモンド社, 2002年).

Davis, M. (1999). *Ethics and the university.* Taylor and Francis.

De Cremer, D., Mayer, D. M., & Schminke, M. (2010). On understanding ethical behavior and decision making : A behavioral ethics approach introduction. *Business Ethics Quarterly, 20* (1), 1–6.

De Gama, N., McKenna, S., & Peticca-Harris, A. (2012). Ethics and HRM : Theoretical and conceptual analysis an alternative approach to ethical HRM through the discourse and lived experiences of HR professionals. *Journal of Business Ethics, 111* (1), 97–108.

De Hoogh, A. H. B., & Den Hartog, D. N. (2008). Ethical and despotic leadership, relationships with leader's social responsibility, top management team effectiveness and subordinates' optimism : A multi-method study. *Leadership Quarterly, 19* (3), 297–311.

De Roeck, K., Marique, G., Stinglhamber, F., & Swaen, V. (2014). Understanding employees' responses to corporate social responsibility : Mediating roles of overall justice and organisational identification. *International Journal of Human Resource Management, 25* (1), 91–112.

Deci, E. L. (1975). *Intrinsic motivation.* Plenum Press (安藤延男・石田梅男訳『内発的動機づけ：実験社会心理学的アプローチ』誠信書房, 1980年).

Deci, E. L., & Ryan, R. M. (1985). *Intrinsic motivation and self-determination in human behavior.* Plenum.

Deci, E. L., & Ryan, R. M. (2000). The "what" and "why" of goal pursuits : Human needs and the self-determination of behavior. *Psychological Inquiry, 11* (4), 227–268.

Deci, E. L., & Ryan, R. M. (2008). Hedonia, eudaimonia, and well-being: An intro-duction. *Journal of Happiness Studies, 9* (1), 1–11.

Demirtas, O., & Akdogan, A. A. (2015). The effect of ethical leadership behavior on ethical climate, turnover intention, and affective commitment. *Journal of Business Ethics, 130* (1), 59–67.

Demirtas, O., Hannah, S. T., Gok, K., Arslan, A., & Capar, N. (2017). The moder-ated influence of ethical leadership, via meaningful work, on followers' en-gagement, organizational identification, and envy. *Journal of Business Ethics, 145* (1), 183–199.

Den Hartog, D. N., & Belschak, F. D. (2012). Work engagement and machiavel-lianism in the ethical leadership process. *Journal of Business Ethics, 107* (1), 35–47.

Derry, R. (1989). An empirical-study of moral reasoning among managers. *Jour-nal of Business Ethics, 8* (11), 855–862.

Deshpande, S. P. (1996). The impact of ethical climate types on facets of job satis-faction: An empirical investigation. *Journal of Business Ethics, 15* (6), 655–660.

DeTienne, K. B., Ellertson, C. F., Ingerson, M. C., Dudley, W. R. (2021). Moral de-velopment in business ethics: An examination and critique, *Journal of Busi-ness Ethics, 170* (3), 429–448.

Devine, J., Camfield, L., & Gough, I. (2008). Autonomy or dependence - or both? Perspectives from Bangladesh. *Journal of Happiness Studies, 9* (1), 105–138.

Diener, E. (1984). Subjective well-being. *Psychological Bulletin, 95* (3), 542–575.

Dik, B. J., & Duffy, R. D. (2009). Calling and vocation at work definitions and pros-pects for research and practice. *Counseling Psychologist, 37* (3), 424–450.

Dinh, J. E., Lord, R. G., Gardner, W. L., Meuser, J. D., Liden, R. C., & Hu, J. Y. (2014). Leadership theory and research in the new millennium: Current theoretical trends and changing perspectives. *Leadership Quarterly, 25* (1), 36–62.

Donaldson, T., & Preston, L. E. (1995). The stakeholder theory of the corpora-tion: Concepts, evidence, and implications. *Academy of Management Review, 20* (1), 65–91.

Douglas, P. C., Davidson, R. A., & Schwartz, B. N. (2001). The effect of organiza-tional culture and ethical orientation on accountants' ethical judgments. *Jour-nal of Business Ethics, 34* (2), 101–121.

Dubinsky, A. J., & Loken, B. (1989). Analyzing ethical decision-making in market-ing. *Journal of Business Research, 19* (2), 83–107.

Duchon, D., & Plowman, D. A. (2005). Nurturing the spirit at work: Impact on work unit performance. *Leadership Quarterly, 16* （5）, 807–833.

Duffy, R. D., Allan, B. A., Autin, K. L., & Bott, E. M. (2013). Calling and life satisfaction : It's not about having it, it's about living it. *Journal of Counseling Psychology, 60* （1）, 42–52.

Eisenbeiß, S. A. (2012). Re-thinking ethical leadership : An interdisciplinary integrative approach. *Leadership Quarterly, 23* （5）, 791–808.

Eisenbeiß, S. A., & Brodbeck, F. (2014). Ethical and unethical leadership : A cross-cultural and cross-sectoral analysis. *Journal of Business Ethics, 122* （2）, 343–359.

Etheredge, J. M. (1999). The perceived role of ethics and social responsibility : An alternative scale structure. *Journal of Business Ethics, 18* （1）, 51–64.

Evan, W., & Freeman, E. (1988). *A stakeholder theory of the modern corporation : Kantian capitalism.* In Beauchamp, T. & Bowie, N. (Eds.), *Ethical Theory and Business* (3rd ed.) (pp. 75–93). Prentice Hall.

Ferrary, M. (2009). A stakeholder's perspective on human resource management. *Journal of Business Ethics, 87* （1）, 31–43.

Ferris, G. R., Hochwarter, W. A., Buckley, M. R., Harrell-Cook, G., & Frink, D. D. (1999). Human resources management : Some new directions. *Journal of Management, 25* （3）, 385–415.

Finegan, J. (1994). The impact of personal values on judgments of ethical behavior in the workplace. *Journal of Business Ethics, 13* （9）, 747–755.

Fisk, G. M., & Friesen, J. P. (2012). Perceptions of leader emotion regulation and LMX as predictors of followers' job satisfaction and organizational citizenship behaviors. *Leadership Quarterly, 23* （1）, 1–12.

Fleischman, G. M., Johnson, E. N., Walker, K. B., & Valentine, S. R. (2019). Ethics versus outcomes : Managerial responses to incentive-driven and goal-induced employee behavior. *Journal of Business Ethics, 158* （4）, 951–967.

Fletcher, L. (2019). How can personal development lead to increased engagement ? The roles of meaningfulness and perceived line manager relations. *International Journal of Human Resource Management, 30* （7）, 1203–1226.

Ford, R. C., & Richardson, W. D. (1994). Ethical decision-making : A review of the empirical literature. *Journal of Business Ethics, 13* （3）, 205–221.

Forsyth, D. R. (1992). Judging the morality of business practices : The influence of personal moral philosophies. *Journal of Business Ethics, 11* （5–6）, 461–470.

Forte, A. (2004a). Business ethics : A study of the moral reasoning of selected business managers and the influence of organizational ethical climate. *Journal of Business Ethics, 51* （2）, 167–173.

Forte, A. (2004b). Antecedents of managers moral reasoning. *Journal of Business Ethics, 51* （4）, 315–347.

Freeman, R. E. (1984). *Strategic management : a stakeholder approach.* Pitman.

Freeman, R. E., Harrison, J. S., & Wicks, A. C. (2008). *Managing for stakeholders : Survival, reputation, and success.* Yale University Press（中村瑞穂訳者代表『利害関係者志向の経営：存続・世評・成功』白桃書房，2010年）.

Fried, Y., & Ferris, G. R. (1987). The validity of the job characteristics model : A review and metaanalysis. *Personnel Psychology, 40* （2）, 287–322.

Friedman, M. (1970). The social responsibilityof business is to increase its profits. *New York Times Magazine, September 13*, 32–33, 122, 126.

Friedman, M. (2002). *Capitalism and freedom.* University of Chicago Press（村井章子訳『資本主義と自由』[Nikkei BP classics] 日経BP社，2008年）.

Frisch, C., & Huppenbauer, M. (2014). New insights into ethical leadership : A qualitative investigation of the experiences of executive ethical leaders. *Journal of Business Ethics, 123* （1）, 23–43.

Fritzsche, D. J. (1995). Personal values : Potential keys to ethical decision-making. *Journal of Business Ethics, 14* （11）, 909–922.

Fritzsche, D. J. (2000). Ethical climates and the ethical dimension of decision making. *Journal of Business Ethics, 24* （2）, 125–140.

Fritzsche, D. J., & Becker, H. (1984). Linking management behavior to ethical philosophy-An empirical-investigation. *Academy of Management Journal, 27* （1）, 166–175.

Frooman, J. (1999). Stakeholder influence strategies. *Academy of Management Review, 24* （2）, 191–205.

Fry, L. W. (2003). Toward a theory of spiritual leadership. *Leadership Quarterly, 14* （6）, 693–727.

Fukuyama, F. (1995). *Trust : The social virtues and the creation of prosperity.* Free Press（加藤寛訳『「信」無くば立たず』三笠書房，1996年）.

Gary, R. W., & Linda Klebe, T. (1994). Normative and empirical business ethics : Separation, marriage of convenience, or marriage of necessity? *Business ethics quarterly, 4* （2）, 129–143.

Gary, R. W., & Linda Klebe, T. (1999). Compliance and values oriented ethics programs : Influences on employees' attitudes and behavior. *Business Ethics Quarterly, 9* （2）, 315–335.

Ghadi, M. Y., Fernando, M., & Caputi, P. (2013). Transformational leadership and work engagement the mediating effect of meaning in work. *Leadership & Organization Development Journal, 34* （6）, 532–550.

Gibbs, J. C., Basinger, K. S., & Fuller, D. (1992). *Moral maturity : Measuring the*

232

development of sociomoral reflection. Lawrence Erlbaum Associates Inc..

Gibbs, J. C., Basinger, K. S., Grime, R. L., & Snarey, J. R. (2007). Moral judgment development across cultures : Revisiting kohlberg's universality claims. *Developmental Review, 27* (4), 443–500.

Gilligan, C. (1982). *In a different voice : Psychological theory and women's development.* Harvard University Press (岩男寿美子監訳, 生田久美子・並木美智子共訳『もうひとつの声：男女の道徳観のちがいと女性のアイデンティティ』川島書店, 1986年).

Gino, F., & Margolis, J. D. (2011). Bringing ethics into focus : How regulatory focus and risk preferences influence (un) ethical behavior. *Organizational Behavior and Human Decision Processes, 115* (2), 145–156.

Goodpaster, K. E. (1991). Business ethics and stakeholder analysis. *Business Ethics Quarterly, 1* (1), 53–73.

Gouldner, A. W. (1957). Cosmopolitans and locals : Toward an analysis of latent social roles. 1. *Administrative Science Quarterly, 2* (3), 281–306.

Gouldner, A. W. (1958). Cosmopolitans and locals : Toward an analysis of latent social roles. 2. *Administrative Science Quarterly, 2* (4), 444–480.

Graen, G. B., & Uhlbien, M. (1995). Relationship-based approach to leadership development of leader-member exchange (LMX) theory of leadership over 25 years : Applying a multilevel multidomain perspective. *Leadership Quarterly, 6* (2), 219–247.

Grant, A. M. (2007). Relational job design and the motivation to make a prosocial difiference. *Academy of Management Review, 32* (2), 393–417.

Grant, A. M. (2008). The significance of task significance : Job performance effects, relational mechanisms, and boundary conditions. *Journal of Applied Psychology, 93* (1), 108–124.

Grant, A. M. (2012). Leading with meaning : Beneficiary contact, prosocial impact, and the performance effects of transformational leadership. *Academy of Management Journal, 55* (2), 458–476.

Grant, A. M., Campbell, E. M., Chen, G., Cottone, K., Lapedis, D., & Lee, K. (2007). Impact and the art of motivation maintenance : The effects of contact with beneficiaries on persistence behavior. *Organizational Behavior and Human Decision Processes, 103* (1), 53–67.

Greene, J. D., Sommerville, R. B., Nystrom, L. E., Darley, J. M., Cohen, J. D. (2001). An fMRI investigation of emotional engagement in moral judgment, *SCIENCE, 293* (5537), 2105–2108.

Greenbaum, R. L., Babalola, M. T., Quade, M. J., Guo, L., & Kim, Y. C. (2020). Moral burden of bottom-line pursuits : How and when perceptions of top management bottom-line mentality inhibit supervisors' ethical leadership practices. *Journal of Business Ethics*, https://doi.org/10.1007/s10551-020-0454 6-w.

Greenbaum, R. L., Mawritz, M. B., & Eissa, G. (2012). Bottom-line mentality as an antecedent of social undermining and the moderating roles of core self-evaluations and conscientiousness. *Journal of Applied Psychology, 97*（2）, 343–359.

Greenwood, M. (2013). Ethical analyses of HRM : A review and research agenda. *Journal of Business Ethics, 114*（2）, 355–366.

Greenwood, M. R. (2002). Ethics and HRM : A review and conceptual analysis. *Journal of Business Ethics, 36*（3）, 261–278.

Groves, K. S., & LaRocca, M. A. (2011). An empirical study of leader ethical values, transformational and transactional leadership, and follower attitudes toward corporate social responsibility. *Journal of Business Ethics, 103*（4）, 511 –528.

Guerci, M., Radaelli, G., Siletti, E., Cirella, S., & Shani, A. B. R. (2015). The impact of human resource management practices and corporate sustainability on organizational ethical climates : An employee perspective. *Journal of Business Ethics, 126*（2）, 325–342.

Hackman, J. R. (1980). Work redesign and motivation. *Professional psychology, 11*（3）, 445–455.

Hackman, J. R., & Oldham, G. R. (1975). Development of job diagnostic survey. *Journal of Applied Psychology, 60*（2）, 159–170.

Hackman, J. R., & Oldham, G. R. (1976). Motivation through design of work : Test of a theory. *Organizational Behavior and Human Performance, 16*（2）, 250–279.

Haidt, J. (2001). The emotional dog and its rational tail : A social intuitionist approach to moral judgment, *Psychological Review, 108*（4）, 814–834.

Hansen, R. S. (1992). A multidimensional scale for measuring business ethics : A purification and refinement. *Journal of Business Ethics, 11*（7）, 523–534.

Hargrave, T. J. (2009). Moral imagination, collective action, and the achievement of moral outcomes. *Business Ethics Quarterly, 19*（1）, 87–104.

Harman, H. H. (1967). *Modern factor analysis* (2nd ed., rev.). University of Chicago Press.

Heath, J. (2008). Business ethics and moral motivation : A criminological perspective. *Journal of Business Ethics, 83*（4）, 595–614.

Henry, P. S., Andrew, D. S., & Robert, T. K. (1976). The measurement of job characteristics. *Academy of Management journal, 19*（2）, 195–212.

Heskett, J. L., Jones, T. O., Loveman, G. W., Sasser, W. E., & Schlesinger, L. A.

(1994). Putting the service-profit chain to work. *Harvard Business Review, 72*（2）, 164–174.

Heugens, P., & Scherer, A. G.（2010）. When organization theory met business ethics : Toward further symbioses. *Business Ethics Quarterly, 20*（4）, 643–672.

Hoch, J. E., Bommer, W. H., Dulebohn, J. H., & Wu, D.（2018）. Do ethical, authentic, and servant leadership explain variance above and beyond transformational leadership? A meta-analysis. *Journal of Management, 44*（2）, 501–529.

Hofstede, G. H.（1980）. *Culture's consequence : International differences in work-related values.* Sage Publications（萬成博・安藤文四郎監訳,『経営文化の国際比較：多国籍企業の中の国民性』産業能率大学出版部, 1984年）.

Hofstede, G. H.（1991）. *Cultures and organizations : Software of the Mind.* McGraw-Hill（岩井紀子・岩井八郎訳『多文化世界：違いを学び共存への道を探る』有斐閣, 1995年）.

Hollingworth, D., & Valentine, S.（2015）. The moderating effect of perceived organizational ethical context on employees' ethical issue recognition and ethical judgments. *Journal of Business Ethics, 128*（2）, 457–466.

Hsieh, N.-H.（2005）. Rawlsian justice and workplace republicanism. *Social theory and practice, 31*（1）, 115–142.

Hsieh, N.-H.（2008）. Justice in production. *Journal of Political Philosophy, 16*（1）, 72–100.

Huang, L., & Paterson, T. A.（2017）. Group ethical voice : Influence of ethical leadership and impact on ethical performance. *Journal of Management, 43*（4）, 1157–1184.

Humphrey, S. E., Nahrgang, J. D., & Morgeson, F. P.（2007）. Integrating motivational, social, and contextual work design features : A meta-analytic of the summary and theoretical extension work design literature. *Journal of Applied Psychology, 92*（5）, 1332–1356.

Huta, V., & Ryan, R. M.（2010）. Pursuing pleasure or virtue : The differential and overlapping well-being benefits of hedonic and eudaimonic motives. *Journal of Happiness Studies, 11*（6）, 735–762.

Huta, V., & Waterman, A. S.（2014）. Eudaimonia and its distinction from hedonia : Developing a classification and terminology for understanding conceptual and operational definitions. *Journal of Happiness Studies, 15*（6）, 1425–1456.

Jackson, R. W., Wood, C. M., & Zboja, J. J.（2013）. The dissolution of ethical decision-making in organizations : A comprehensive review and model. *Journal of Business Ethics, 116*（2）, 233–250.

James, W.（1991）. Adapting kohlberg to enhance the assessment of managers' moral reasoning. *Business ethics quarterly, 1*（3）, 293–318.

Jones, T. M.（1991）. Ethical decision-making by individuals in organizations : An issue-contingent model. *Academy of Management Review, 16*（2）, 366–395.

Kalshoven, K., Den Hartog, D. N., & De Hoogh, A. H. B.（2011）. Ethical leadership at work questionnaire（ELW）: Development and validation of a multidimensional measure. *Leadership Quarterly, 22*（1）, 51–69.

Kaptein, M.（2009）. Ethics programs and ethical culture : A next step in unraveling their multi-faceted relationship. *Journal of Business Ethics, 89*（2）, 261–281.

Kaptein, M.（2011）. Toward effective codes : Testing the relationship with unethical behavior. *Journal of Business Ethics, 99*（2）, 233–251.

Kaptein, M.（2015）. The effectiveness of ethics programs : The role of scope, composition, and sequence. *Journal of Business Ethics, 132*（2）, 415–431.

Kaptein, M., & Schwartz, M. S.（2008）. The effectiveness of business codes : A critical examination of existing studies and the development of an integrated research model. *Journal of Business Ethics, 77*（2）, 111–127.

Kepner, C. H., & Tregoe, B. B.（1965）. *The rational manager : A systematic approach to problem solving and decision making.* McGraw-Hill（上野一郎訳『管理者の判断力：問題分析と意思決定のための新しいアプローチ』産業能率短期大学出版部, 1966年）.

Kim, W. G., & Brymer, R. A.（2011）. The effects of ethical leadership on manager job satisfaction, commitment, behavioral outcomes, and firm performance. *International Journal of Hospitality Management, 30*（4）, 1020–1026.

Kjeldsen, A. M., & Andersen, L. B.（2013）. How pro-social motivation affects job satisfaction : An international analysis of countries with different welfare state regimes. *Scandinavian Political Studies, 36*（2）, 153–176.

Kohlberg, L.（1969）. *Stage and sequence : The cognitive developmental approach to socialization.* In Goslin, D. A.（Eds.）, *Handbook of socialization theory and research*（pp. 347–480）. Rand McNally（永野重史監訳『道徳性の形成：認知発達的アプローチ』新曜社, 1987年）

Kraut, R.（1979）. Two conceptions of happiness. *Philosophical Review, 88*（2）, 167–197.

Kristof, A. L.（1996）. Person-organization fit : An integrative review of its conceptualizations, measurement, and implications. *Personnel Psychology, 49*（1）, 1–49.

Kristof-Brown, A. L., Zimmerman, R. D., & Johnson, E. C.（2005）. Consequences of individuals' fit at work : A meta-analysis of person-job, person-organization, person-group, and person-supervisor fit. *Personnel Psychology, 58*（2）, 281–342.

Laplume, A. O., Sonpar, K., & Litz, R. A. (2008). Stakeholder theory : Reviewing a theory that moves us. *Journal of Management, 34*（6）, 1152–1189.

Lau, V. P., & Wong, Y. Y. (2009). Direct and multiplicative effects of ethical dispositions and ethical climates on personal justice norms : A virtue ethics perspective. *Journal of Business Ethics, 90*（2）, 279–294.

Lawton, A., & Paez, I. (2015). Developing a framework for ethical leadership. *Journal of Business Ethics, 130*（3）, 639–649.

Lee, D., Choi, Y., Youn, S., & Chun, J. U. (2017). Ethical leadership and employee moral voice : The mediating role of moral efficacy and the moderating role of leader-follower value congruence. *Journal of Business Ethics, 141*（1）, 47–57.

Lehnert, K., Park, Y. H., & Singh, N. (2015). Research note and review of the empirical ethical decision-making literature : Boundary conditions and extensions. *Journal of Business Ethics, 129*（1）, 195–219.

Lepisto, D. A., & Pratt, M. G. (2017). Meaningful work as realization and justification : Toward a dual conceptualization. *Organizational Psychology Review, 7*（2）, 99–121.

Liden, R. C., Wayne, S. J., Zhao, H., & Henderson, D. (2008). Servant leadership : Development of a multidimensional measure and multi-level assessment. *Leadership Quarterly, 19*（2）, 161–177.

Likert, R. (1967). *The human organization : Its management and value.* McGraw-Hill（三隅二不二訳『組織の行動科学：ヒューマン・オーガニゼーションの管理と価値』ダイヤモンド社，1968年）.

Lips-Wiersma, M., & Morris, L. (2009). Discriminating between 'meaningful work' and the 'management of meaning'. *Journal of Business Ethics, 88*（3）, 491–511.

Lips-Wiersma, M., & Wright, S. (2012). Measuring the meaning of meaningful work : Development and validation of the comprehensive meaningful work scale（CMWS）. *Group & Organization Management, 37*（5）, 655–685.

Lips-Wiersma, M., Haar, J., & Wright, S. (2020). The effect of fairness, responsible leadership and worthy work on multiple dimensions of meaningful work. *Journal of Business Ethics, 161*（1）, 35–52.

Lips-Wiersma, M., Wright, S., & Dik, B. (2016). Meaningful work : Differences among blue-, pink-, and white-collar occupations. *Career Development International, 21*（5）, 534–551.

Lloyd, G. E. R. (1968). *Aristotle : The growth and structure of his thought.* Cambridge U. P.（川田殖訳『アリストテレス：その思想の構造と成長』みすず書房，1973年）

Locke, E. A. (1969). What is job satisfaction? *Organizational Behavior and Human Performance, 4*（4）, 309–336.

Loe, T. W., Ferrell, L., & Mansfield, P. (2000). A review of empirical studies assessing ethical decision making in business. *Journal of Business Ethics, 25*（3）, 185–204.

Lysova, E. I., Allan, B. A., Dik, B. J., Duffy, R. D., & Steger, M. F. (2019). Fostering meaningful work in organizations : A multi-level review and integration. *Journal of Vocational Behavior, 110*, 374–389.

Martela, F., & Riekki, T. J. J. (2018). Autonomy, competence, relatedness, and beneficence : A multicultural comparison of the four pathways to meaningful work. *Frontiers in Psychology, 9*.

Martin, K. D., & Cullen, J. B. (2006). Continuities and extensions of ethical climate theory : A meta-analytic review. *Journal of Business Ethics, 69*（2）, 175–194.

Marti-Vilar, M., Escrig-Espuig, J. M., Merino-Soto, C. (2023). A systematic review of moral reasoning measures, *Current Psychology, 42*（2）, 1284–1298.

Maslow, A. H. (1998). *Maslow on management.* JohnWiley（金井壽宏監訳・大川修二訳『完全なる経営』日本経済新聞社, 2001年）.

Mayer, D. M., Aquino, K., Greenbaum, R. L., & Kuenzi, M. (2012). Who displays ethical leadership, and why does it matter? An examination of antecedents and consequences of ethical leadership. *Academy of Management Journal, 55*（1）, 151–171.

Mayer, D. M., Kuenzi, M., & Greenbaum, R. L. (2010). Examining the link between ethical leadership and employee misconduct : The mediating role of ethical climate. *Journal of Business Ethics, 95*, 7–16.

Mayer, D. M., Kuenzi, M., Greenbaum, R., Bardes, M., & Salvador, R. (2009). How low does ethical leadership flow? Test of a trickle-down model. *Organizational Behavior and Human Decision Processes, 108*（1）, 1–13.

McGregor, D. (1960). *The human side of enterprise.* McGraw-Hill（高橋達男訳『新版　企業の人間的側面：統合と自己統制による経営』産業能率短期大学, 1970年）.

Meyer, J. P., & Maltin, E. R. (2010). Employee commitment and well-being : A critical review, theoretical framework and research agenda. *Journal of Vocational Behavior, 77*（2）, 323–337.

Meyer, M. (2018). The evolution and challenges of the concept of organizational virtuousness in positive organizational scholarship. *Journal of Business Ethics, 153*（1）, 245–264.

Michaelson, C. (2019). A normative meaning of meaningful work. ［Article ; Early Access］. *Journal of Business Ethics*, https : //doi.org/10.1007/s10551-019-0438

238

9-0.

Michaelson, C., Pratt, M. G., Grant, A. M., & Dunn, C. P.（2014）. Meaningful work : Connecting business ethics and organization studies. *Journal of Business Ethics, 121*（1）, 77–90.

Mitchell, R. K., Agle, B. R., & Wood, D. J.（1997）. Toward a theory of stakeholder identification and salience : Defining the principle of who and what really Counts. *Academy of Management Review, 22*（4）, 853–886.

Mintzberg, H.（1973）. *The nature of managerial work.*. Harper & Row.（奥村哲史・須貝栄訳『マネジャーの仕事』白桃書房，1993年）.

Mintzberg, H.（2009）. *Managing.* Berrett-Koehler.（池村千秋訳『マネジャーの実像：「管理職」はなぜ仕事に追われているのか』日経BP社，2011年）.

Montani, F., Boudrias, J.-S., & Pigeon, M.（2020）. Employee recognition, meaningfulness and behavioural involvement : Test of a moderated mediation model. *International Journal of Human Resource Management, 31*（3）, 356–384.

Moriarty, J.（2010）. Participation in the workplace : Are employees special? *Journal of Business Ethics, 92*（3）, 373–384.

Mostafa, A. M. S., & El-Motalib, E. A. A.（2020）. Ethical leadership, work meaningfulness, and work engagement in the public sector. *Review of Public Personnel Administration, 40*（1）, 112–131.

Myer, A. T., Thoroughgood, C. N., & Mohammed, S.（2016）. Complementary or competing climates? Examining the interactive effect of service and ethical climates on company-level financial performance. *Journal of Applied Psychology, 101*（8）, 1178–1190.

Neubert, M. J., Carlson, D. S., Kacmar, K. M., Roberts, J. A., & Chonko, L. B.（2009）. The virtuous influence of ethical leadership behavior : Evidence from the field. *Journal of Business Ethics, 90*（2）, 157–170.

Newman, A., Round, H., Bhattacharya, S., & Roy, A.（2017）. Ethical climates in organizations : A review and research agenda. *Business Ethics Quarterly, 27*（4）, 475–512.

Nielsen, K., Randall, R., Yarker, J., & Brenner, S. O.（2008）. The effects of transformational leadership on followers' perceived work characteristics and psychological well-being : A longitudinal study. *Work and Stress, 22*（1）, 16–32.

Nonaka, I.（1988）. Toward middle-up-down management : Accelerating information creation. *Sloan Management Review, 29*（3）, 9–18.

O'Fallon, M. J., & Butterfield, K. D.（2005）. A review of the empirical ethical decision-making literature : 1996–2003. *Journal of Business Ethics, 59*（4）, 375–413.

Olcott, G.（2009）. *Conflict and change : Foreign ownership and the Japanese firm.*

Cambridge University Press（平尾光司・宮本光晴・山内麻理訳『外資が変える日本的経営：ハイブリッド経営の組織論』日本経済新聞出版社）.

Ouchi, W. G.（1981）. *Theory Z : How American business can meet the Japanese challenge.* Addison-Wesley（徳山二郎監訳『セオリーZ：日本に学び，日本を超える』CBS・ソニー出版，1981年）.

Paine, L. S.（1994）. Managing for organizational integrity. *Harvard Business Review, 72*（2）, 106–117.

Paine, L. S.（1996）. Moral thinking in management : An essential capability. *Business Ethics Quarterly, 6*（4）, 477–492.

Paine, L. S.（1997）. *Cases in leadership, ethics, and organizational integrity : A strategic perspective.* McGraw-Hill（梅津光弘・柴柳英二訳『ハーバードのケースで学ぶ企業倫理：組織の誠実さを求めて』慶應義塾大学出版会，1999年）.

Paine, L. S.（2000）. Does ethics pay? *Business Ethics Quarterly, 10*（1）, 319–330.

Paine, L. S.（2003）. *Value shift : Why companies must merge social and financial imperatives to achieve superior performance.* McGraw-Hill（鈴木主税・塩原通緒訳『バリューシフト：企業倫理の新時代』毎日新聞社，2004年）.

Paine, L. S.（2009）. The value shift : Merging social and financial imperatives. *Humanism in Business*, 204–217.

Peterson, D. K.（2002）. The relationship between unethical behavior and the dimensions of the ethical climate questionnaire. *Journal of Business Ethics, 41*（4）, 313–326.

Pfeiffer, R. S. & Forsberg, R. P.,（2014）. *Ethics on the job : Cases and strategies* 4 *th edition.* Cengage Learning.（髙田一樹訳『48のケースで学ぶ職業倫理：意思決定の手法と実践』同友館，2014年）.

Piaget, J.（1932）. *Le jugement moral chez l'enfant.* Alcan（大伴茂訳『臨床児童心理学　第3：児童道徳判断の発達』同文書院，1956年）.

Piccolo, R. F., Greenbaum, R., Den Hartog, D. N., & Folger, R.（2010）. The relationship between ethical leadership and core job characteristics. *Journal of Organizational Behavior, 31*（2–3）, 259–278.

Podsakoff, P. M., & Organ, D. W.（1986）. Self-reports in organizational research : Problems and prospects. *Journal of Management, 12*, 69–82.

Podsakoff, P. M., MacKenzie, S. B., Lee, J. Y., & Podsakoff, N. P.（2003）. Common method biases in behavioral research : A critical review of the literature and recommended remedies. *Journal of Applied Psychology, 88*（5）, 879–903.

Pradhan, S., & Pradhan, R. K.（2016）. Transformational leadership and job outcomes : The mediating role of meaningful work. *Global Business Review, 17*（3）, 173S–185S.

Pratt, M. G., & Ashforth, B. E.（2003）. *Fostering meaningfulness in working and at*

240

work. In K. S. Cameron, J. E. Dutton, & R. E. Quinn (Eds.), *Positive organiza-tional scholarship* (pp. 309–327). Berrett-Koehler Publishers, Inc.

Pratt, M. G., Rockmann, K. W., & Kaufmann, J. B. (2006). Constructing profes-sional identity : The role of work and identity learning cycles in the customi-zation of identity among medical residents. *Academy of Management Journal*, *49* (2), 235–262.

Rachels, J. (1999). *The elements of moral philosophy* (3rd ed.). McGraw-Hill(古牧徳生・次田憲和訳『現実をみつめる道徳哲学：安楽死からフェミニズムまで』晃洋書房，2003年).

Raub, S., & Blunschi, S. (2014). The power of meaningful work : How awareness of CSR initiatives fosters task significance and positive work outcomes in service employees. *Cornell Hospitality Quarterly*, *55* (1), 10–18.

Rawls, J. (1999). *A theory of justice* (Rev. ed.). Belknap Press of Harvard Univer-isty Press(川本隆史訳『正義論』[改訂版] 紀伊國屋書店，2010年).

Resick, C. J., Hanges, P. J., Dickson, M. W., & Mitchelson, J. K. (2006). A cross-cul-tural examination of the endorsement of ethical leadership. *Journal of Busi-ness Ethics*, *63* (4), 345–359.

Resick, C. J., Martin, G. S., Keating, M. A., Dickson, M. W., Kwan, H. K., & Peng, C. Y. (2011). What ethical leadership means to me : Asian, American, and Euro-pean perspectives. *Journal of Business Ethics*, *101* (3), 435–457.

Rest, J. R. (1986). *Moral development : Advances in research and theory*. Praeger.

Rest, J. R., Narvaez, D., Thoma, S. J., & Bebeau, M. J. (1999). DIT2 : Devising and testing a revised instrument of moral judgment. *Journal of Educational Psy-chology*, *91* (4), 644–659.

Rest, J. R., Narvaez, D., Thoma, S. J., & Bebeau, M. J. (2000). A neo-Kohlbergian approach to morality research. *Journal of Moral Education*, *29* (4), 381–395.

Rest, J., Cooper, D., Coder, R., Masanz, J., & Anderson, D. (1974). Judging the im-portant issues in moral dilemmas : Objective measure of development. *Devel-opmental Psychology*, *10* (4), 491–501.

Rest, J., Narvaez, D., Bebeau, M., & Thoma, S. (1999). A neo-Kohlbergian ap-proach : The DIT and schema theory. *Educational Psychology Review*, *11* (4), 291–324.

Reuter, C., Goebel, P., & Foerstl, K. (2012). The impact of stakeholder orientation on sustainability and cost prevalence in supplier selection decisions. *Journal of Purchasing and Supply Management*, *18* (4), 270–281.

Reynolds, S. J. (2008). Moral attentiveness : Who pays attention to the moral as-pects of life? *Journal of Applied Psychology*, *93* (5), 1027–1041.

Robbins, S. P. (1997). *Essentials of organizational behavior* (5th ed.). Prentice Hall

（髙木晴夫訳『組織行動のマネジメント：入門から実践へ』［新版］ダイヤモンド社，2009年）.

Roman, S., & Munuera, J. L. (2005). Determinants and consequences of ethical behaviour : An empirical study of salespeople. *European Journal of Marketing*, *39* (5-6), 473-495.

Roozen, I., De Pelsmacker, P., & Bostyn, F. (2001). The ethical dimensions of decision processes of employees. *Journal of Business Ethics*, *33* (2), 87-99.

Rosso, B. D., Dekas, K. H., & Wrzesniewski, A. (2010). On the meaning of work : A theoretical integration and review. *Research in Organizational Behavior : an Annual Series of Analytical Essays and Critical Reviews*, *30*, 91-127.

Ruiz, P., Ruiz, C., & Martinez, R. (2011). Improving the "leader-follower" relationship : Top manager or supervisor? The ethical leadership trickle-down effect on follower job response. *Journal of Business Ethics*, *99* (4), 587-608.

Ruppel, C. P., & Harrington, S. J. (2000). The relationship of communication, ethical work climate, and trust to commitment and innovation. *Journal of Business Ethics*, *25* (4), 313-328.

Ryan, R. M., & Deci, E. L. (2000). Intrinsic and extrinsic motivations : Classic definitions and new directions. *Contemporary Educational Psychology*, *25* (1), 54-67.

Ryan, R. M., & Deci, E. L. (2000). Self-determination theory and the facilitation of intrinsic motivation, social development, and well-being. *American Psychologist*, *55* (1), 68-78.

Ryan, R. M., & Deci, E. L. (2001). On happiness and human potentials : A review of research on hedonic and eudaimonic well-being. *Annual Review of Psychology*, *52*, 141-166.

Ryan, R. M., Huta, V., & Deci, E. L. (2008). Living well : A self-determination theory perspective on eudaimonia. *Journal of Happiness Studies*, *9* (1), 139-170.

Ryff, C. D. (1989). Happiness is everything, or is it : Explorations on the meaning of psychological well-being. *Journal of Personality and Social Psychology*, *57* (6), 1069-1081.

Ryff, C. D., & Keyes, C. L. M. (1995). The structure of psychological well-being revisited. *Journal of Personality and Social Psychology*, *69* (4), 719-727.

Ryff, C. D., & Singer, B. H. (2008). Know thyself and become what you are : A eudaimonic approach to psychological well-being. *Journal of Happiness Studies*, *9* (1), 13-39.

Sarwar, H., Ishaq, M. I., Amin, A., & Ahmed, R. (2020). Ethical leadership, work engagement, employees' well-being, and performance : A cross-cultural comparison. *Journal of Sustainable Tourism*, *28* (12), 2008-2026.

242

Schaubroeck, J. M., Hannah, S. T., Avolio, B. J., Kozlowski, S. W. J., Lord, R. G., Treviño, L. K., Dimotakis, N., Peng, A. C. (2012). Embedding ethical leadership within and across organization levels. *Academy of Management Journal*, *55*（5）, 1053–1078.

Schein, E. H., (2010). *Organizational culture and leadership* (4th ed.). Jossey-Bass（梅津祐良・横山哲夫訳『組織文化とリーダーシップ』白桃書房，2012年）.

Scherer, A. G., Rasche, A., Palazzo, G., & Spicer, A. (2016). Managing for political corporate social responsibility : New challenges and directions for PCSR 2.0. *Journal of Management Studies*, *53*（3）, 273–298.

Schminke, M., Ambrose, M. L., & Neubaum, D. O. (2005). The effect of leader moral development on ethical climate and employee attitudes. *Organizational Behavior and Human Decision Processes*, *97*（2）, 135–151.

Schnell, T., Hoge, T., & Pollet, E. (2013). Predicting meaning in work : Theory, data, implications. *Journal of Positive Psychology*, *8*（6）, 543–554.

Schueller, S. M., & Seligman, M. E. P. (2010). Pursuit of pleasure, engagement, and meaning : Relationships to subjective and objective measures of well-being. *Journal of Positive Psychology*, *5*（4）, 253–263.

Schwartz, M. S. (2016). Ethical decision-making theory : An integrated approach. *Journal of Business Ethics*, *139*（4）, 755–776.

Schwepker, C. H. (2001). Ethical climate's relationship to job satisfaction, organizational commitment, and turnover intention in the salesforce. *Journal of Business Research*, *54*（1）, 39–52.

Seligman, M. E. P., & Csikszentmihalyi, M. (2000). Positive psychology : An introduction. *American Psychologist*, *55*（1）, 5–14.

Seligman, M. E.P. (2011). *Flourish : A new understanding of happiness and well-being-and how to achieve them*. Nicholas Brealey Publishing.（宇野カオリ監訳『ポジティブ心理学の挑戦："幸福"から"持続的幸福"へ』ディスカヴァー・トゥエンティワン，2014年）.

Senge, P. M. (2006). *The fifth discipline : The art and practice of the learning organization* (Rev. and updated. ed.). Doubleday/Currency（枝廣淳子・小田理一郎・中小路佳代子訳『学習する組織：システム思考で未来を創造する』英治出版，2011年）.

Shane, R. P., & Mondy, R. W. (1993). Linking management behavior to ethical philosophy. *Journal of business ethics*, *12*（5）, 349–357.

Simola, S. K., Barling, J., & Turner, N. (2010). Transformational leadership and leader moral orientation : Contrasting an ethic of justice and an ethic of care. *Leadership Quarterly*, *21*（1）, 179–188.

Simha, A., & Cullen, J. B. (2012). Ethical climates and their effects on organizational outcomes : Implications from the past and prophecies for the future. *Academy of Management Perspectives, 26* （ 4 ）, 20–34.

Simon, H. A. (1997). *Administrative behavior : A study of decision-making processes in administrative organization*s (4th ed.). Free Press（二村敏子・桑田耕太郎・高尾義明・西脇暢子・高柳美香訳『経営行動：経営組織における意思決定過程の研究』［新版］ダイヤモンド社，2009年）.

Shin, Y., Sung, S. Y., Choi, J. N., & Kim, M. S. (2015). Top management ethical leadership and firm performance : mediating role of ethical and procedural justice climate. *Journal of Business Ethics, 129* （ 1 ）, 43–57.

Sims, R. L., & Keon, T. L. (1999). Determinants of ethical decision making : The relationship of the perceived organizational environment. *Journal of Business Ethics, 19* （ 4 ）, 393–401.

Sims, R. L., & Keon, T. L. (2000). The influence of organizational expectations on ethical decision making conflict. *Journal of Business Ethics, 23* （ 2 ）, 219–228.

Singhapakdi, A., Vitell, S. J., & Franke, G. R. (1999). Antecedents, consequences, and mediating effects of perceived moral intensity and personal moral philosophies. *Journal of the Academy of Marketing Science, 27* （ 1 ）, 19–36.

Spreitzer, G. M. (1995). Psychological empowerment in the workplace : Dimensions, measurement, and validation. *Academy of Management Journal, 38*（ 5 ）, 1442–1465.

Stansbury, J., & Barry, B. (2007). Ethics programs and the paradox of control. *Business Ethics Quarterly, 17* （ 2 ）, 239–261.

Steger, M. F., Dik, B. J., & Duffy, R. D. (2012). Measuring meaningful work : The work and meaning inventory（WAMI）. *Journal of Career Assessment, 20* （ 3 ）, 322–337.

Steger, M. F., Pickering, N. K., Shin, J. Y., & Dik, B. J. (2010). Calling in work secular or sacred? *Journal of Career Assessment, 18* （ 1 ）, 82–96.

Stewart, D. (1966). *Business ethics.* McGraw Hill（企業倫理研究グループ訳『企業倫理』白桃書房，2001年）.

Tenbrunsel, A. E., & Smith-Crowe, K. (2008). Ethical decision making : Where we've been and where we're going. *Academy of Management Annals, 2*, 545–607.

Thiel, C. E., Bagdasarov, Z., Harkrider, L., Johnson, J. F., & Mumford, M. D. (2012). Leader ethical decision-making in organizations : Strategies for sensemaking. *Journal of Business Ethics, 107* （ 1 ）, 49–64.

Thomas, T., Schermerhorn, J. R., & Dienhart, J. W. (2004). Strategic leadership of ethical behavior in business. *Academy of Management Executive, 18* （ 2 ）, 56–66.

Toor, S. U. R., & Ofori, G. (2009). Ethical leadership : Examining the relationships with full range leadership model, employee outcomes, and organizational culture. *Journal of Business Ethics, 90* (4), 533–547.

Treviño, L. K. (1986). Ethical decision-making in organizations : A person-situation interactionist model. *Academy of Management Review, 11* (3), 601–617.

Treviño, L. K. (1990). A cultural perspective on changing and developing organizational ethics. *Research in Organizational Change and Development, 4*, 195–230.

Treviño, L. K. (1992). Moral reasoning and business ethics : Implications for research, education, and management. *Journal of Business Ethics, 11* (5 - 6), 445–459.

Treviño, L. K., & Weaver, G. R. (1994). Business ETHICS/BUSINESS ethics : One field or two? *Business Ethics Quarterly, 4* (2), 113–128.

Treviño, L. K., & Weaver, G. R. (2001). Organizational justice and ethics program "follow-through" : Influences on employees' harmful and helpful behavior. *Business Ethics Quarterly, 11* (4), 651–671.

Treviño, L. K., & Weaver, G. R. (2003). *Managing ethics in business organizations : Social scientific perspective*. Stanford Business Books.

Treviño, L. K., & Youngblood, S. A. (1990). Bad apples in bad barrels : A causal-analysis of ethical decision-making behavior. *Journal of Applied Psychology, 75* (4), 378–385.

Treviño, L. K., Brown, M., & Hartman, L. P. (2003). A qualitative investigation of perceived executive ethical leadership : Perceptions from inside and outside the executive suite. *Human Relations, 56* (1), 5 –37.

Treviño, L. K., Butterfield, K. D., & McCabe D. L. (1998). The ethical context in organizations : Influences on employee attitudes and behaviors. *Business ethics quarterly, 8* (3), 447–476.

Treviño, L. K., Hartman, L. P., & Brown, M. (2000). Moral person and moral manager : How executives develop a reputation for ethical leadership. *California Management Review, 42* (4), 128–142.

Treviño, L. K., Weaver, G. R., & Reynolds, S. J. (2006). Behavioral ethics in organizations : A review. *Journal of Management, 32* (6), 951–990.

Treviño, L. K., Weaver, G. R., Gibson, D. G., & Toffler, B. L. (1999). Managing ethics and legal compliance : What works and what hurts. *California Management Review, 41* (2), 131–151.

Triandis, H. C. (1995). *Individualism & collectivism*. Westview Press（神山貴弥・藤原武弘編訳『個人主義と集団主義：2つのレンズを通して読み解く文化』北大路書房，2002年）．

Tu, Y. D., & Lu, X. X. (2013). How ethical leadership influence employees' innovative work behavior : A perspective of intrinsic motivation. *Journal of Business Ethics, 116* (2), 441–455.

Tu, Y. D., Lu, X. X., & Yu, Y. (2017). Supervisors' ethical leadership and employee job satisfaction : A social cognitive perspective. *Journal of Happiness Studies, 18* (1), 229–245.

Turner, N., Barling, J., Epitropaki, O., Butcher, V., & Milner, C. (2002). Transformational leadership and moral reasoning. *Journal of Applied Psychology, 87* (2), 304–311.

Uhl-Bien, M., Riggio, R. E., Lowe, K. B., & Carsten, M. K. (2014). Followership theory : A review and research agenda. *Leadership Quarterly, 25* (1), 83–104.

Valentine, S., & Fleischman, G. (2008). Ethics programs, perceived corporate social responsibility and job satisfaction. *Journal of Business Ethics, 77* (2), 159–172.

Valentine, S., Greller, M. M., & Richtermeyer, S. B. (2006). Employee job response as a function of ethical context and perceived organization support. *Journal of Business Research, 59* (5), 582–588.

Valentine, S., Hollingworth, D., & Francis, C. A. (2013). Quality-related HR practices, organizational ethics, and positive work attitudes : Implications for HRD. *Human Resource Development Quarterly, 24* (4), 493–523.

Van Gils, S., Van Quaquebeke, N., van Knippenberg, D., van Dijke, M., & De Cremer, D. (2015). Ethical leadership and follower organizational deviance : The moderating role of follower moral attentiveness. *Leadership Quarterly, 26* (2), 190–203.

VanSandt, C. V., Shepard, J. M., & Zappe, S. M. (2006). An examination of the relationship between ethical work climate and moral awareness. *Journal of Business Ethics, 68* (4), 409–432.

Vardi, Y. (2001). The effects of organizational and ethical climates on misconduct at work. *Journal of Business Ethics, 29* (4), 325–337.

Verhezen, P. (2010). Giving voice in a culture of silence : From a culture of compliance to a culture of integrity. *Journal of Business Ethics, 96* (2), 187–206.

Victor, B., & Cullen, J. B. (1987). *A theory and measure of ethical climate in organizations.* In W. C. Frederick (Eds.), *Research in corporate social performance and policy* (pp. 51–71). JAI Press.

Victor, B., & Cullen, J. B. (1988). The organizational bases of ethical work climates. *Administrative Science Quarterly, 33* (1), 101–125.

Vidaver-Cohen, D. (1998). Moral climate in business firms : A conceptual framework for analysis and change. *Journal of Business Ethics, 17* (11), 1211–1226.

Vitell, S. J., & Davis, D. L. (1990). The relationship between ethics and job-satisfaction : An empirical-investigation. *Journal of Business Ethics, 9* (6), 489–494.

Vitell, S. J., Nwachukwu, S. L., & Barnes, J. H. (1993). The effects of culture on ethical decision-making : An application of hofstede's typology. *Journal of Business Ethics, 12* (10), 753–760.

Vogel, D. (2005). *The market for virtue : The potential and limits of corporate social responsibility.* Brookings Institution Press（小松由紀子・村上美智子・田村勝省訳『企業の社会的責任（CSR）の徹底研究—利益の追求と美徳のバランス：その事例による検証』一灯舎，2007年）.

Walumbwa, F. O., & Schaubroeck, J. (2009). Leader personality traits and employee voice behavior : Mediating roles of ethical leadership and work group psychological safety. *Journal of Applied Psychology, 94* (5), 1275–1286.

Walumbwa, F. O., Mayer, D. M., Wang, P., Wang, H., Workman, K., & Christensen, A. L. (2011). Linking ethical leadership to employee performance : The roles of leader-member exchange, self-efficacy, and organizational identification. *Organizational Behavior and Human Decision Processes, 115* (2), 204–213.

Walumbwa, F. O., Morrison, E. W., & Christensen, A. L. (2012). Ethical leadership and group in-role performance : The mediating roles of group conscientiousness and group voice. *Leadership Quarterly, 23* (5), 953–964.

Wang, Z., & Xu, H. Y. (2019). When and for whom ethical leadership is more effective in eliciting work meaningfulness and positive attitudes : The moderating roles of core self-evaluation and perceived organizational support. *Journal of Business Ethics, 156* (4), 919–940.

Wang, Z., Xu, H. Y., & Liu, Y. K. (2018). How does ethical leadership trickle down ? Test of an integrative dual-process model. *Journal of Business Ethics, 153* (3), 691–705.

Waterman, A. S. (1984). *The psychology of individualism.* Praeger.

Waterman, A. S. (1993). Two conceptions of happiness : Contrasts of personal expressiveness (eudaimonia) and hedonic enjoyment. *Journal of Personality and Social Psychology, 64* (4), 678–691.

Waterman, A. S., Schwartz, S. J., & Conti, R. (2008). The implications of two conceptions of happiness (hedonic enjoyment and eudaimonia) for the understanding of intrinsic motivation. *Journal of Happiness Studies, 9* (1), 41–79.

Weaver, G. R., & Treviño, L. K. (1999). Compliance and values oriented ethics programs : Influences on employees' attitudes and behavior. *Business ethics quarterly, 9* (2), 315–335.

Weaver, G. R., & Treviño, L. K. (2001). The role of human resources in ethics/

compliance management : A fairness perspective. *Human Resource Management Review, 11* （1）, 113–134.

Weaver, G. R., Treviño, L. K., & Cochran, P. L. (1999a). Corporate ethics practices in the mid-1990's : An empirical study of the Fortune 1000. *Journal of Business Ethics, 18* （3）, 283–294.

Weaver, G. R., Treviño, L. K., & Cochran, P. L. （1999b）. Corporate ethics programs as control systems : Influences of executive commitment and environmental factors. *Academy of Management Journal, 42* （1）, 41–57.

Weaver, G. R., Treviño, L. K., & Cochran, P. L. (1999c). Integrated and decoupled corporate social performance : Management commitments, external pressures, and corporate ethics practices. *Academy of Management Journal, 42* （5）, 539–552.

Weber, J. (1990). Managers moral reasoning : Assessing their responses to three moral dilemmas. *Human Relations, 43* （7）, 687–702.

Weeks, K. P., & Schaffert, C. (2019). Generational differences in definitions of meaningful work : A mixed methods study. *Journal of Business Ethics, 156* （4）, 1045–1061.

Werhane, P. H. (1998). Moral imagination and the search for ethical decision-making in management. *Business Ethics Quarterly, Special* （1）, 75–98.

Werhane, P. H. (1999). *Moral imagination and management decision-making.* Oxford University Press.

Werhane, P. H. (2002). Moral imagination and systems thinking. *Journal of Business Ethics, 38* （1–2）, 33–42.

Werhane, P. H. （2010）. *Alleviating poverty through profitable partnerships : Globalization, markets and economic well-being.* Routledge.

White, D. W., & Lean, E. (2008). The impact of perceived leader integrity on subordinates in a work team environment. *Journal of Business Ethics, 81* （4）, 765–778.

Williams, B. (1985). *Ethics and the limits of philosophy.* Harvard University Press.

Wimbush, J. C., & Shepard, J. M. (1994). Toward an understanding of ethical climate : Its relationship to ethical behavior and supervisory influence. *Journal of Business Ethics, 13* （8）, 637–647.

Winstanley, D., Woodall, J., & Heery, E. (1996). Business ethics and human resource management : Themes and issues. *Personnel Review, 25* （6）, 5–12.

Wrzesniewski, A., & Dutton, J. E. (2001). Crafting a job : Revisioning employees as active crafters of their work. *Academy of Management Review, 26* （2）, 179–201.

Wrzesniewski, A., McCauley, C., Rozin, P., & Schwartz, B. (1997). Jobs, careers, and callings : People's relations to their work. *Journal of Research in Personality, 31* （1）, 21–33.

Yeoman, R. （2014）. Conceptualising meaningful work as a fundamental human need. *Journal of Business Ethics, 125* （2）, 235–251.

Yeoman, R., Bailey, C., Madden, A., & Thompson, M. （2019）. *The Oxford handbook of meaningful work.* Oxford University Press.

Yukl, G., Mahsud, R., Hassan, S., & Prussia, G. E. （2013）. An improved measure of ethical leadership. *Journal of Leadership & Organizational Studies, 20* （1）, 38–48.

Zeglat, D., & Janbeik, S. （2019）. Meaningful work and organizational outcomes : The mediating role of individual work performance. *Management Research Review, 42* （7）, 859–878.

Zhang, Y. C., Zhang, L., Liu, G. J., Duan, J. L., Xu, S., & Cheung, M. W. L. （2019）. How does ethical leadership impact employee organizational citizenship behavior? *Zeitschrift Fur Psychologie-Journal of Psychology, 227* （1）, 18–30.

人名索引

A・B・C

Abegglen, J. C.　38, 39
Allan, B. A.　77, 109, 117
Arnold, K. A.　108
Avolio, B. J.　108
Badaracco, J. L.　193
Bailey, C.　68, 75
Bandura, A.　32, 33, 184
Bass, B. M.　165
Becker, H.　155
Bedi, E. H.　139
Blau, P. M.　33
Both-Nwabuwe, J. M. C.　67, 68
Bowie, N. E.　70
Brodbeck, F.　34
Brown, M. E.　33, 34, 86, 90, 109
Burns, J. M.　165
Chughtai, A.　109
Colby, A.　50, 165–167
Cullen, J. B.　44, 87, 93, 139, 155, 157, 186

D・E・F

Davis, M.　54
Deci, E. L.　10, 64, 72
Demirtas, O.　108, 115, 116
DeTienne, K. B.　48
Diener, E.　64
Dik, B. J.　73
Dinh, J. E.　33
Duffy, R. D.　73
Dutton, J. E.　73, 74
Eisenbeiß, S. A.　34
Evan, W.　11, 12
Fleischman, G.　118
Forsberg, R. P.　54
Freeman, R. E.　11, 12
Friedman, M.　11
Fritzche, D. J.　155
Frooman, J.　11

G・H

Ghadi, M. Y.　109
Gibbs, J. C.　167
Gilligan, C.　149, 156
Goodpaster, K. E.　11

Grant, A. M.　69, 77, 110, 117
Greenbaum, R.L.　192
Greene, J. D.　48
Hackman, J. R.　68, 74–78, 117, 157, 188, 189
Haidt, J.　48, 49
Herzberg, F.　72
Heskett, J. L.　189
Hofstede, G. H.　39
Huta, V.　66, 184

J・K・L・M・N

Jones, T. M.　48
Kepner, C. H.　8
Kohlberg, L.　44, 48, 50–52, 100, 139, 149, 155, 156, 162, 165–167
Lloyd, G. E. R.　24
Locke, E. A.　71, 72
Lysova, E. I.　75, 78, 157, 190
Martin, K. D.　157
Marti-Vilar, M.　167
Maslow, A. H.　71
Mayer, D. M.　116
McGregor, D.　9, 72, 113
Michaelson, C.　69, 70
Mintzberg, H.　164
Myer, A. T.　142
Newman, A.　157
Nonaka, I.　35

O・P・R

Oldham, G. R.　68, 74–78, 117, 157, 188, 189
Ouchi, W. G.　38
Paine, L. S.　13, 17, 21, 22, 54, 114, 147, 178, 186, 195
Pfeiffer, R. S.　54
Piaget, J.　155
Rest, J. R.　48–53, 100, 165, 166
Rosso, B. D.　67, 69, 70, 75, 130, 167
Ryan, R. M.　10, 64
Ryff, C. D.　65

S・T

Schaubroeck, J.　34, 109
Schein, E. H.　138
Schueller, S. M.　65
Seligman, M. E. P.　65

Shin, Y.　139
Simola, S. K.　165
Singer, B. H.　65
Steger, M. F.　73, 90
Stewart, D.　20, 21, 24
Tregoe, B. B.　8
Treviño, L. K.　8, 18, 19, 26, 33, 42, 44, 86, 90, 131
Triandis, H. C.　39
Turner, N.　118, 165

Ｖ・Ｗ・Ｘ

Valentine, S.　118
Victor, B.　44, 87, 139, 155, 186
Walumbwa, F. O.　34, 109
Wang, Z.　108, 115, 116
Waterman, A. S.　65, 66, 184
Weaver, G. R.　8 , 19, 26
Werhane, P. H.　54, 78
Williams, B.　155
Wrzesniewski, A.　73, 74
Xu, H. Y.　108, 115, 116

ア行

浅野俊光　27-29
石田英夫　42
印南一路　37
梅津光弘　3, 4, 7, 18, 22, 23
王英燕　30, 31
太田肇　43
大藪毅　42, 43
岡本大輔　3, 4, 7, 18, 116, 142, 150

カ行

金井壽宏　32
鎌田晶子　42, 90, 131, 157
川本隆史　6

岸野早希　109
北居明　31

サ行

櫻木晃裕　91
佐藤和　39-41
清水龍瑩　27, 126
鈴木竜太　41

タ行

高尾義明　30, 31, 74
十川廣國　35
鳥羽欽一郎　27-29

ナ行

中野千秋　34, 42, 52, 101, 113, 115, 131
中村瑞穂　4, 6
西岡由美　164
西村孝史　164
沼上幹　35
野村千佳子　28, 30

ハ行

平野光俊　109

マ行

水谷雅一　54
三戸公　40
宮坂純一　11, 12

ヤ行

山岸明子　50
山田敏之　46, 47, 93
横川雅人　28, 31

事項索引

欧数

business　　6
business ethics　　4, 6
CSR　　5, 13, 118
DIT（Defining Issues Test）　　100, 166
DIT-2　　100, 167
ECQ　　44, 87, 138
ethics　　6
integrity　　186
X 理論―Y 理論　　9, 72, 113
3 つのレンズ　　54
4 ステップモデル　　51

ア行

意味　　66
インテグリティ　　22, 23, 26, 57
インテグリティ志向の戦略　　17, 18, 20, 22, 25
　-27, 32, 35, 37, 46, 56, 147, 178, 191, 194
インテグリティ志向の風土　　147
インテグリティ志向の倫理マネジメント　　13,
　57, 79, 113, 114, 177, 178, 184
ウェルビーイング　　14, 64
エンパワーメント　　21
応用倫理学　　7, 8
オーセンティック・リーダーシップ　　34

カ行

〈会社の規則〉型　　95, 147, 153, 155, 182, 186
学習　　56, 138, 163, 185, 192, 199
カスケード型の伝播　　37, 86, 114, 125, 181
価値（観）　　18, 30, 50, 53, 109
価値共有型の制度化手法　　18
間接統合　　43
企業市民　　186
企業の社会性　　3, 142
企業不祥事　　5
企業倫理　　5, 9, 27, 79, 115, 148, 162, 177, 186,
　200
企業倫理学　　6, 7, 11, 177
企業倫理の制度化　　9
帰結主義　　23, 140
〈規範と意思〉型　　95, 149, 153, 155, 183, 186
規範倫理学　　23, 178
規範論的アプローチ　　7
義務論　　24, 33, 54, 188

客観的ウェルビーイング　　65
教育　　36, 199
ケアの倫理　　54, 149, 156, 162, 188
経営者　　34, 56, 86, 114, 178
経営者の倫理的リーダーシップ　　34, 114
経営理念　　27, 29, 178
経営倫理学　　6
経験論的アプローチ　　7
経団連企業行動憲章　　4
権限委譲　　21
現場歩き　　126
向社会性　　69, 109, 110, 117, 141, 149, 188, 192,
　200
行動　　49, 52
行動規範　　30
幸福　　14, 24, 57, 64, 178, 179
功利主義　　24, 54, 117, 162, 188
個人の倫理性　　53, 54, 57, 58, 78, 87, 110, 114,
　117, 131, 153, 178, 194
コンプライアンス　　9, 20, 200
コンプライアンス型の企業倫理　　4, 9
コンプライアンス型の制度化手法　　18
コンプライアンス型の戦略　　137
コンプライアンス志向の戦略　　17, 18, 20, 46
コンプライアンス志向の風土　　147

サ行

サービス・プロフィット・チェーン　　189
財務業績　　142
思考のタフネス　　172, 183
仕事の有意味感　　14, 58, 67, 71, 80, 88, 108, 109,
　113, 130, 153, 179, 199
仕事の有意義性　　76
仕事を通じた幸福　　14, 72, 113, 200
〈社員の幸福〉型　　95, 148, 182, 186
社会的学習理論　　32, 113, 115
社会的交換理論　　33
社会的責任　　25
社是・社訓　　28
従業員　　12, 49, 53, 56, 71, 79, 150, 164, 177, 189,
　194
従業員の二面性　　12, 199
集団　　37, 186
集団主義　　38, 136
主観的ウェルビーイング　　64, 65
上司（中間管理者）　　34, 178
上司の倫理的リーダーシップ　　34, 109, 113,
　114

情動　48
職場　41, 56
職場風土　42, 87, 130, 178, 181
職務特性モデル　68, 74, 76
職務満足　71, 88, 109, 113, 131, 179, 188
ジョブ・クラフティング　73, 179
〈自律協働〉型　43, 87, 130, 135, 182, 200
ジレンマの知覚　172
水平的集団主義　40
ステークホルダー　11, 24, 151, 177
ストックホルダー　11
スピリチュアル・リーダーシップ　34
戦略的ステークホルダー観　11
属人風土　42, 131
ソサイアタル・パフォーマンス　142
組織　41, 56
組織のインテグリティ　13, 24, 27, 79, 125, 149,
　162, 178, 186
組織の倫理風土　44, 87, 138, 153, 178, 182, 186,
　191
組織の倫理風土モデル　44, 46, 87, 138, 147

タ行

態度　49, 52
多元的な倫理的価値観　172
〈他者貢献〉型　95, 148, 153, 155, 161, 182, 186,
　187, 200
他者志向性　78, 109, 117, 136, 141, 182
タスク重要性　76, 117
中間管理者　35, 56, 86, 164, 178
直接統合　43, 136
直観　48
天職（感）　72, 179
〈同調内圧〉型　43, 87, 130, 135
道徳性発達理論　44, 50, 100, 139, 149, 155,
　162, 167
道徳的想像力　54, 78
徳（virtue）　22, 57, 69
徳倫理　178
徳倫理（学）　14, 24
トリクルーダウン・モデル（trickle-down model）
　116

ナ・ハ行

内発的動機づけ　10
日本型の経営　40, 164, 178
日本型の組織　42
日本型の組織のインテグリティ　188
パーパス　55
非帰結主義　23, 140
ビジネス倫理学　6
風土　41, 56, 79, 138, 200
フォロワー　32, 108, 115, 139, 165
文化　41, 138
ヘドニア　65, 72
変革型リーダーシップ　32, 33, 108, 165
ポジティブ心理学　14

マ・ヤ行

ミーニングフル・ワーク（meaningful work）
　14, 58, 66, 67, 69, 71, 88, 179
モラル的ステークホルダー観　11
有意味性（meaningfulness）　14
ユーダイモニア　65, 72, 179, 184

ラ行

リーダー　34, 139, 165
リーダーシップ　31, 32, 138, 165
理由づけ　50
倫理　6, 17, 23, 26, 118
倫理原則　30, 193
倫理綱領　5, 30
倫理的Y理論　113
倫理的意思決定　48
倫理的価値　27, 29, 52–54, 178, 194
倫理的価値の共有　30, 32, 36, 37, 56, 118, 125
倫理的ジレンマ　100, 183
倫理的な意思決定　31, 36, 57, 79
倫理的リーダーシップ（ethical leadership）
　32, 56, 79, 86, 108, 118, 178, 181, 184, 200
倫理的リーダーシップ尺度　33
倫理的理由づけ　165
倫理プログラム　18, 118
倫理マネジメント　13
倫理マネジメント戦略　17, 18, 25

▨著者紹介

本橋　潤子 （もとはし・じゅんこ）

1966年生まれ。1990年お茶の水女子大学文教育学部卒業後，学校法人産業能率大学総合研究所にて
企業内人材育成に関する学習プログラムの企画開発及び企業倫理・コンプライアンスに関するコン
サルティングに従事。2013年慶應義塾大学大学院商学研究科修士課程修了，2019年慶應義塾大学大
学院商学研究科後期博士課程単位取得退学。博士（商学）（慶應義塾大学）。作新学院大学大学院経
営学研究科客員講師を経て，現在，産業能率大学経営学部准教授。中央大学大学院戦略経営研究科
兼任講師，立命館大学大学院経営管理研究科客員教員，慶應義塾大学商学部講師（非常勤），慶應
義塾大学大学院経営管理研究科講師（非常勤）。

研究分野：
　　企業倫理学，ミーニングフル・ワーク，仕事の有意味感，人材マネジメント

主要業績：
　　『理論とケースで学ぶ　企業倫理入門』（分担執筆）白桃書房，2022年。
　　「経営トップの倫理的リーダーシップと仕事の意味深さ―その経路についての分析と考察―」
　　　『三田商学研究』第64巻第1号，2021年。
　　「上司の倫理的リーダーシップと仕事の意味深さ―個人の視点からの実証と考察―」『日本経営
　　　倫理学会誌』第28号，2021年。（水谷雅一（論文）賞奨励賞（日本経営倫理学会）受賞）

▨人と組織がいきる倫理マネジメント
　　―仕事の有意味感からの探究

■発行日──2023年10月19日　初版発行　　　　　　　　　〈検印省略〉

■著　者──本橋 潤子

■発行者──大矢栄一郎

■発行所──株式会社 白桃書房
　　　　　　〒101-0021　東京都千代田区外神田5-1-15
　　　　　　☎03-3836-4781　FAX03-3836-9370　振替 00100-4-20192
　　　　　　https://www.hakutou.co.jp/

■印刷／製本──亜細亜印刷株式会社

好 評 書

高浦康有・藤野真也 編著
理論とケースで学ぶ 企業倫理入門　　　　　　　　　　　　本体価格2727円

金沢工業大学・科学技術応用倫理研究所 編
本質から考え行動する 科学技術者倫理　　　　　　　　　本体価格1800円

岡部幸徳 著
よくわかる経営倫理・CSR のケースメソッド　　　　　　本体価格2200円
　―エシックストレーニングのすすめ

企業倫理研究グループ 著／中村瑞穂 代表
日本の企業倫理　　　　　　　　　　　　　　　　　　　　本体価格2800円
　―企業倫理の研究と実践

日本経営倫理学会 監修／小林俊治・高橋浩夫 編著
グローバル企業の経営倫理・ＣＳＲ　　　　　　　　　　　本体価格3000円

小山嚴也 著
CSR のマネジメント　　　　　　　　　　　　　　　　　本体価格2600円
　―イシューマイオピアに陥る企業

H. ミンツバーグ 著／奥村哲史・須貝栄 訳
マネジャーの仕事　　　　　　　　　　　　　　　　　　　本体価格3200円

―――――――――― 東京　白桃書房　神田 ――――――――――
本広告の価格は本体価格です。別途消費税が加算されます。